家門沒上鎖

潘麟　著

走進家門，享受在家的感覺

如果你從《家門沒上鎖》裡發現了知識，發現了話題，那麼請忘了它。

知識和話題可以使你有豐富感，有優越感，

但它同時也使你本已不輕的負重更加沉重，

使你更不易走向沒上鎖的家門。

【推薦序】走進家門，享受在家的感覺

與潘麟先生做朋友，是生命對我的賜予。

為《家門沒上鎖》作序，是我對生命的一次朝聖。

作為一名大學教師，我可以體會到作為教師的光榮與自豪，可以享受被人稱譽知識淵博、見識獨特的滿足。但當獨自靜坐時，空虛感時常衝擊著我的心靈，我不明白我究竟幹了什麼，我到底在滿足於什麼。走上講臺的我春風滿面，下了講臺的我疲憊不堪。

我不是一個整體。被別人欣賞的我是真我，還是空虛、疲憊的我才是真我？或者，兩者都不是真我？

分裂的或是虛假的我，開始觀察周圍的同事們。我只能觀察，我們彼此沒有時間交流──處於這個資訊時代，大家都很忙。處於這個資訊時代，我對時代也有貢獻，因為我發現了一個真實而普遍存在的資訊：人們的忙碌和疲憊；更確切地說，人們在沉醉於忙碌和疲憊。

我處於忙碌與疲憊中，但我沒有完全沉醉。

我收到了一份禮物──走近潘麟先生，我傾聽他的語言。那是一種不加邏輯思考、不經修飾的語言，但是很美，像泉水，像音樂。我觀察他的行事，發現他平常而不失於流俗，獨特而不稀奇古怪。他活得很自然。

我讀過很多書，發現他是一本沒有文字但內容最豐富的書。

走上講臺的我依然春風滿面，下了講臺的我少了疲憊。我躺在布置得舒適而美觀的家裡，第一次真正享受在家的感覺。

在自己的家裡，真幸福。走進自己的家，不困難。

對自己而言，家門並沒有上鎖。

《家門沒上鎖》是潘麟先生在不久前的一次系列演講錄，他是用他的全部身心和愛來譜寫這本書的。我要告訴大家的是：《家門沒上鎖》不是一本書，它就是潘麟先生自己。而潘麟先生用了數萬言要告訴大家的則是：家門沒上鎖，請進！

上了鎖的不是門，上了枷鎖的是人，他們不走向門。

釋迦牟尼走進了家門，老子走進了家門，他們坐在家中等待家人的歸來。人們看不見門裡面的釋迦牟尼和老子，他們只看見了佛殿中的釋迦牟尼神像和道觀中的老子聖容，他們對此頂禮膜拜。忙碌的人們又增添了一個新的忙碌，一個更容易沉醉其中的忙碌。

人們看不見門裡的釋迦牟尼和老子，他們看到了釋迦牟尼和老子的著作，奉它們為經典。他們誦讀佛經和老子五千言，爭論他們，研究他們，使本已豐富的頭腦更加豐富。

《家門沒上鎖》講述的是生活在家門內的釋迦牟尼和老子這些大開悟者、大智大慧者，他們熱愛生活、享受生命，展現著人的無比豐富。他們沒有思維上的不同、學說上的各執一端，因為亙古不語，只是欣然存在於生命之中。

本書只講了一句話：走進家門，享受在家的感覺。

如果你從《家門沒上鎖》裡發現了知識，發現了話題，那麼請忘了它。知識和話題可以使你有豐富感，有優越感，但它同時也使你本已不輕的負重更加沉重，使你更不易走向沒上鎖的家門。

如果你從《家門沒上鎖》裡察覺出你在被提升，你在變輕，你的某些東西在剝落，那麼也請你忘了書中的文字，與你的被提升、變輕、剝落待在一起，與潘麟先生一起淨心，享受生命！

張成於思怡齋

1999 年春

【自序】《家門沒上鎖》誕生之因緣

《家門沒上鎖》一書曾於 2000 年由北京燕山出版社出版發行，它是我的第一部生命學著作。記得當時出版後，在社會上取得了一些影響，不少圖書館都有收藏，也收到不少讀者的來信，還登上了社科類暢銷書榜首。

我少年時即在恩師的指引下踏上生命覺醒之路，其間經歷了難以言說的艱難困苦，幸得上天眷顧，1998 年於太陽之城——拉薩獲得了生命的全面覺醒而明心見性。開悟的過程即是脫胎換骨的過程，也即重生的過程。剛剛重生的我身心極度柔弱，如大病初癒，幸而有拉薩的一些弟子們悉心照料。

半年後，我的身心仍沒能恢復到正常狀態。那時我思歸心切，想回內地看望久別的親友。當我將心願告訴拉薩的弟子時，他們提出了一個請求：在回內地之前，為他們開辦一個系列講座，主題由我自定。——這本書就是根據那次系列講座的錄音整理而成。

就主觀意願而言，我很想講得更好。但那時的我，身心處於深度的空靈狀態，邏輯無法成串，思維不能成片，言語難以成句。能講成大家讀到的這個程度，已然超出了我能達至的極限。在諸多不盡如人意的前提下，有一點是需要正面肯定的：就是此次關於生命學的系列講座，是我乘性之直談，如童言之無忌，時有智慧之火花閃現，故能為用心之讀者帶來些許人生之靈感、生命之啟悟。

我主講了那次系列生命學講座後，不久即回到了西安。數月後，我收到拉薩弟子寄來的根據錄音整理而成的此書之初稿文字，那時並

沒有書名。為此書寫序的友人張成，她現在是西北大學的教授，但當時她卻是西北大學中國思想史研究所的在讀博士研究生。

有一天她打電話給我說：偶得一夢，於夢中突降靈感，即此書之書名就叫做《家門沒上鎖》。我聽後覺得這個書名與此書之內容很匹配，有畫龍點睛之意，於是決定採用這個夢中突降之靈感為此書之名。幾經周折後，於 2000 年經由北京燕山出版社正式出版並發行。如是，它作為我第一部公開出版之著作而擁有了特別之意義。

值此書於臺灣出版之際，略綴數語如上，以明因緣。

潘麟於鵬城

2019 年 9 月

目次

上篇

下篇

上篇

聖山

　　喜馬拉雅！

　　沒有任何事物可以打擾她，這就是生命的堅固；沒有任何知識能夠超越她，這就是生命的智慧。她沉靜，存在於一切而又超然若無，只要你開啟你的心智之門，生命的慧光將頃刻間成為你的全部。

　　啊！這偉大的星球、造物主，這神聖的宇宙，是她給予了我們榮尚的生命，使我們得以受用這無限的歡樂。

　　喜馬拉雅！

　　看！偉大的太陽噴薄而出！她坦蕩地為萬物、為天際，除去了厚重的黑暗。天際光明，萬物和暢，眾心沉浸、陶醉，全然地袒露軀體，接受這生命之光的洗禮與擁抱！

　　喜馬拉雅！

　　喜馬拉雅山脈的神奇，我找不到任何一種語言可以準確地涵蓋她。她太美了，她充滿了無盡的神聖和奧祕。現在電視普及了，但你透過電視來感受喜馬拉雅，是遠遠不夠的；你最好親自處身其中，她的曠遠、她的神祕、她的超拔、她的沉靜，她的雲、她的雪，她的子民們，所有的這一切組成了一個無比神聖的世界，她是生命世界裡最偉大也是最貼切的象徵！

　　正是在這股神聖的生命意識感召下，有無數的志士踏著漫漫的時間，永不止息地對著聖山慧日虔誠地頂禮，執著地前進，雖然歷盡千辛萬苦，卻沒有一個退卻下來，一種頑強的生命意志激勵著他們走進喜馬拉雅，融入那生命智慧的海洋。那裡有一個夢，那裡有一個奧祕，

其中折射著一個人類所有疑惑的終極解決的智慧，其中洋溢著一個無法用理性、邏輯予以解釋的神祕。儘管走進其中的每一位，未必都清楚這個夢、這個奧祕究竟是什麼，但她卻成了每一位朝聖者永恆的心靈家園。

這是一片聖地，這是一片不只為宗教信仰者所獨享的淨土，她以其生命的靈光神聖地照耀於每個人的心靈之中。有人說，喜馬拉雅是一塊真正的宗教聖地；有人說，喜馬拉雅區域是人類文明的源頭，喜馬拉雅是真正的滄海桑田宇宙大化的見證。

不！這些都不是真正的喜馬拉雅，真正的喜馬拉雅是一個人間天堂——你在地球的任何一個地方不會看到像喜馬拉雅如此美麗的地方。她是一片聖潔的氣象，有著神奇的淨化與透脫的空靈意識：她能讓任何一塊石頭、一片雲彩、一縷輕風，化腐朽為神奇；她能讓任何一位走進她懷抱裡的人脫落束縛，心境大開；她能讓任何一位走進她懷抱裡的人馬上沉靜下來；她能讓任何一位走進她懷抱裡的人馬上進入沉思和覺悟！

她曾經為我們這些生活於茫茫黑暗中的眾生，送來了無數個慧日！她曾經為我們這些生活於茫茫苦海中的眾生，練就並送來了無數位解脫生命的導師！

喜馬拉雅凝聚了宇宙的深沉和博愛，為每一位願探索真理的人，打開通向智慧和永恆的大門！

釋迦牟尼、密勒日巴、宗喀巴……他們都是從喜馬拉雅中走出來的人類智慧的導師，他們都是從喜馬拉雅山上升起的慧日。

我從來沒有見到地球上任何一個地方，像喜馬拉雅區域這樣，誕生出如此多的大智慧者！所以我說，喜馬拉雅是一位煉金術大師——傳說中能使隨便一塊朽石馬上轉變為價值連城的黃金的人。

　　這是一個奧祕，這是一個謎。沒有人能夠回答你，為什麼在那片無邊雪海中，在那些世界最高的山峰裡，在那個人類生存最為惡劣的地方，能產生出這麼多聖人和大智慧者，沒有人能回答你──只有親自走進她，用你的全部身心去感受她，你才會明白。

　　喜馬拉雅，人類永恆的伊甸園！一條無形的通向天堂的天梯！

　　喜馬拉雅，人類智慧的永恆搖籃！人類靈魂的永恆歸宿！

　　喜──馬──拉──雅！

尋根

　　釋迦牟尼是雪山的兒子，無盡的雪域把他煉成了一隻立於世界之巔震吼的雄獅，他閃爍著太陽般的智慧，以代言人的身分，向紛紜的人類宣示著生命的真實與浩瀚。這裡是釋迦牟尼的母親，是她把自己全部的生活智慧及生命聖境真誠地交付給了釋迦牟尼。喜馬拉雅——智慧之母，是一個謎，一個奧祕！

　　釋迦牟尼不僅生活在世界地理的最高處，他還生活在生命的最高處，他是地球上生活過的最偉大的人之一。

　　釋迦牟尼不屬於哪個民族，他也不能被歸屬於哪一派文化傳統，他的根不在這個地球上，他的根不在你所能知道的任何一個文化流派裡，他的根深深地扎在存在的最深處，他的根深深地扎在生命的最深處，他是生命的靈光綻放於地球之上的一朵聖潔的花。

　　釋迦牟尼被稱之為「佛陀」。「佛陀」的意思是：抵達了生命最深處的覺醒者，一個大智大慧的存在。

　　佛陀的智慧來自於他對生命的認識，他所證悟到的生命境界，來自於明徹了事相的淵源以及對生活歸位的修證。

　　佛陀不可能教授給你什麼社會中的知識，不會對你世俗的疑惑予以絲毫的解答，佛陀只是智慧地微笑著，燦爛地微笑著，生活在真實之中，他不會給誰增添任何的追求與幻想、成就與榮譽，他只是和平地生活在當下。面對著所有的人以及各種欲望，他都報以同一的答案：真實！

　　佛陀說：「不要把自己由無上的尊貴降格為一個淒慘的乞丐，不

要將淨然的精神扭曲為瘋狂的掠奪與占有，抑或為虛偽與殘殺；你們和我一樣富有，擁有最高貴的智慧。不要向我乞討什麼知識、學術，所有知識都是根植於大腦對物象演化中的一種影印。不要向我乞求富貴與安詳，你本來就是至尊無二的『天主』，廣闊是你的存在，你無需從此境中摘取任何東西、占有任何東西，但是你卻能全然地享有一切存在！」

你我是一個圓滿而明淨的存在，請不要抱著一種自慚形穢或自恃高傲的心態來展開這場談話。你我之境是一種和平、祥樂之境，有著包容萬物的深沉與博大，請不要帶著你的懷疑、暴力及浮躁而來。你我都是一個全然的存在，請打開你的智慧，放下你的意識框架、理性邏輯以及自我意識的沉澱，放下所有的概念，你將收穫一種人生不可思議的境界，你將走入圓滿及智慧。

我不會給你任何你想要的東西，但我相信，只要你是在真誠地進行著這場交談，你最終將獲得一種究竟與不可思議，你將成為一個清醒者，這種清醒將會澈底照破你所有的困惑、欲望，並滿足你的一切！

你所有的問題都根植於你的存在。日益厚重的疑惑，使你愈加迷失了根之所在，你已將你的根定在社會中、生活中。你的人生舞臺在社會裡，但你的根不在社會裡，社會只是你臨時的一個舞臺，在你沒有出生以前，這個社會與你無關，在你死後，這個社會更加與你無關。

你的根也不在文化傳統裡，事實上，你出生在一個有著東方文化傳統的中國，你就據此認為你的根在中國。你可以是一個中國人，但你的根絕對不在中國，就像一位出生在西方文化傳統裡的英國人的根不在英國一樣。任何人的思維都不可能因為國度、文化傳統的相同而表現出思想的同一，在思想的深處，你是一個自由者，可以隨時隨意採納吸取，互通有無！那麼，你的存在根源於何處呢？準確地講，你

的根存在於生命之中，「自我」只是宇宙之風吹濺起的一個泡影而已，你的智慧才是生命的浩瀚海洋！

相對於你的根而言，社會與你沒有任何關係，你所處的那個文化圈與你沒有任何關係。這一點，你必須深深地去理解它，去領悟它。

物質不是你的根，精神不是你的根，你的文化圈也不是你的根，你的父母也不是你的根，甚至你所信仰的那個宗教和那些宗教裡的神也不是你的根。

那只是你的錯覺。你的錯覺說：「我來自上帝，我來自梵天，我來自玉皇大帝，我來自……」不！你的根不在某某神靈那裡，他們只是人類做出來的一個長長的精神之夢，不要試圖向外去找尋使你安身立命的根。

你的根在內在，準確地講，你的根只有向內深入才能被你找到。你的根在存在裡，你的根在生命裡，「存在」和「生命」這兩個詞事實上是同一個意思。

你是生命開出來的一朵花，就像我也是生命開出來的一朵花一樣。每一朵花在這個宇宙裡都是獨一無二的——這是生命展示過程中無限豐富性的表現，只有這樣，這個世界才豐富多彩。我們不同的只是外在的表相，但我們有一個東西絕對是相同的，那就是我們的根——生命，絕對是相同的。我們只有一個母親，那就是生命。

從絕對的意義上來講，你不可能完全地理解我，我也不可能完全地理解他。透過努力，你可以對我的理解程度由 60％上升到 90％，最後能達到 99％，但 100％永遠不可能發生。這是我們之間後天形成的差別性造成的。除非你理解了你的全部，除非你理解了生命的全部，你才能澈底地理解我，因為我們的根——生命，是相同的。

你不可能澈底地理解釋迦牟尼，縱使我把釋迦牟尼在世時所講過

的話，一字不漏地向你複述一遍。

釋迦牟尼曾經說過一句真理：「除非你也成為一名佛陀，像我一樣瞭解了生命的全部內涵並成為了生命，你才能澈底地理解我和我所說的每一句話。」

一定要將身心緊緊生長於生命之根上。不要向我請教有關佛學的知識，以便透過此途徑來達成你的滿足與充實，這是一種浮躁的表現。即便你將所有的佛經都倒背如流，或將所有的文明文化都通曉無遺，但當你將自己的根迷失了之後，所有的知識與獲取都將對你一無用處。在面對自己時，依然顯得那樣笨手笨腳，無法去珍惜愛護她並涵養她，你只能成為一隻裝盛知識的籮筐，除此之外，你什麼也不是。

種種的榮耀與成就，都是根植於社會層面上的感覺而已，只有你自己明白，你依然是一個空虛蒼白的貧窮者。你的富有無法透過後天的向外索取來獲得，它存在於你的先天裡，它存在於你的母親——生命那裡。整個世界都共同根植於生命的源泉中，事物萬象都是生命內涵的多彩顯示，每個事物都全然地擁有同一個多彩的生命世界，一樣富足，一樣和諧。

你以為你擁有了你以外的一個女人或一個男人，你就會變得富有了嗎？你以為你擁有了很多信眾，你就會變得富有了嗎？你以為你擁有了巨大的權力和足夠的金錢，你就會變得富有了嗎？沒有，你什麼也沒有，無論你向外占有多少，你將還是蒼白的你——一個乞丐而已！難道你沒有察覺到你的這一切占有舉動是十分荒誕的嗎？

釋迦牟尼一出生就是一位太子，你所能占有到的一切東西——知識、權力、美女、地位、財富、容貌、名譽，他全部都有。但在他 19 歲的時候，他已陸續接觸到了生、老、病、死這四大現象。存在於他思想中——關於這個世界的存在，是一場無休無止的悖論——這一人

文知識的紛紜糾纏，日益成為他思考的焦點。

以前皇宮那種單一的完善知識框架，在現實中已如泡沫般澈底粉碎，他陷入了痛苦的反省中。但他無法從現存的知識中找到答案，無法將這場洪荒而來的悖論存在予以澈底解決，他覺悟到以前所接受的那些知識體系是那麼的荒誕虛偽，不堪一擊，不堪驗證。他對自己說：「我除了空虛以外還是空虛，我根本就不是一位太子，我從出生到現在，一直就是一無所有，就是一個不知所措、枉費心機的存在！」

人世間最偉大的覺醒，第一次向釋迦牟尼降臨了！

釋迦牟尼對他身邊的每一個人說：「我要出家。」他要出什麼家？他要出權力家——他擁有至高無上的權力，他要出美女家——他擁有很多美麗的女人，他要出知識家——他擁有當時可能學到的所有知識，他要出財富家——他擁有相當巨大的財富。

他要出家，是因為他發現了自己內部的空虛——外面擁有再多的權力和知識，也無法取代他內部的空虛感。在一個月黑風高的夜晚，釋迦牟尼離開了他的皇宮。他，出家了。

釋迦牟尼的出家主要出於兩個因素。第一，他以常人少有的洞察力發現了常人的荒唐性——無一例外地把自己由高貴的存在，降低成一名道道地地的乞丐，用盡一生所有的時間，用盡自己所有的精力去向外乞討，乞討權力，乞討知識，乞討偉大，乞討一切。這太荒唐了，一個乞丐，一個道地的乞丐！

你只需要靜靜地想一下：「我是一個道地的乞丐。」你會發生什麼？無法忍受的憤怒，無法忍受的挫敗，無法忍受的窒息，必然從你的心靈深處生起來。

後來，釋迦牟尼對他的弟子們說：「你以為你是誰？你以為你真的是一位學者或一個什麼人物嗎？你只是一個生活在火宅裡的可憐

蟲！你是一個可悲的東西，你的全部人生都是一場無盡的悲劇，它的悲劇性就來自於你是一位道地的乞丐！更加可悲的是，你竟然對這些渾然不覺！」

第二個出家的因素是，當時的印度是一個高度覺醒了的國度。我所說的「印度是一個高度覺醒了的國度」，並不是說當時的印度人民個個都成了佛陀（大覺悟者），我的意思是說，當時的古印度已經有一大批獲得生命覺醒的人。這些人都在向世人傳遞著一個偉大的訊息：在我們的內部有一個真正的極樂世界，在我們的內部有一個由光明和智慧組成的王國——生命王國，人生中最高和最終的追求，只能在我們的內部才能被實現、被達成。這個偉大的訊息一定傳到了釋迦牟尼那裡。為了尋找人生和生活真正的意義和價值，為了實現一切人生的終極關懷，為了尋找自己真正的根、真正的家園，他發心出家了。

我對出家的理解是：把我們的注意力、思考力從這場充滿相對矛盾的社會理念中脫穎出來，去尋求紛紜物相的根源，認識世界的根本，並從日常工作、生活中體驗生命的博大與自在，將生活的社會價值昇華至對生命的終極關懷。在這場勘破頑固的「自我意識」過程中，我們需要的是沉靜的思考與艱苦的證悟！

釋迦牟尼說：「我的發現是，在這個宇宙中，每一個生命個體——你、我、他，都必須完成存在賦予我們的這個絕對使命和命令，無一人可以例外！個體的一生所要完成的工作，從本質上來看只有一個，那就是真正地實現存在和生命賦予自己的使命和命令。什麼時候達成了你的使命和命令，你就可以安心了，你就沒有事情了；剩下的就是去盡情享受你的達成給你帶來的果實——無邊的喜悅、無邊的快樂，剩下的就是盡情地品味生命（或者叫存在）那無上美妙的甘露。」

探索人生和生活的真正意義和價值，就是在探索你自己，就是在

認識你自己，認識你自己就是認識生命和生命的奧祕。這對你來說需要一個過程，因為你迷失自己的時間太久了，因為你背離你的生命太久了，你在向外乞討的時候走得太遠了，以至於你遺忘了你來時的路和重新進入你的家園之門。因此，你不得不需要一個過程。

在這個過程裡，你需要將自己變得孤獨，盡可能地避開外界對你的干擾。外界太喧嘩了，到處都有一些發了瘋的人大喊大叫，因此你需要將自己暫時變得孤獨一下，以便讓你擁有一個能夠面對你的人生和你的生活的空間，因為你只有在一個屬於你自己的空間裡，才能靜下心來去面對你的根和你的終極關懷。

從深一點的層次來理解「出家」這個詞，它的意思就是：成為你自己。儘管成為你自己距離最終的認識你自己、超越你自己、成為你的生命這幾者之間還有比較長的過程，但它是最終認識自己、超越自己、成為生命的唯一入口，你必須從這個入口進去。千里之行，始於足下，第一步在任何時候都顯得十分的重要。

成為你自己，你現在身在何處不是問題的關鍵，問題的關鍵是你首先能不能成為你自己，而不是將自己降格為一個賺錢的機器、一個爭取功名的機器、一個裝盛知識的機器。

金錢不是你，但你把它當作了目標、當作了家；權力不是你，但你把它當作了目標、當作了家；知識不是你，但你把它當作了你的目標，當作了你的家。你必須從你以前的這些「家」裡走出來，回到你的內部，此時你才能成為你自己。你的家在你的內部，要想回到你內部的家裡，首先你必須從你原來的那些外界的家裡走出來。

釋迦牟尼出家了，他的出家和現在的佛教徒出家住寺廟、道教徒出家住道觀相比，是完全不一樣的，他不是要繼承什麼衣缽、什麼慧命，而是潛入生命之境，成為生命型存在，他要使自己的人生洋溢著

生命之光。

　　不出家不行嗎？不行。當釋迦牟尼對權力、知識、美色已經產生了相當清醒的覺悟後，智慧迫使他遠離一切無常，抵達永恆的安定，所以他毫不猶豫地摒棄了這些世俗中引以為榮的物質享受，毅然走向了喜馬拉雅，走向了生命修證！

　　不出家不行嗎？不行。當太子的釋迦牟尼被權力、知識和美女包圍得太緊密了，他找不到一個片刻是屬於他自己的，他找不到一個空間是屬於他自己的；不管他是出於主動還是被動，他的所有時間和空間都被占得滿滿的。他需要一個能屬於他的時間和空間，然而他在皇宮裡無法得到它們，因此，對他而言，他必須出家：僅僅是為了尋找出一個屬於他自己的時間，僅僅是為了尋找出一個屬於他自己的空間，好讓他能成為他自己。

　　就在世界之巔上，釋迦牟尼開始了人間最偉大的探險。把他對內尋求生命稱作「探險」，是相對於常人而言的，因為你離家太久了，因為你走得太遠了，此時生命和存在對你而言，完全成了你的未知，儘管生命是你的根、你的母親、你的家，但你遺忘了她們。你有些猶豫：她們真的能被找尋到嗎？她們真的存在嗎？你有些恐懼：生命真的存在嗎？我的根真的就在生命那裡嗎？如果不是呢？這個世界上如果根本就沒有這個事物呢？那麼我所有找尋的過程不都是徒勞嗎？在尋找的過程中所花費的時間和精力不都白費了嗎？

　　一千一萬個猶豫和恐懼從你的內部生起。

　　因為你的昏沉，因為你的無知，所以產生了無邊的猶豫和恐懼，本來走在回家的路上應該高興才對，應該感到興奮才對，但對你而言卻成了一次對未知的探險。因為你並沒有覺悟到世相的幻化與無常，你總是寄希望於未來，這種強烈的欲望使你愈加無知起來。

現狀對你來講，它永遠都有一種安全感，無論你此時的狀態有多麼的糟糕，但它仍然會向你散發出一種虛假的安全感；未知無論對你產生了多麼大的誘惑，它給你的感覺永遠都是不安全的，充滿了危險的。誰知道呢？誰知道那個未知就一定是好的呢？誰知道當人付出很多努力以後就一定能得到它呢？你的潛意識對你如是說。這種想法將一直持續到死亡之際，它是導致你渴望生存、懼怕死神的根本原因。

　　在古印度社會裡，有一種很森嚴的社會等級制度──種姓制度。這個制度將人畫分為四個等級：最高貴的人是僧侶──婆羅門，主掌祭祀；其次是剎帝利──君王與文武大臣，負責政務管理；再次是吠舍──商人和手工業者；最低級的是首陀羅──賤民。你的父母屬於哪一個階層，你出生以後也將屬於哪個階層，你的子女都無法逃脫這一命運。

　　這種制度在印度延續了數千年，社會對每個階層都有很多十分嚴密的限定，比如說，婆羅門種姓的人可以隨意剝削首陀羅階層的人。如果一個賤民（首陀羅）在街道上行走，他的影子「碰」到了一名婆羅門的人，他就應該自殘其身，以表示自己的下賤和婆羅門的高貴，這被視為一種合乎倫理的社會規範。這是一種什麼樣的社會倫理？

　　你聽了一定會生氣，你一定想到過那些首陀羅的「賤民」們為什麼不起來反抗這些不合理的倫理制度？我敢肯定不僅你想到了要起來反抗，就是那些百般受辱的首陀羅們，自己也一定不止一次地想到過反抗，但事實上，反抗在這種制度下卻很少發生。

　　釋迦牟尼的後半生，曾經堅決地反抗過這種不合理的傳統，瑪哈維亞〔編註：原名筏馱摩那（生卒年眾說紛紜，一說是西元前 599 ～西元前 527 年，一說是西元前 540 ～西元前 468 年，一說是西元前 497 ～西元前 425 年，一說生於西元前 538 年），印度耆那教第

二十四代祖師，他被尊為耆那教真正的創建者。〕曾經堅決地反抗過這種不合理的傳統，但最終都沒有從根本上推翻它，也就是說，這些階級革命最終都以失敗告終。

革命，哪有那麼簡單。現實和現狀給人們無盡的安全感，未來再怎麼誘人、再怎麼美妙，但它畢竟處處向你散發著危險的訊息，誰知道呢？首陀羅們的潛意識一定會如是說：命中註定，我是一個賤民，一切的現實都是理所當然的，反抗是錯誤的行為；況且，革命成功了，當然是十分美好的，當然是十分誘人的，但是——如果革命失敗了呢？我們的性命不就危險了嗎？我們的後半生不就危險了嗎？不管現實現狀是如何的糟糕，但我們畢竟還有一條命在呀！我們畢竟還有一碗飯吃呀！萬一革命失敗了……

痛苦——無窮無盡的痛苦無休無止地向你撲來，乞丐的身分永遠如影隨形地跟著你，還有愚蠢、煩惱、空虛、欲望、死亡等等，你簡直是生活在地獄之中。釋迦牟尼說：你的身心和你的生活都是一個火宅——一個正在燃燒著大火、時刻炙烤著你的房子。你可能在未知帶給你的深深猶豫和恐懼下逃跑，但是你越是逃跑，你就會發現，你越是陷入火海中，你只能再一次地逃回到你的火宅裡去，你的房子裡的火會燃燒得更旺。你別無選擇，你只能往外衝！只有衝出火海，才有生還的可能！你應該也必須認真地、忠實地完成存在賦予你的使命和對你的命令。

耶穌說：「通向死亡的門是寬的，進入上帝的門是窄的；你們不要進寬門，你們要進窄門。」

通向外面、通向死亡和地獄的門是寬的。世界上有三百六十行可供你去選擇，但這一切行為都已經被嚴重地社會化了、自我化了，所有的職業都要求你將根植於社會需要中，你只能適應它，而不能違背

它。當你依從了這種安排，你就會形同浮萍，浪跡社會，而永遠地遠離了生命之境的歡樂。所以，你所有的稱心或不稱心的選擇，都無一例外地通向了死亡，通向了煩惱。生命是你唯一的上帝，生命是你唯一的神。通向上帝（生命）的門是窄的，你們不要進寬門，你們要進窄門！

你面對的生活始終是兩個世界。一個是已經被人類從生命中剝離並撕扯下來的社會這一存在系統，它因為失去了生命光輝的普澤，一切都顯得那麼乾裂枯燥，處處充滿矛盾與磨擦，到處充滿互不相容、不得自在！你必須服從其中的規範，否則你就是一個異類。整個社會如同一張密不透風的大網，阻擋住了外界燦爛的陽光。而另一個世界則是生命之境，其中洋溢著統一、同一的和諧之光：一切因為同源而顯得和諧與和樂，一切因為同源所以才得以平等，事物紛紜，各顯其性，豐富多彩……這裡是一片光明的世界！

每個人都有思考力，但邏輯化的思考與智慧的照臨所得到的是兩個完全不同的世界。因此，每個人必須認識自己的心智之門，心智之門的關閉意味著背離了生命，意味著趨向了死亡與煩亂；心智之門的開啟則意味著生命之境的展現！心智之門界別並隔離著兩種世界——智與愚，因此，只有透過打開心智之門，才能澈底地溝通智慧與愚昧之境！進入天堂的入口與進入地獄的入口是同一個入口。

當你被生下來的時候，你的門也就同時被生下來了。但整個社會會馬上把你拉入到這個外在世界來，因為他們只知道這個世界，沒有一個人能告訴你：你的根存在於生命之境中，那裡才是你真正的家園，那裡才是你真正的歸宿，你必須去明白你的內在世界；這個外在世界只是你的一個暫時的小舞臺，你不屬於這裡，你不屬於這個已被嚴重現象化了的世界，你應該回到屬於你的生命世界裡去，在這個外在的

小舞臺上，你只可以玩一玩，但不可陷身於其中。

沒有人可以告訴你，說你不屬於這個外在的世界，因為你周圍的人知道的並不比你多多少，他們也和你們一樣，只知道有這麼一個世界——外在世界，只有佛陀能告訴你如何回到你內在的家園裡。

釋迦牟尼現在坐在雪山之頂正式發問了：我是誰？既然我不屬於外面這個喧囂的世界，那麼哪裡才是我的世界？哪裡才是屬於我的最終歸宿？

迷茫是有的，黑暗是有的，困惑是有的，恐懼是有的，失去信心是有的，但釋迦牟尼沒有被這些東西所嚇倒，他沒有從雪山上逃回來——逃回到他的皇宮裡。權力、財富、美女肯定對此時艱難地生活在曠無人煙的雪山之中的釋迦牟尼產生過巨大的誘惑，但他以無比堅定的信念支持著自己，沒有被誘惑驅使著逃回皇宮。這就是偉大，或者說「偉大」這個詞的意義就在於此。釋迦牟尼此時表現出了令人不得不折服的偉大，他一次又一次地戰勝了他自己。

戰勝金錢是容易的，打敗知識是容易的，打敗你社會上的對手是容易的，但戰勝自己是很困難的，打敗你自己是很困難的。面對著自己，你無從下手，你從來就沒有關注過自己，因為沒有一個合理的觀念，你失去了對「自己」詮釋的標準，什麼又是自己呢？所以面對「自己」這個龐然大物時，你只能是不知所措！

你可以逞一時之勇打敗天下，因為在這一行為中，你可以樹立一個主攻方向，然後凝聚全力，就可以衝破任何阻力而成為一個勝利者；但你卻無法打敗你自己，因為「自我」如同一片汪洋欲海，你用一柄利劍剛劈開一道口子，劍刃還未抽出水面時，海水就已經匯合為一體了，你能用什麼樣的利劍來劈開海面呢？而智者的思想則是：只有戰勝「自我」這一社會意識的濃縮，才具有開解一切悖論的智慧，也只

有這樣的生活態度，才能使人們笑對人生。所以耶穌大聲地告訴你：進入上帝的門是窄的！但其中的境界卻是圓滿而極樂的。

你可以逞一時之勇而打敗天下，但你未必能戰勝你自己！智者只想打敗自己，只想戰勝自己，而不想去與天下人競爭，因為他們明白，即使你打敗了天下所有的人和事，你又能怎麼樣呢？你仍將還是你，一個道地的乞丐！打敗你自己，戰勝你自己，認識你自己，超越你自己，這才是你唯一正確的選擇，你人生的終極意義和價值才會在此時向你降臨，真正的智慧、真正的歡樂、真正的解脫（自由）才會在此時向你降臨。

「看呀！多麼美妙的景色——需要你超越你現在以後！」釋迦牟尼如是說。

坐在喜馬拉雅懷抱裡的釋迦牟尼，開始了一次偉大的對內探險。他開始對自己施行神奇的煉金術了，整個喜馬拉雅及其雲、風、雪，都成了釋迦牟尼思悟的對象，他努力領悟著生命境界中的自然、和平與光明，這一切的氣象都試圖將釋迦牟尼的愚昧、荒唐和所有的腐朽轉化為神奇。

每個人都是自己生命的修煉者。你的生命修煉沒有任何人能代替，只要你有超脫無常的恆心與決心，只要你有獲得自在與永恆的決心與信心，那麼，你的生命修證就隨時隨地開始了。此時，無論你身在何處，心處何境，你的所在都將是覺悟的狀態，你周圍的一切都成了你的煉鑄機會，它們都在自動自發地幫助你，轉化、深化和昇華你自己！此時，你一定會驚訝地發現，你身邊的一切都是你的師父，它們隨時都在給你的覺醒以無窮無盡的啟迪！此時，你一定會發現，你身邊的一切都在無私地盡心地支持你、提升你、愛著你，它們都是你的知己朋友！

如果現在你在你的周圍還沒有發現這一點，那麼很遺憾，你還在昏沉之中，你還沒有進入到你的覺悟之中去。

釋迦牟尼成道以後，回憶起他當初那個偉大的決定——逃離皇宮，他充滿自豪地說：「如果沒有那一次的決定，這個世界上就會因此而失去一個真正的太陽。我是一朵難得的稀有之花，因為那一次偉大的決定，如今才能得以開放。」

每個人都是一朵稀有之花，唯有你自己的覺醒才能令其開放！

瘋子

我們應該感謝生命，是她的深沉醞釀了她的神聖，但她又透過綻放的各種物相，表達著她的繽紛多彩！面對著一粒種子，你總覺得它很神祕、不可思議，這麼小的一粒種子，怎麼能成長為一棵參天大樹呢？這裡面蘊含著什麼樣的神奇啊！但是，思維請就此停止！你不要急於去解剖這粒種子，因為一旦施加上你的暴力，種子的神聖性——那無限的生機就將被你消滅掉。

你只有透過培育它，讓它全然地成長，那麼透過大樹那偉岸的身姿、蓬勃的樹冠，你就能全然地領略種子的無限生機！同樣，認識生命境界也是一樣的，當你確實無法透視生命的聖境時，你千萬不要退而用你慣有的邏輯思維去定義它、規範它，任何的人為努力都將是對生命的一種玷汙與破壞。此時，請將你的視野投入到廣闊的宇宙空間吧！從自然中去體悟事物的和平與豐盛，並從其中覺悟到生命境界的深沉與博大。一切物相都是生命展現的真實，一切物相都是對生命博大的顯現。認真體悟每一種物相，你就會全然地消融於生命之境中！

生命是博愛的，生命是神聖的，生命是慈悲的，她像一位偉大而慈祥的母親一樣隨時想要來擁抱你，把你帶向永恆和真實；但你一直在逃避她，你被外在的這個世界弄得神魂迷亂，你被外在的這個世界弄得十分膚淺而又浮躁，你被外在的這個世界弄得充滿了仇恨和野心。你走得太遠了，你距離你的生命和你的真實有十萬公里！生命是博愛的，她從來不主動拋棄你，她從來沒有丟下你，無論你對她是什麼態度。生命太慈悲了，她想盡一切方式試圖讓你再回到她博大的懷

抱裡去。她透過你的五官能感知到的一切事物向你示意，給你啟迪；她透過你的整個身心向你示意，給你啟迪。只要你能稍稍地放下一點你的膚淺和浮躁，那些偉大的示意，那些偉大的啟迪就會馬上進入你，將你帶回生命的懷抱，將你帶到存在的真相那裡。

　　陽光、春風、雪山、音樂、寓言、故事、愛，這些都是生命展現出來的偉大象徵，這些象徵都是一扇扇進入生命的大門！耶穌說：「門徒們，你們聽好，我父上帝是無法被語言直接說出來的，所以，你們以後要用比喻和寓言來說話，你們要用比喻和寓言來傳播上帝的福音。」

　　是的，耶穌的這句話是一句真理。存在太博大了，她比你所能想像的大還要大千萬倍；生命太幽深了，她比你所能想像出來最奇妙的幽深還要幽深千萬倍。精確的語言無法涵蓋生命和存在，精確淺白的語言無法到位地表述她們，透過簡單的名詞概念，你無法認識她們。

　　生命浩瀚的本性，只能透過那豐富多彩的物相綻放來顯示，請打開你的眼界，享用這豐富的啟示、啟迪和象徵，時空中的萬事萬物無不向你散發著生命濃郁的氣息。

　　老子說：「大道似水。」水是生命和存在的一個重要的象徵。

　　偉大的心理分析學家榮格博士說：「水是人類潛意識最大的象徵。你的潛意識是透過一大堆象徵來運作的，你的潛意識是你的一道門——一道通向神性（生命）的門，生命（或叫存在）只能透過一些偉大的象徵才能進入到你的顯意識和五官裡，被你的顯意識和五官所感知所理解。」

　　大海是一切神祕的象徵。

　　在一個無邊無際的大海裡，有一座小島，小島就是你，你就是這座小島。你屬於這個大海的一部分，但你又不屬於這個大海。你以異

化的身分成了海中的小島，你成了脫離於大海的另外一個系統，並且努力地維護著自己的存在：拋棄大海，去尋找（實際上是去創造）一個「屬於你的」世界。

你不想再將自己消融於大海裡，你開始仇恨大海。你的仇恨來自於你的幻想，你的幻想告訴你：探出頭來吧！越是突出，你就越能彰顯你的自我！但你並沒有因此而獲得歡樂與安定，你所得到的只能是暴風雨的襲擊和海浪的廝殺，你只能痛苦地承受著這無休無止的摧殘與打擊！你無法體會到大海本性中所擁有的深沉與浩瀚。

你就是小島，你的妄想將你拉出了水面，你的幻覺將你與大海切斷了聯繫。你現在孤零零地立在水面上，海平面擋住了你的視線，使你看不見海底，你忘了海底的一切事情。

有一則寓言：

在一個無邊無際的大海上，有一座小島，島上有一個王國，這個王國由臣民和國王組成。這個小島上只有一個淡水泉，所有人都喝這個淡水泉裡的泉水，唯有國王例外，因為他是國王，他喝的是從海外運輸來的水。

那些從海外運輸來的淡水，和小島上淡水泉裡的淡水並沒有什麼不同，但國王從來不喝這個泉水裡的水，僅僅是因為所有人都喝這個泉裡的水。國王說：「我是國王，我是特別的（但他忘了其他任何人都和他一樣也是特別的），我不能和你們一樣也喝這個泉裡的水，因為我是特別的。」僅僅是為了顯示他是一位特別的人，所以他每天不惜消耗鉅款從海外運來淡水。

有一天，小島上的淡水泉裡流出了有毒的泉水，誰喝了就會馬上發瘋。你可以很容易地想到結果將會是什麼：一夜之間，這座小島所有的人都發瘋了，唯有國王一個人例外。

奇怪的事發生了。所有人都指責說：「國王，你發瘋了，因為你今天的舉動和以前完全不同。當然，這是一個悲劇，但尊敬的國王，你必須接受這一事實：你瘋了。」

人民發出強烈的抗議，大臣們認為這位「發了瘋」的國王應該下臺，另選一位「沒有瘋」的人任新國王。在全島所有人的強烈抗議下，國王最終妥協了：他也走到那個泉水邊，悄悄地喝了一口泉水——這個小島上最後一個沒有瘋的人瘋掉了。

這個悲劇正在每個人身上上演著，這場悲劇在人間從來就沒有消失過：沒有瘋的人被指認為瘋子，而指認的人正是真正的瘋子。這個世界是一座巨大的瘋人院，這是所有精神學家和心理分析學家的共同認識。

佛洛伊德說：「人一生下來就是一名精神病患者。」

能夠不讓自己發瘋太難了，瘋狂有著無孔不入的滲透性和傳染性，瘋狂無處不在，你很難不被這個世界上的瘋狂所俘虜。你敢保證你未生之前一直到出生以後都保持著覺醒嗎？你能保證你在未生之前直到出生以後永不受社會意識的侵襲嗎？你能保證你具有澈底的生命覺醒嗎？不，不可能！至少這很難。這就註定了這個世界是一個「自我意識」籠罩下的混濁與無序的世界。

我有很多朋友，當年他們看起來是那麼豪氣和純潔，可是沒過幾年，我再見到他們的時候，我簡直不敢相信自己的眼睛，他們變得就像現在的你們一樣。他們都是那個國王，在面對著這個瘋狂的社會時，不得不悄悄地走近那個泉水邊喝上一口。

保持覺醒是困難的，成為你自己是困難的。要想成為你自己，你必須提高警惕，你必須警覺地去生活，你必須保持自己高度的清醒。

在這個世界上，任何時候，勇氣都顯得那麼重要。因為當你保持

獨立的時候，保持成為自己的時候，你就會和這個世界疏遠關係，你會成為這個世界上的一名「異類」，你會被整個社會所打擊。成為你自己，這需要你有足夠的勇氣和警覺，戰勝整個社會以後才能實現。

釋迦牟尼被很多人認為是個瘋子。多麼威嚴的皇權呀！多麼豐富的知識呀！還有那些美女和財富，這一切，我們奮鬥追求一輩子也未必能得到的東西，釋迦牟尼全部都有了。可是他居然放棄了這些，跑到喜馬拉雅雪山上過著無比艱苦的生活，這不是瘋了還能是什麼？

如果你以常人的邏輯（瘋子的邏輯）去看待釋迦牟尼，去看待老子和孔子，去看待耶穌，你將永遠無法理解他們，你將不知道他們在幹什麼，你將不知道他們在說什麼——他們太不合情理了，他們太瘋狂了，他們太怪異了。

他們不是託命於這個世俗的世界，你不可能在世俗中找到他們，他們已經穿透了堅厚的「自我」意識，並且昇華到了生命之境中，他們只是智慧地觀照著社會，觀照著自己的人生；而你是一位深度中毒者，一位進入了深度睡眠的人，他們是穿越了你們這個世界又走了回去的人。

不要錯誤地認為他們是一群傻子，不！他們是這個世界上真正聰明的人。他們有著敏銳的洞察力，他們洞察出了這個世界的一切荒謬性，並且勇敢地退了出來。你所知道的學問和知識，他們全部知道；你所知道的邏輯和思想，他們全部知道；你所知道的社會，他們全部知道：總之，你的那點東西，他們全部都清楚。他們太清楚這個社會和這個社會裡每一個瘋狂而愚蠢的行為，他們的夢幻——你們傳染給他們的夢幻——開始消失，潮水從他們的內部退了出來，知識、權力、地位、名譽、面具全部都從他們的內部退了出來，生命顯露了，存在真相顯露了，真實顯露了，愛和博大顯露了，真正的豐富向他們顯露

了……

　　面對老子，你無法理解他，你無法穿透他；面對釋迦牟尼，你無法理解他，你無法穿透他。並不是因為他們有意向你隱藏，情況正好相反，他們隨時隨地向你澈底敞開。不！他們一點也沒有向你隱藏，但你就是無法理解他們，但你就是無法穿透他們，肯定有什麼地方出了問題，不然情況不會是這樣。

　　你必須首先成為你自己，你必須從嚴重的「自我意識」中超越出來，從過去的你中超越出來，你才能理解釋迦牟尼。此時，你會發現他是那麼的單純，那麼的真實，那麼的優美，那麼的親切；此時，你會發現以前籠罩在釋迦牟尼、老子、耶穌等身上的所有迷霧、面紗、神祕的光環都消失了，儘管他們的肉體已經死去了幾千年，但你還是能真切地感受到他們此時就站在你面前──單純、真實、親切、優美。

　　在當時，釋迦牟尼住世的時候，他被他的弟子們一次又一次地追問：「當你的肉體消亡的時候，你會去哪裡？」「我能去哪裡呢？我哪裡也去不了，」釋迦牟尼說：「我永遠在你們身邊。」

　　你是一個小島，海水──無邊無際的海水就在你的身邊，它甚至打開很多個通道從你的這個小島中流過（暗河），它甚至從你的小島上的某一個石頭裡噴湧出來（泉水）。但你卻總是那麼麻木，難以覺察到生命處處都是精彩的寫意！

　　釋迦牟尼是生命，老子是生命，耶穌是生命，所有成道開悟的人都是生命。釋迦牟尼的生命就是老子的生命，老子的生命就是存在的生命，存在的生命就是上帝的生命，上帝的生命就是你、我、他的生命！生命只有一個，這就是為什麼所有的聖者都反覆地告訴你：真理只有一個。當你澈底成為了你的生命以後，你同時也就成了所有人的生命，你同時也就成了整個宇宙整個自然的生命。

「我能去哪裡呢？」

「我永遠在你們身邊。」

不要產生錯覺，不要被你的錯覺迷住心眼。你當下——就在此時——就應該馬上覺醒，你要真切地覺悟到，你從來就沒離開過上帝；你要真切地覺悟到，你從來就沒離開過釋迦牟尼。他也從來沒離開過你半步，睜開你的心眼看一下，他就在你身邊，此時正在對你微笑，深情地愛著你，關懷著你，擁抱著你——只需要你睜開你的心眼！

不要試圖逃避，你能逃避到哪裡去？你的洞穴終有一天要被毀滅的。一望無際的大海，你能逃到哪裡去呢？你所有的逃避都是對地獄的選擇！你所有的逃避都是對自己的無情傷害。不要試圖逃避，你必須去認識你自己，你必須去融入到生命之中，你必須在迷失了家園的時候去接受釋迦牟尼或老子或一切開悟的聖者。

你以為你給釋迦牟尼他們戴上一頂「瘋子」「神話」「騙子」「傻子」等帽子，就可以把他們送進歷史的垃圾箱裡了嗎？

「我能去哪裡呢？」

「我會永遠地生活在你們的身邊。」

他們是你的基礎，他們是你的保護神，你走到哪裡，你都無法走出他們的世界。因為他們是生命，因為生命是無邊無際的，而你現在只是海上一朵濺起的浪花而已，幻滅無常。

你被社會認為是一個正常人，這是你的悲哀。如果你被他人看成是一位正常人，這個意思就是：我發現你和我一樣。你看我和你是相同的，我看他和我是相同的，我們大家誰看誰都是相同的，那麼情況很糟糕，我們大家都患上了同一種病：共處於昏沉中，遠離了覺醒與覺悟。

所有的聖者和開悟者都被我們認為是不正常的，當我們認為這些

開悟者有點不正常的時候，那麼你就應該馬上警覺到，你已經進入了沉沉的夢鄉，與夢幻為伍了。

成道者的整個語言和行為，都被看成有點不正常，令常人不可思議，這就是為什麼像老子、像釋迦牟尼等這樣的人，總是被人們誤解曲解的原因。尼采最重要的著作《查拉圖斯特拉如是說》第一次出版的時候，只印製了四十本，他把它們送給一些朋友們閱讀，沒幾天就被送回很多本，他們異口同聲地說：「無法理解，看不懂。」難道釋迦牟尼和尼采他們真的那麼複雜嗎？不！他們十分單純，他們或許是深刻的，但他們並不複雜。釋迦牟尼是透明的，無比博大而幽深的生命，因為釋迦牟尼而變得清晰和透明了，無比深廣的生命，因為釋迦牟尼而變得對你貼近而親切。

釋迦牟尼一點也不神祕，他之所以讓人看起來充滿神祕，那不是他的錯，那是生命使然，他只是忠實地展現了生命的神祕；老子一點也不智慧，他之所以讓人看起來充滿了智慧，那是生命使然，他只是忠實地展現了生命的無邊智慧；耶穌之所以看起來那麼像一個神，那不是他的錯，他只是忠實地展現了生命那無邊的神性，因為他和他父（生命）是一體的。

人類早已在社會中習慣了昏沉與麻木，認為一切社會行為都是理所當然，是一種正確，所以當他面對聖哲的博大、光明與自在時，只能將其視為不可思議，將他們奉若神靈，高高地樹立在遠離人群的高臺上。從來沒有人覺悟到，他們都是人，只不過是在覺悟了社會的昏沉後，在覺醒中行動於社會的樸素的人。

除非你認識了你自己，你才能當下澈底地認識釋迦牟尼；除非你成為了生命，在生命中將自己澈底地融化掉，你才能理解釋迦牟尼，你才能理解老子。能不能認識釋迦牟尼這不是個問題，在我看來，首

要的是你能不能認識你自己；能不能理解老子這不是個問題，在我看來，首要的是你能不能理解生命。

誤解和曲解在這個世界上一直存在，圍繞在歷代大開悟者們身邊的誤解和曲解則更多。歷代都有很多人自告奮勇地站起來，想幫助人們糾正圍繞在這些聖者身邊的誤解和曲解，但他們都失敗了，沒有一個人能將這個工作做到底。誤解依然存在，曲解依然存在，那不是因為別的什麼原因，並不是他們追求與奮鬥的勇氣不夠，意志不堅強，而是他們根本就是生活在兩個世界裡，任何在「自我意識」下對智慧的詮釋，都是對智慧的一種玷汙。革命導師孫中山先生曾講過：「佛學是哲學之母，可補科學之偏。」當你不懂佛心時，千萬不要妄自談佛，妄自猜度，否則就是在謗佛！

耶穌在將上十字架之前說過這麼一句話：「我不屬於你們的這個世界，我的世界在上帝那裡。」

你只有和他們走在一條路上，你才有可能理解佛陀們；你只有和他們生活在一個世界裡，你才有可能理解這些佛陀們。

老子說：「在我看來，每個人都像一個聰明人，唯有我看起來像個傻子。」

釋迦牟尼明白一切權力的奧祕和如何獲取權力的奧祕，但他放棄了一切權力；釋迦牟尼擁有十分豐富的知識——他發現那一點用都沒有。他可以辯倒任何一位大學者、大思想家，他可以成為這個世界上最偉大的哲學家和思想家，但他放棄了他所有的知識與學問，放棄了這些使他陷於深深不安的社會倫理框架，進入雪山之中，終日沉靜地面對碧藍如洗的晴空，進行一場勘破天地、復歸萬物本然的大修煉！

每個人看起來都像聰明人，唯有釋迦牟尼除外。

你認為你是誰？你認為你明白了如何隱藏自己，你就是一個聰

明人嗎？你以為你是誰？你以為你記住了一些文明文化裡的術語、名詞、概念和它們的演化過程以後，你就是一位聰明人嗎？你以為你學會了佩戴很多人性面具以後，你就是一位聰明人嗎？不！社會所公認的聰明，往往表示這個人已經具有了堅不可摧的自我意識與傳統的倫理意識，並且還具有著熟練地趨從社會的實踐能力，但相對於無分別的存在真相而言，你卻是一個大愚昧、大無知，也許是最難進入生活智慧的人。他人的聰明正是你的愚蠢——它們是一個東西。

老子明白了聰明中的一切愚蠢性，他明白了聰明裡面的一切危險性，他看到了那裡隱藏著一個陷阱，所以他說，所有的人看起來都像是聰明的，唯有我除外。

這絕對是一位真正開悟者說的話，老子肯定是一位偉大的佛陀（大覺悟者），他肯定是一位過來人，不然，他說不出來這樣一句充滿真知灼見的話。

愚昧理解愚昧是容易的，因為他們走在同一條路上；明智理解明智是容易的，因為他們生活在同一個世界裡。一個正常人理解不了一個瘋子，一個聰明人難以理解一個「傻子」。他們不是同路人，他們生活在不同的世界裡，但是智慧卻可以穿透任何的心態，聰明的、愚蠢的、扭曲的、頑固的……他們明白，這些都是根植於「自我」意識中所產生的各種惡果而已。社會中諸多被視為深沉、富有與高貴，無疑皆是對飄渺的「自我」的粉飾，這是一堆沒有生命靈性的堆積物，永遠煥發不出和諧的光彩。

釋迦牟尼出家了，他的父親——迦毗羅衛國（古印度的一個國家）的國王十分生氣，他無法理解他的兒子究竟在幹什麼，難道他瘋了嗎？為什麼要到那個雪山裡？那裡什麼都沒有，他去那裡幹什麼？

所有的偉大都是起源於「傻子」——老子所說的那種「傻子」。

我也是一位傻子。不要產生錯覺說我是一個聰明人，我不聰明，我一點也不聰明。我放棄了很多次獲得權力的機會，我放棄了很多出名的機會，我放棄了很多常人做夢都想得到的東西。我父親曾經不止一次地認為我「無可救藥」了。

　　有很多人不願意和我做朋友──誰願意和一個傻子做朋友呢？當我放棄了很多誘惑，來到喜馬拉雅山脈的時候，沒有人能夠理解，為什麼要去那個飛鳥都不願去的地方呢？即使在內地無法生存下去了，也沒有必要非得去那個冷酷無情的地方呀！

　　我明白我為什麼要去那裡，而且在那裡還待了那麼長的時間。當我再次回來的時候，我蛻變了。

　　社會總是在高呼「理解萬歲」，但是事實上，誰也無法理解一個人，因為人們的心智之門一直是關閉著的。人人都是一個封閉、堅固的個體，所以，人類能夠相融在這個世界上，一直都是一個奇蹟。當面對一個人時，你只能瞭解他 10％的行為，他的內心你永遠無法觸及。在追求智慧的道路上，走進你的深沉與明淨，這樣，你才能獲得世界上最美麗的花朵。

　　永遠不要去乞求別人理解你，乞求的本身就是在墮落，在與社會認同。智慧的觀照有一種獨特的美，在這種方式下，你不但理解了你自己，而且你將理解天下所有的人。如果你將自己的一生都用來試圖讓他人來理解你，你一定會錯過你人生中最美好的東西。

　　一旦你試圖讓別人理解你，那麼你就開始墮落了，你就開始走出你自己，跟著他人而去。你拋棄了你的基礎，你拋棄了你的根，你試圖開始把整個社會當作你的基礎，你試圖開始把他人當作你的根。一旦你開始試圖乞求別人來認可你、來歌頌你、來理解你，你就開始從你的基礎和根裡走了出來。很遺憾，這種事在這個社會上被一次又一

次地重複著！

　　沒有根基的生活是可怕的，你放棄了智慧、圓滿與歡樂，而走入了一個日益封閉、分裂的沙漠之中。在這一望無際的沙漠中，你非常渴望得到一片綠洲、一窪水源，但是即使你以非凡的毅力拒絕著死神的相約，你得到的依然只有一路的沙暴與烈日。

　　在我們的社會中，金錢崇拜、權力崇拜、勢力尊崇等，人生價值定位不都是建立在失去了生命之源的社會理念之上的嗎？這如火遇乾柴般的渴求，使得每個人都如同一隻隻貪婪的怪獸，在肆意地提防著侵害，在時刻準備著侵略，但任何人的結果都是一樣的：生命之花凋謝於互相摧殘與消磨之中。

　　你有沒有沉思過，追求金錢、權力及知識的原因是什麼，是為了顯示你與眾不同嗎？不！所有的榮譽、成就都是對擺脫殘酷的社會現狀作出的畸形反應。金錢富足、權力顯赫、學位至高，都意味著你的「出類拔萃」，預示著你將擁有更大的自在與駕馭能力。但是你卻忘了，你的毅力也許是人中少有的，但你的追求卻是大眾化的、庸俗化的、泡沫化的，你無法保障你就是最先的一個到達者，無法確保你是最具實力者。因為面對著一個目標，全世界的人都在各顯其能，瘋狂地掠奪。留給你的除了身心疲憊之外，你終將一無所有！

　　當你從生命之境墮落了以後，你就處身於一場無休無止的爭辯與爭取之中，你總是試圖要在下一個時刻裡，將此時的矛盾化為烏有，但你卻始終陷身於矛盾之中。你沒有一刻不在解決問題，但沒有一刻你是清淨地全然地生活著，你總是在以一種麻木的、浮躁的處事態度對待人生中的這些問題，就是沒有決心來了斷這綿綿無期的是非之源，總是在用下一個問題來覆蓋上一個問題。所以，你的生活只能是一片沉渣而已，這厚厚的沉渣日益損耗了你的青春，日益扭曲了你的

心靈。你的一切開始變得暗淡，但你無法解決任何一個問題。

　　釋迦牟尼說你的輪迴就是這樣被你創造出來的，釋迦牟尼說這個世界是沒有什麼輪迴的，但對你而言，你是輪迴的。

　　你的輪迴不是宇宙創造的，你的輪迴不是生命創造的，你的輪迴是你獨自創造的，你是你的輪迴的惟一締造者！

　　只要你向外奔跑，你就在一條渺渺無期的輪迴之路上走著，這條路本來是沒有的，那是因為你從此走過去了，相對你而言，它們成了一條路。

　　你能走到哪裡去呢？你本來屬於生命，你也沒有可能離開你的基礎和根有多遠，只能在它們的周圍轉來轉去，你只是從生活中的 A 點移到 B 點，但你不可能真正地澈底地走出生命。

　　你的基礎是生命──無論你承認還是不承認。你無法走出生命的世界，無論你在空間上還是在時間上怎麼奔跑移動，怎樣封閉，怎樣粉飾，你都跑不出生命境界。生命沒有遺棄你，是你自己關閉了心智的大門，切斷了與生命的交融，在這條不歸的黃泉路上拚命地掙扎，是你拋棄了你的生命。世界到處都充滿了喜怒哀樂，到處都有悲歡離合，這其中的原因是相同的，表現也是一致的，我們無法為喜怒哀樂找出第二個原因。

　　世人皆說：「天下的幸福都是相同的，但不幸卻各有各的不同。」但我要說：「天下的一切都是同源的，包括幸福與不幸。」世界的豐富不會因為你的存在而增加什麼，也不會因為你的消失而減少什麼。生命之境永遠是那樣不增不減、不垢不淨、湛然常住，極樂而圓滿。所以你的喜怒哀樂都是一種多餘的重複，無論從時間上還是從空間上，都是一種輪迴！

　　輪迴是你創造的，是你遠離生命以後，為了再尋一個作為你的基

礎和根的東西，一刻不停地從 A 點奔跑到 B 點，又從 B 點奔跑到 C 點，如此來回不止地奔跑形成了它。

　　當你在某一天回到了生命裡，當你在某一天將自己澈底消融於生命中後，而反觀你以前的一切行為時，你會發現你的所有行為都是建立在完全的荒唐之上，你會發現你以前的所有行為都是一個夢幻，一個海市蜃樓！此時你會開始嘲笑你自己，你會微笑，你會大笑，你會狂笑。從你身邊經過的每一個人都會認為你瘋了，唯有你自己明白你此時在幹什麼。

真實

　　內化是一種自然的法則。當你外化你自己的時候，不要忘了，外界的東西也在對你內化。

　　身心是一架完美的複製機，在你接觸外界某件東西之時，幾乎就是在同時，這件東西就被你的身心複製了下來，複製出了一個虛假的原型存放在你的內部。

　　常人的成就感和豐富感就是這樣逐漸形成的，他每向外界接觸到一件新的事物，這件新的事物馬上就內化進來，成為儲存在內部的諸多事物之一。被複製進來的東西越多，你就越會對自己產生一種豐富感和成就感，你會自言自語地說：「看呀！我的內部有那麼多東西，我很豐富。」

　　但人們忘了一個重要的事情：透過你的身體和精神複製進來的任何一件東西都不是真實的，它們的真實永遠被保留在身心之外。一旦真實被某種形式拉出了事物的體外，它馬上就會死去，它馬上就會被改變：這是這個世界上最大的一個祕密！

　　真實永遠都隱藏在事物的內部，真實永遠都根植於生命之境，每個人都需要來認識這個祕密——理解它，對每個人來講都十分的必要，因為你能從這個理解中覺悟。樹有樹的真實，花有花的真實，石頭有石頭的真實，每一件事物都有它自己的真實，這些事物內部的真實都閃爍著個性色彩。但有一個超越所有事物個性色彩並使其成為真實的，只有生命！真實就是生命。所有事物的個性其實都是生命這一唯一的真實的顯化。

　　事物永遠不可能脫離真實之境、生命之境而存在！因為一切事物都是生命之境豐富多彩的顯現。事物一旦自行關閉了這扇生命的大門，它立即就失去了生命與真實，而成了一種幻滅與無常，成為一具僵死的虛假外殼！

　　儘管你把你的身心變成了一架裝載機，試圖將外界的一切事物都裝載進來，成為你身心內部的一個組成部分，但這是不可能的，每一個事物都是獨特的，每一個事物都是生命在宇宙中獨一無二的傑作，每一個事物永遠保持它成為它自己──唯有人不是，一起步他就在試圖拋棄他自己，讓自己變成不是他自己的東西。

　　你從外部裝載進來的事物不是那些真實的事物，你最多只能將那些事物的形式複製一份，將這個複製品裝進來。這個複製品不是真實的事物，它們只是關於這些事物的虛假外表，它們只是模仿這些真實事物做出來的一系列的夢。烙印在你的身心裡的所有事物，都是關於那些真實事物的一個虛影、一個夢幻。

　　你知道一切關於太陽的知識和學問，你比所有的人都知道太陽是什麼，但這樣你就以為你擁有了太陽了嗎？太陽還是太陽，真實的太陽永遠保持在你體外的天上。太陽並不會因為你對它的瞭解比別人多而與你的聯繫加深一分，太陽也不會因為你對它瞭解甚少而與你的聯繫減少一分。太陽與你的關係永遠都是原來的關係，它不會因為你對它的瞭解多少而決定與你的關係加深一分或減少一分。

　　你瞭解的一切關於太陽的知識，都不是真正的太陽，真正的太陽永遠被保持在它的內部，你瞭解的太陽只是真實的太陽的形式，是太陽的表面複製品，是一個虛假的夢影。

　　從最終的意義上來講，你不會瞭解任何事物──無論你對外面事物的知識掌握多少，但那些只是一些關於這個事物的零碎知識。「瞭

解了一些關於這個事物的知識」與「真實地瞭解這個事物」之間有著十分巨大的差別！

　　你只有首先認識你自己，使自己成為一種真實的存在，這才具備了認識一切事物的前提條件。只有這樣，事物才有可能成為我們生活中的真實存在。認識自己的深度與力度，並不與知識或學歷的儲備成正比，在濃重的自我意識下產生的知識，並不能在認識自己的這個特殊問題上為你提供多少幫助，你只有澈底地放下黏著於大腦中的諸多邏輯與知識，你才有可能進入到對自己的沉靜觀照。

　　你無法借助你從他人那裡學來的那些關於「你是誰」的知識，來真正地瞭解你自己，那些知識──那些從外面學來的知識，它們不能成為你的探照燈──能探出你自己所有奧祕的探照燈，這些知識最多只能給你一些關於「你是誰」、「你的根、你的真相是什麼」以少許的啟迪。

　　沉靜的勘破，才是你明白你的根、你的真相的唯一一隻探照燈。只有它才能將你深入引向你真正的真相，只是看！

　　試著讓自己靜下來，然後再試著從一些角度來看自己：從雲彩上來看自己，從大地的角度來看自己，從身體本身的角度來看自己……最重要的，是深入進去看一下自己的精神世界裡都有些什麼？

　　你會發現你以前所有的遭遇和經歷，都無一例外地被儲存在你的身心裡，你會發現你對未來的所有計畫、幻想、野心都被囤積在你的身心裡，它們一起構成了你現在的整個存在，它們成了你現在的整個存在，並且它們幾乎成了你內在的主人──隨時決定著你的身體和精神的一切行為。

　　你成了你的知識、記憶、情感、計畫、幻想、野心和應付社會的工具！你透過它們來生活。這些東西無情地將你與你的根（生命或曰

存在）分開，它們是一些真正能阻礙你認識真相的東西。它們給你創造地獄，它們給你創造一個又一個夢幻，它們給你創造一個又一個失敗、挫折、痛苦和恐懼，它們給你創造一切你不想要的東西。它們是一群真正的魔！

釋迦牟尼開始四處尋找師父，他開始四處拜師學道。他的所有師父都告訴他應該去苦行，他的所有師父都告訴他在他之外有一個神，這個神能解決一切他想解決的問題，這個神應該被當作自己修行的起始、基礎和歸宿來對待，釋迦牟尼陷入了宗教的包圍之中。

釋迦牟尼開始苦行了，他在大便池中游泳，他在雪山頂上一絲不掛，他在火裡將自己燒得奄奄一息，他長時間地不吃不喝……總之，他用了很多年的時間苦行，想盡各種方法去擺脫身心的束縛，想練就各種神通，以具備跟外邊那個神一樣神奇的法力。

釋迦牟尼的苦行是驚世駭俗的，沒有一個人有他那麼大的勇氣和恆心去承受如此極端的苦行，甚至連他的那些師父們都被他的苦行折服了，不得不承認自己的勇氣和恆心遠遠不如徒弟釋迦牟尼。

釋迦牟尼苦修呼吸，止心打坐，念誦咒語，觀想神靈，長時間地止於一種奇特的姿勢，崇拜經典……他忠實地修行著他的師父們傳授給他的一切方法。

釋迦牟尼並沒有達成任何東西，因為他無法準確地知道，這位神到底有多麼神奇。他的目標依然那麼遙遠，他變得越來越沒有信心，他變得越來越黑暗，他變得越來越混亂，他變得越來越虛弱，他不但沒有擺脫以前身心中的諸多困惑，反而更增添了無數宗教難以出離的修行幻法。他骨瘦如柴、身心憔悴，他幾乎成為了一個精神病人，他幾乎要死了。

釋迦牟尼發現，現在的他比身為太子時候的他所做的事更加荒

唐！以前身為太子的時候，他為了世俗中的事而荒唐，現在他為了修行的事而荒唐——這並沒有什麼差別，從事的事情不一樣，但荒唐是一樣的。

以前他被權力、美女、知識、欲望和世俗弄得一團糟，現在他被修煉呼吸的方法、修煉觀想神靈的方法、修煉長壽不死的方法、修煉控制體內氣脈、修煉祭祀神怪的方法、修煉特異功能的方法弄得一團糟。目標不同，途徑不同，但結果都驚人地相同：身心被弄得十分混亂、十分糟糕！

世俗是一條路，宗教式的修行是另一條路，它們是兩條平行線，就像火車的兩條鐵軌一樣，通向同一個方向，都同時指向外界。

釋迦牟尼此時是一個獵人，希望透過他的身心這把槍，從外界的某個地方射下來一個神。此時的釋迦牟尼和你並沒有什麼不同，所不同的是，你希望的是從外界的某個地方射下權力、金錢或知識。你們的目標不同，但你們的方式卻完全一樣，隨時把自己的身心當作一把槍，隨時試圖從外界的某個地方獵取一個目標。

只要你有了目標，無論你的目標是世俗性的權力和知識，還是宗教性的神或其他什麼，只要你對外界有了目標，這些目標就會馬上進入到你的內部來干擾你，這件事可以肯定每個人都有過體驗：只要你對外界有了某些目標，這些目標馬上就會進入你的內部來干擾你。

目標不是什麼崇高的東西，它只是一個引起你一切行動的吸引力，是在你空虛、無聊、茫然的時刻突然出現的一個海市蜃樓。你如饑似渴地拚命向它追去，你越是接近它，它越是虛化，當你徹底地達到你所標定的地點時，它卻是一個不存在。它是你永遠無法走出的地平線，你所有的奔跑都是徒勞，因為你的目標總是建立在遷流不止的沙土上。

從嚴格的意義上來講，完全地占有某個目標這件事是不存在的，不！你不可能完全占有一個目標，因為目標不是什麼，它們都是你的假設、你的想像、你的錯覺。目標只是你投射出來的一個幻影──你怎麼可能去占有一個幻影呢？

你對自己說，我現在只想得到十萬元就足夠了，可是當你某一天真的有了十萬元以後呢？你一定又在告訴自己，看來我以前錯了，這十萬元並不能給我帶來什麼，還是有千百萬個缺憾在等待著我去完成，看來要完成這千百萬個缺憾，可能需要一百萬元吧！

你的目標永遠不可能被達成──除非你死了，只要你現在還活著，你就不可能達成你所有的目標！因為目標不是什麼，它們只是你投射給外界的一些幻影。

你說我的目標和他人的不一樣，他人的目標是指向外面的，而我的目標是指向我的內在。錯了！它還是一樣，這一點你必須覺悟到。所有的目標都是指向外面──包括你那些指向你內在的目標。

所有的目標都是你的想像，它們只存在於你的想像中、設想中、構想中、假想中，它們不會存在於任何真實裡！你想像出來的所有目標──無論它被賦予偉大還是被賦予醜陋，它們都不會將你帶到真實裡去，因為它們不指向真實。目標本身都是一個幻影，它們怎麼可能將你帶到真實那裡去呢？它們只能將你帶向一個又一個錯覺，它們只能將你帶向一個又一個深淵裡去，帶向墮落。

在那些錯誤的師父的指導下，釋迦牟尼產生了一個「偉大」的目標──神，並且釋迦牟尼還找到了「通向」那個目標──神的梯子：各種有濃厚宗教色彩的修行方法。由於釋迦牟尼太看重這個目標了，致使他同時也注重起了這些宗教的修行方法。他不能不去看重這個目標和獵取到神的方法，因為他為這個目標付出了太大的代價──一個

國家。

釋迦牟尼放棄了一個國家，一個充滿希望的國家，才換取到了這個「偉大的目標」——神和獵取到這個神的方法。在釋迦牟尼的眼裡，這個高高在上的神，和這些據說可以將那個神獵取到的方法，對他來講不僅價值連城，它的價值簡直比一個國家、一個世界還要貴重。釋迦牟尼無法對這個目標和獲取這個目標的方法做到漠不關心，做到冷眼相看。

這個目標和獲得這個目標的方法，在釋迦牟尼的身心裡存在了很多年——整整十二年，同時這個目標和獲得這個目標的方法——宗教式的修行方法也打擾了他十二年，在這個想像出來的神的打擾下，釋迦牟尼越來越憔悴，越來越失去信心和活力，最後他幾乎要死了。

就在他被那個想出來的神的嚴重干擾下幾乎要死了的時候，他又一次被震醒了——他發現了整件事的全部荒唐性，這件事從一開始就是荒唐的，這件事從一開始就是一個相互欺騙的騙局！釋迦牟尼憤怒了！他不得不憤怒——只要他的身心還沒有完全麻木的話。釋迦牟尼毅然離開他曾經異常崇敬的那些師父們，他要終止這場巨大的騙局——一個荒唐的騙局！

他走出了那個神的世界，他澈底放棄了關於那些高高在上的神的一切知識和概念，他澈底放棄了那些據說可以獵獲高高在上的神的一切修行方法。他走出了供人們苦行的樹林，他走出了他的師父們的活動圈。

釋迦牟尼失敗了，他的身心系統已處於崩潰的邊緣。他所追求的神以及達成神的一切方法，都如同泡沫般澈底地粉碎了，他經歷了無數次生起與無數次幻滅的無常修煉後，身心已是傷痕累累，在這場經歷過拚命廝殺的戰場上，處處彌漫著硝煙與瘡痍。

　　你可以想像出，此時的釋迦牟尼的失落和淒涼。他灰心喪氣毫無目的地向前走，他的內心一定痛苦極了——你不會再找到一個人比現在的釋迦牟尼更充滿痛苦。在極度的失望和痛苦的折磨下，在極度的身心憔悴下，釋迦牟尼暈死在泥連禪河邊上。

狂喜

　　死亡是必定的。誰也無法從死亡裡逃脫出來。無論是在你的肉體結束的時候，還是在你的肉體結束之前，死亡一定會對你降臨。逃避死亡是軟弱的，加速自己肉體的死亡是愚蠢的，就像努力使自己的肉體延長一樣愚蠢。

　　每個人都無一例外地走在通向死亡的路上——無論你是誰！早幾天死亡和遲幾天死亡並沒有多少差別，事實上它們一點差別也沒有。死亡裡只有一個東西是不同的，那就是當死亡來臨的時候，你是穿透它還是對抗它。

　　釋迦牟尼不想死亡，因為他還沒有覺悟，因為他還沒有明白他的真相。他用堅強的意志對抗他的肉體的死亡，他明白，如果他此時沒有那個強烈的求生意志在支持著他，他可能隨時會死去，他的肉體之所以還在疲憊地活著，那是因為他的求生意志。

　　他只是暈了過去，他之所以沒有死去並不是因為別的，只是因為他的求生意志還殘存在體內。據說是一位牧羊女餵了釋迦牟尼一些乳糜，使他的肉體又重新恢復了活力。

　　就在釋迦牟尼恢復正常的時候，他再次嚴肅地思考了自己活著的意義和價值。他再一次發現了人生的虛幻本性：他至今所走過的人生無非是一場夢、一場鬧劇。追溯過去，看一看現在，再看一看未來，一片迷茫，一片黑暗，釋迦牟尼再也找不到一個支持自己再活下去的理由——所有的理由都破滅了。

　　他跌坐在泥連禪河岸邊的一棵樹下，只是對自己輕輕地說了一句

話：「如果那個偉大的東西再不降臨於我的話，我的肉體就坐死在這裡。」那個偉大的東西並沒有馬上降臨於釋迦牟尼，但通向那個「偉大的」大門開啟了。

為什麼這麼說？為什麼說那個「偉大的」大門向釋迦牟尼開啟了呢？就是因為釋迦牟尼對自己輕輕地說的那句話，如果那個「偉大的」再不對我降臨，我的肉體就死在這裡。

這句話應該成為所有人的咒語，應該被反覆默念。這句話太偉大了，這句話裡透露出一個無比偉大的訊息：生命不能被你的目標所實現，只有你澈底地放下你的所有目標和關於實現這些目標的方法、途徑以及你自己，生命才能對你降臨，才能向你顯露出她的全部。

在十字架上的耶穌說了一句最真實最偉大的話：「神聖的父（上帝）啊！你向我降臨吧！我做好了一切向你臣服的準備！」

在那棵被稱之為菩提樹的樹下，釋迦牟尼說了一句和耶穌一樣偉大的話：那個「偉大的」降臨吧！如果它再不降臨，我將把我的肉體坐死在這裡——要它還有什麼意義呢？

為什麼釋迦牟尼不把那個「偉大的」稱之為神？不！他不會這麼稱呼它，他寧願叫它為「存在」，叫它為「智慧」，叫它為「道」，無論叫它什麼都可以，只是不要再叫它為神。釋迦牟尼對神（宗教裡的神）澈底失望了，他甚至對神（宗教裡的神）產生了憤怒。釋迦牟尼寧願叫它為「空」「佛性」「神性（神的本性）」「存在」，或乾脆就叫它「這個」或「它」，他也不願再稱呼它為神了。

生命中最大的一個悖論出現了，這個悖論就是：只有你澈底地向生命臣服的時候，生命才能向你顯露；只有當你放下你的一切目標的時候，生命才能把你馬上帶向人生的最高目標——解脫（或叫極樂）；只有你從你的肉體裡、精神裡和身心裡澈底退出來的時候，生命的光

芒才能充滿你的肉體、你的精神和你的心，並賦予你的肉體、你的精神和你的心以圓滿的和諧、圓滿的智慧、圓滿的優美；只有對生命澈底消融你自己的時候，生命才能把你提升到永恆裡去。

釋迦牟尼開始臣服了，釋迦牟尼開始進入到臣服的狀態裡去了。他不再掙扎，他不再對抗什麼了，他不再給自己設定什麼目標；他只是臣服，他只是消融──甚至連被臣服的對象都沒有。

只有沒有對象的臣服才是臣服！

有人對知識臣服，有人對他人臣服，有人對權力臣服，有人對想像出來的神臣服──但這些都不是真正的臣服，這些只能稱之為對目標的一種態度。只有沒有對象的臣服才是真正的臣服！

據說，釋迦牟尼在菩提樹下的前幾天裡，他遇到了一群又一群的魔來干擾他，來攻擊他，來誘惑他，來折磨他。

不要上當，不要上語言的當。語言的所有意思都在語言之外，如果就語言本身來看語言的話，語言裡什麼也沒有，語言是思維和存在的夢幻！語言相對於你我來說，之所以有一定的價值，那不是因為別的，那不是因為語言本身，那是因為語言的身後攜帶著一些東西──一些語言本身不具有的東西。

釋迦牟尼在下半生四十九年的傳道生涯裡所說的話，有 90％ 都是用象徵或寓言。因為那個真實的東西相對於常人來講，是那麼的深廣博大，深廣博大到使它無法被縮減為蒼白的語言，無法被縮減到僵死的文字裡面。釋迦牟尼為了要使「它」盡可能地不被常人誤解曲解，在沒有辦法的情況下，他只能採用最能接近反映和表述它的語言方式：比喻、象徵。

釋迦牟尼所說的那些變化無端、幾近於神的魔是不存在的。釋迦牟尼所說的魔是一個語言象徵，是一個形象化的比喻──之所以用象

徵比喻，那是因為我們的理解力太差。

　　魔不是什麼東西，魔正是你以前從外界內化進來的東西，魔是你以前從外界有意無意間複製進來的東西，魔是你內在的東西的外在幻化。魔一直都存在於你的內部。它們一直都在無情地殘忍地破壞著你的身心，魔一直都在努力地將你的身心改造成為一個地獄、一個火宅，它們一直是你內部的主人、內部的王。但是你不會發現它們，它們把你引出了你的內部，它們幻化出很多個外在的誘惑讓你去追逐。它們壓制著你的基礎（存在）你的根（生命）透露出來的任何一點光明，它們將你努力地與你的基礎你的根分開──分得越來越開。

　　你的身心太麻木了，你的發現能力太弱了，你的身心被外界的誘惑牽引著奔跑得太疲憊了，你太缺少明白人的啟迪和點化了，所以你發現不了你的內部，你發現不了你的內部都生活著一些什麼東西──一群可怕的東西。

　　當釋迦牟尼開始放棄了一切目標，放棄了一切與社會、與整個天地的對抗，放棄了占有與成為，放棄了過去的一切，包括自己的肉體和精神，生命第一次得以向釋迦牟尼顯化她的嬌美和博大，一道來自存在、來自生命的光芒第一次穿透了他的身心，照亮了他的身心。

　　一場生命的真正顯示開始了。以前內化進來的存在於社會中的一切幻想、一切野心、一切知識、一切夢影借著來自生命的第一縷光芒顯化了出來，它們從以前的陰暗裡第一次走入了光明，它們以前被喬裝打扮的嘴臉第一次從隱藏走到了明亮的舞臺上。原來這些看似（有著）可愛、輝煌、炫麗的外表（的東西）只不過是一場無常的遊戲，而正是這些隱藏在陰暗之中的東西，將自己的生命踐踏得一無是處！身心解縛了，一切的陰晦光明了，一切的幻景真實了，一切都得到了返本歸元！整個世界進入了光明、安定與和諧之中。

這是一場真正的人生決戰，這是一次真正的生死決鬥。所有的人最終都要正面面對這場決戰，而且結果只能有一個：你必須勝利！決戰是痛苦的，決戰是驚心動魄的，決戰是無形的，但相對你而言卻是萬分真切的。

　　釋迦牟尼說：「很遺憾，沒有幾個人有勇氣去面對這場必須取勝的生死決戰，一萬個人中也未必能找出一個人來。」幾乎所有的人都被嚇了回來，幾乎所有的人都逃向了遠方。

　　釋迦牟尼說：「可憐又可悲的人們呀！你們能逃避到哪裡去呢？每一條路都是漫漫長路，每一條路都是茫茫不歸路！」

　　既然你有了你以前的那些顛倒和愚蠢的行為，這場戰爭是你的以前於現在的復活，要想與你的以前澈底斷絕，你就必須穿過這個戰場。

　　釋迦牟尼說：「這些看似有形的看似無形的、看似像一些神、看似像一些鬼的魔們，都是你以前存留在內部的野心、顛倒、愚蠢、幻想、目標、知識、經驗、欲望的化現。借助從生命那裡降臨的光芒的化現，它們看似十分逼真，實則是一些幻影，只需要一個辦法就可以令它們馬上消失——不動心地消失。」

　　但誰能不動心呢？它們看起來那麼逼真，一個個「真實、輝煌」的權勢向你走來，一堆堆「真實」的黃金白銀放在你的面前，一個個無價的知識「真實」地向你走來，一個個聖潔的神靈們「真實」地向你走來……

　　誰能不動心呢？釋迦牟尼說：「我在人世間沒有見到一位是真英雄真丈夫的人，除非他是一個佛陀。」因為釋迦牟尼明白，只有那些真正能穿過魔軍誘惑的人，才是真正的大丈夫、真正的英雄。這就是為什麼有人稱釋迦牟尼為「大雄」或「聖雄」的原因，因為他順利地穿過了一切幻化出來的群魔。

　　人類所有的聖者或叫開悟者，在他們即將開悟成道的時候，他們必然會遭遇到那些被稱之為「魔」的東西，無一人能夠例外！所不同的只是有的人遭遇到的「魔」是有形有相的，有的人遭遇到的「魔」是無形無相的。儘管這些「魔」們是無形無相的，但對當事人來講，卻可以真切地感受到它們的存在。

　　很不幸，釋迦牟尼在菩提樹下遭遇到的「魔」是有形有相的，一個個絕豔的美女向他走來，一個個他曾經做夢都想看到的那些「神」們向他走來，財富、榮譽、天堂、真理、權力都以各種形式向他走來……據說當時有一個「人」走到釋迦牟尼面前對他說，我可以給你你想要的一切財富，當他發現釋迦牟尼久久無動於衷以後，悻悻地走開了；緊接著又來了一個「人」對他說，我可以給你天下一切榮譽，當他發現釋迦牟尼還是久久無動於衷以後，也悻悻地走開了；緊接著又有一個「人」對他說，我可以實現你想要的一切真理，我可以實現所有宗教裡所描述的那些天堂，我還可以……

　　釋迦牟尼看穿了整個事件的無常與誘惑。「這太可笑了，神也罷，天堂也罷，真理也罷，這都是無法以有形有相的方式來授予我的，你們的一切行動都是一種誘惑而已。想將我拉回進無常與幻滅之中，這太荒唐了，我已經勘破了所有目標的本性——一個喚起你墮落、掙扎的幻影。在追求目標中，我不但得不到任何東西，還將失去我珍貴的生命！任何占有欲的存在，都是沒有將事物復歸於生命的膚淺表現。你的欲望是一種暴力、一種摧殘，是對自己及事物的無情殘害！」釋迦牟尼如是說。

　　場景一次又一次來了，場景一次又一次消失了，場景一次比一次逼真，場景一次又一次地換去，但釋迦牟尼無動於衷，他仍然完全地安住在深深的臣服狀態之中！

天下所有的事物都被存在賦予一些不易的法則，臣服這個東西也沒有例外。臣服有兩條不易的法則，第一個是它能使你以最快的速度「消失」。這裡所說的「消失」，並不是指你進入了「隱身」狀態，而是在別人看來你的身體仍然存在，但你自己卻沒有這一感受，你的唯一感受只是你不存在了。

　　這種消失不是指你肉體上的消失，而是指你長期積壓於身心中的渴求與幻滅消失了，連同它們對你造成的任何影響，都消失得無聲無息。此時你唯一的感覺就如同一個新生嬰兒，對這個世界全然無知，你只能感受到你的愉悅、輕鬆與自在，你不存在了！釋迦牟尼說，這就是你的空，你必須進入到你的空裡——你感受到了你不存在了，你「消失」了，你才能進入到開悟裡。

　　臣服的第二條不易法則是：它能以最快的速度打開你的心眼，使你進入覺悟與覺醒，從而達成生命的圓滿！

　　當這一切夢幻中化現出來的場景，都在釋迦牟尼深深的臣服狀態裡相繼消失以後，那個「偉大的」生命的真相、存在的真相顯現在了他的身心中，那麼真切，那麼美麗，那麼迷人，那麼令人狂喜！

　　但釋迦牟尼不敢肯定這是不是真的，因為他被這幾天來的幻化欺騙怕了。很久很久，這次這個東西沒有離去，它不僅沒有離去，反而相對於釋迦牟尼來說，它還更加真切了，更加美麗了，一切的事物都得到了澈底的歸位，都從以前那種幻化、無常的異化中澈底地安定了，萬物自在，其樂融融，這種存在是那樣的清淨、極樂與光明。

　　成功了！終於成功了！眼淚在流——但那不是在哭，那是因為狂喜！無邊無際的智慧、歡樂、愛、光明、敏銳、安全感、自由感、幸福感、永恆感都止不住地從釋迦牟尼的身心裡流溢了出來，從萬物之中，從宇宙之中流溢了出來！到家了！蛻變了！再生了！自由了！但

釋迦牟尼哈哈大笑說：「沒想到新我原來是故人呀！」

「新我原來是故人」成了後世那些也開了大悟的禪師們最常講的一句話。

懷疑是必然的，誰剛一走到自己的源頭、自己的根、自己的基礎那裡，都會或多或少地滋生出一點懷疑。假如你一出生，母親就離開了你，紅塵坎坷了幾十年，突然有一天有一個女人告訴你：「我就是你朝思暮想的母親！」你會有什麼反應？你一定會不敢相信你的耳朵，你一定不敢相信你的眼睛。這是真的嗎？眾裡尋她千百度，驀然回首，那人卻在……兒子愣在了母親面前。釋迦牟尼愣在了生命面前。

你的母親相對你而言，她的身上、她的眼睛裡有著和所有女人都不一樣的東西，這些東西只有你的母親在面對你的時候才會產生。你也許見過天下所有的女人，但她們在面對你的時候，你找不到母親的感覺；只有你的母親在面對你的時候，她才能給予你一種完全不同的感覺。

兒子愣在母親面前——他在尋找著那種只有他真正的母親才能帶給他的那種特殊感覺，這種感覺不需要太長時間尋找就會有結果。這個兒子尋找到了母親的感覺以後會是怎麼樣呢？對！撲上去，擁抱！將自己澈底地融進母親的懷抱裡——幸福、狂喜、歡笑的淚水。

釋迦牟尼愣在生命面前，他不敢相信這次是真的，他在感覺，他在體會，突然他眼前一亮，撲了進去……

結束了，一切都真正地結束了。到家了，到終點站了，一切都在這裡畫上了一個圓滿的句號，一個無邊的句號。

當東方的啟明星升起來的時候，一個人——喬達摩‧悉達多（釋迦牟尼的俗名）消失了，當又一輪嶄新的太陽升起來的時候，一個人——釋迦牟尼誕生了，他和東方的太陽一起升了起來！

當釋迦牟尼從菩提樹下站起來，重新環顧一下這個世界和這個世界上的人類的時候，他驚奇地說：「每一個人都是生命的化現！每一個人都有佛性──作為基礎的生命！每個人都可以成為一個佛陀──生命大覺醒者！但都被他們自生的夢幻妄想阻擋住了！」

釋迦牟尼對世人說：「不要再叫我喬達摩‧悉達多，他在菩提樹下已經死了，稱呼我為『佛陀』吧！」

釋迦牟尼對世人說：「可憐又可悲的眾生啊！看一看吧！你們知道你們都在幹些什麼嗎？小心一點走，不要被紛紜夢幻的世界迷住眼睛！」

耶穌說：「進入死亡的門是寬的，進入上帝的門是窄的……」

宗教

　　我不喜歡基督教和天主教，因為它們把耶穌完全扭曲了，它們把耶穌弄得面目全非，它們是真正殺死耶穌的劊子手；我不喜歡道教，因為它們把老子、莊子、列子所說的道完全地扭曲了，它們是阻礙人們認清「道」的攔路石，它們以各式各樣的方式，試圖將你引導到岔路裡去；我不喜歡佛教，因為它完全地背離了釋迦牟尼的宗旨和精神，它在佛祖釋迦牟尼的名義下，一直做著一些與釋迦牟尼相違背的事情，它使釋迦牟尼變得十分醜陋與迷茫，使佛法變得愈加神祕化。

　　整個佛學一直都在努力地構架起一個龐大的理論體系，這個理論體系一直試圖把釋迦牟尼也組裝進去，使其成為這個打著佛祖旗號的理論體系的主幹和靈魂。但那些從事佛學構建的學者們不明白，釋迦牟尼本人最不喜歡理論體系，這些佛學家們一直在向人們傳遞一個假相，說我們經營的這個龐大的理論體系就是佛祖給我們創建的。

　　不！釋迦牟尼沒有給我們創建任何理論體系，他之所以能成佛，反而是因為他澈底地打破了他原本擁有的一切——包括他所有的理論體系與理念系統。

　　釋迦牟尼在離開皇宮的時候，就絕不亞於蘇格拉底這樣一位大學者，那時候他學到了可能學到的任何一門知識，他有著無比豐富的理論和學問，他可以成為一名歷史上最偉大的學者和思想家——這一點，釋迦牟尼本人也是很明白的。

　　但是他發現這沒有用，他發現他的所有知識對他一點用都沒有。釋迦牟尼是對知識產生了深深懷疑而出家的，最後又是在菩提樹下將

他所有關於理論、關於知識的一切徹底放下了以後，才得以開悟的。

釋迦牟尼擁有全然的知識，這是一種根植於生命之境上的隨境而生的知識、智慧的綻放，而不是社會中許多以人為中心的知識堆砌。這種堆砌導致了人們身心的沉重與迷茫，在這種沒有任何目標、沒有任何追求的智性世界中，一切的事物都回歸原位。

如果你鑽進知識裡，如果你成為了這個世界上的知識，那麼很不幸——你將是天下最不幸的一個人。知識不會把你帶到任何地方，你只會在知識裡進一步地迷失你自己，在此，我沒有絲毫要否定知識實用性的意思，只是一再地強調，不要將這種脫離生命之根的知識體系當作什麼無限生機來發展和繼承，這樣，只能造成身心與社會效益的巨大浪費。我們應時刻警醒，將我們的文化根植於生命之中，使其成為一種隨境而現的智性，這種智慧才是我們享有安定生活的首要條件。只有如此，人類才會走上一條真實與和平之路！

據傳說，孔明精通很多奇門之術，有一次，他給敵人布了一個八陣圖——用一些極普通的石頭在地上組合成一些幾何圖案。當敵人不小心進入到這個陣裡的時候，那些極普通的石頭馬上起了變化——幻化成了一個個威武的天兵天將，幻化成了震人心魂的吶喊。無論你是一位多麼驍勇善戰的英雄，只要不小心踏入孔明的迷魂陣，你就難免一死。但如果你能僥倖出得陣來，你會發現這裡什麼也沒有，這裡什麼事情都沒有發生，依舊是藍藍的天空、青青的芳草、蒼涼的山巒，對了，還有那些極其常見的石頭。

知識很像孔明的陷敵陣，當你踏進去的時候，你會發現這是一個美麗的迷宮，有一個聲音不斷地引導著你向深處走去，有一個聲音一直在你的身邊迴響：向裡走，那裡可能有一些寶藏。但裡面什麼也沒有，只有無盡的黑暗！

你知道那些站在陣外的人會怎麼看你嗎？這個人怎麼了？他有精神病嗎？這裡面什麼也沒有，只有一些常見的石頭，他為何在這些極普通的石頭裡又哭又叫又驚又喜？他在幹什麼？

所有佛學體系都是後人建立的，但又都無一例外地披上了佛祖釋迦牟尼的外衣——使人看起來充滿了無盡的神聖和權威，於是人們愚蠢地去叩拜、去焚香、去乞求，他們想對木頭訴說自己的苦楚，想對泥塑求得幻滅目標的實現。在釋迦牟尼看來，這是一場多麼荒唐的戲論啊！面對此景，佛陀只是哈哈大笑！這長笑橫貫寰宇，迴盪八極！

釋迦牟尼本人正是從知識的迷宮裡僥倖走出來的人，他是歷史上僥倖從知識的迷宮裡走出來的少數幾個人之一，他用親身經歷明白了所有知識的虛假本性。釋迦牟尼在世的時候，一次又一次地告訴世人：忘掉你的那些知識，放下你的那些理論和信仰，因為真實的東西在它們之外。

佛教不僅是對佛學的進一步醜化，它還是對釋迦牟尼的無情玷汙，佛教殺死了釋迦牟尼，佛教是建立在釋迦牟尼的屍體上的。

出於對生命的忠誠，出於語言本身的局限性，釋迦牟尼為了向世人打開通向真實、通向生命的大門，他設定了很多象徵——菩薩、金剛、天神、地獄、天堂、佛國等，他借助對這些東西的描述，來向你展現生命的博大和神奇。

但是，世俗的人們卻看不透佛陀的運智方便與良苦用心，他們將目光停留在指月的手指上，將畫中的蘋果撕下來就吃，而且還嚼得津津有味，他們將夢中的幻影都當作了真佛陀！這就是建立在「自我」基礎上的佛教的悲哀。

如果你理解了你自己，如果你理解了生命和存在的奧祕，如果你理解了釋迦牟尼，你就會理解為什麼說佛教為整個生命和釋迦牟尼帶

來了醜陋！

只要有一點理解力的人，只要有一點洞察力的人，都能一眼看出釋迦牟尼所說的那些佛國、地獄等等一切，無非是一種隱喻，無非是一扇展現生命的大門，可是為什麼佛教看不出來呢？

軟弱，令人十分討厭的軟弱！釋迦牟尼的故事、傳說等語言都是一面清澈的鏡子，這面鏡子直照你的最深處——它能使相對於你而言的幽暗角落變得清晰明淨！

釋迦牟尼幫助你看到了你的內在，你幾乎是首次看清楚你的內部原來都是那些醜陋的東西——你使你震驚，你使你對自己憤怒，你使你對自己產生厭惡，你使你對自己失去一切信心，你使你對自己的成就感、豐富感發生根本的懷疑。

你不敢正面面對釋迦牟尼這面鏡子，它使你赤裸，它使你憤怒，它使你對醜陋的你看得從未有過的清楚。怎麼辦呢？你的頭腦在思考。你明白這面鏡子使你透明，但那種透明是你沒有勇氣直面的，你只有兩個選擇，一是讓釋迦牟尼這面鏡子毫無阻擋地照射進來，並深深地引向自己存在的深處，使你在這面鏡子的照耀下，深入到自己的存在最深處，從而獲得生命的覺醒和永恆。還有一種辦法就是，將這面鏡子扭曲，使它指向別的什麼地方，無論什麼地方都行，只要不再指向自己就可以了——因為這面鏡子的照耀，將使你陷入到內在深深的恐懼和騷亂之中。

頭腦是狡猾的，邏輯是狡猾的，思維是狡猾的，愚蠢是狡猾的，夢幻是狡猾的，建立在頭腦、邏輯、思維、愚蠢、夢幻基礎上的宗教則更是異常狡猾。狡猾的宗教說：釋迦牟尼所說的那些佛國、地獄、天堂都在十分遙遠的地方，佛國是十分莊嚴肅穆、富麗堂皇的，地獄是無限恐怖陰森的；因此你一定要投入我的庇護，為我布施，為我做

功德，我就保佑你進入極樂世界！

　　的確，宗教就是不說：離開宗教，帶走你們無用的布施，而澈底地復歸到你的原本中去，去緊緊地擁抱你的生命，一人一佛國，你們沒有必要向外追求，一切的途徑都在於內求！因為宗教害怕從此它就會消失。這就是宗教打著佛陀精神的無私而彰顯著自己的自私，這是多麼狡猾啊！

　　於是偉大的啟迪失去了它的特性，於是偉大的覺悟之門成了任意選擇的門票，於是偉大的生命之境、智慧之境成了人的外在附庸。偉大的啟迪幾乎成了一場兒戲，渺小的人類在這裡又一次發明了自己的「偉大」：天堂和佛國是為了我和我們而開設的，是為我們服務的，我才是這個世界的中心，我才是這個世界的主人！多麼滑稽可笑，你連自己的主人都不是，甚至連自身都沒有搞清楚，怎麼會一躍而成為世界的中心、宇宙的主人？

　　這不是狂妄是什麼？這不是愚昧是什麼？你以為你是誰？你們只是一群遺忘了生命而在黃泉路上奔跑的掙扎者，你視沙漠中的海市蜃樓蔚為壯觀，你連死亡都承擔不起，你又怎麼能成為自己的主人呢？對一間房屋而言，無論白天黑夜，主人都是常在的，他不但擁有對房屋的所有權，而且包括使用權，但你雖然擁有生命，卻沒有片刻使用生命，成為生命，擁抱生命！你不是一個無知的流浪者，你是什麼？

　　所有的宗教都是對偉大啟迪的扭曲，所有的宗教都是將偉大的啟迪扭曲為人類夢幻中最大的一個夢幻。宗教創造了一個人類最大的夢──天國之夢。

　　釋迦牟尼、老子、耶穌、孔子都是覺悟的代表，他們都是一面生命的鏡子，他們都是人類沉睡中的一個鬧鐘。在他們的世界裡不允許有任何墮落、愚蠢、夢幻、顛倒產生，他們使人們保持對人生的高度

警覺——隨時警覺到自己身心此時在幹什麼，他們使一切有意無意之間背離了存在，背叛了生命的人產生深深的恐懼，他們使一切即將進入夢幻和已經進入夢幻的人美夢中斷。相對於現在迷亂中的你而言，他們給你產生一種他們很「危險」的感覺。

宗教站出來說：大家不要恐懼，大家不要如此震驚，他們——釋迦牟尼、老子、孔子、耶穌等，他們的語言和文字意思是這樣的……他們不是你們看到的那樣，他們不是你們所理解的那樣，而是這樣的……

於是一切又恢復了，一切又恢復到我們可以承受的樣子了，一切又恢復到「正常」狀態了，一切又都變得「合理合法」了。

宗教說：大家繼續睡吧！外面沒有發生什麼，情況一切正常，而且似乎比以前變得更好了，因為有一個人說還有一個天堂啦什麼的是我們不曾知道的，不過不要緊，天堂說了，只要你們願意去，它隨時會恭候大家的光臨——如果你願意去的話。大家繼續睡吧！情況正如我剛才所說的那樣——比以前更好了，大家繼續做你們要做的事吧！

只需要一點點信仰——宗教說只需要一點點信仰，天堂啦、佛國啦、真理啦、解脫啦，這些東西就會降臨你們，不要為自己的現狀悲觀失望，不用為那些美好的東西操心，只需要一點點信仰，你們想獲取的美好東西，和你們不願獲得的東西都會如願——只需要一點點信仰！

只要你在百忙之中，對一個宗教點一下頭說：「我是你的信徒。」事情到此就結束了，天堂之門向你大開，真理向你降臨，所有神們——偉大的神們就會給你無盡的服務，死亡就會對你說再見。只要你在百忙之中點一下頭，一切都被解決了。

宗教體系被一個又一個地創造出來，理論體系、知識體系、信仰

體系，這一切的努力都是一個目的，使你的信仰變得更加「合理」，使你的信仰變得更加堅定和恆久。

釋迦牟尼看透了大腦的一切詭計，他看透了思維的一切詭計，他看透了夢的一切邏輯，他看透了信仰的一切詭計——這是一場人類自我欺騙的鬧劇，這是一場人與人相互欺騙的鬧劇，這是一個相互設計的地獄！

釋迦牟尼看到了這個被相互設計出來的地獄太可怕了，釋迦牟尼看到了人們幻想出來的天堂太虛幻了，釋迦牟尼看到了人類中的每一個人都太自大自傲、太自命不凡、太自我中心主義了。

針對這樣一種現狀，如果是你，你會怎麼辦呢？你一定會認為你無可奈何，你一定會覺得這一切都太遲了，你一定會認為你縱使有無邊的智慧和勇氣也回天乏術。是的，你一定會這樣。釋迦牟尼坐在菩提樹下看到這一切以後，心情和你一樣，他找不到什麼辦法拯救人類。他決定提前結束他的肉體生命——他開始向內自然地下沉而去。

但是他太愛世人了，他無法做到丟下世人不管，他的愛心讓他不能如此迅速地結束肉體的生命——用它來為人類做一些事情吧！

孔子說：「明知不可為，但在悲心的支持下，也要為之。」

釋迦牟尼決定暫時保留他的肉體，暫時保留他的精神，好讓它們兩個作為存在和生命的一個顯化器，讓它們兩個作為存在和生命的一扇大門。他從菩提樹下站起來，開始了日後長達四十九年的傳法生涯。這一年，釋迦牟尼正好 31 歲。

30 歲的年齡是開悟的年齡。30 歲左右的人開悟的機會最大，因為此時他的身體和精神都處於成熟期，身體和精神此時最為旺盛——勇氣、精力、理解力、洞察力都處在最佳狀態，所以此階段開悟的機會最多。

我不是說，當你錯過了 20 歲到 30 歲這個年齡區間，你就再也開不了悟了，只是你的一生的其他年齡獲得開悟比較困難一些。錯過這個年齡區間，你的身體和精神就會疾速地老去，你的精力和勇氣就會疾速地消退，你被社會、知識、文化、倫理、學問、夢幻同化得越來越徹底，你的反省、你的敏銳、你的警覺就會越來越遲鈍，所以開悟對你來說也就越顯困難。30 歲的年齡是一個金色的年齡！

　　周歲 30 歲，虛歲 31 歲。生命在毫無阻礙的情況下，透過釋迦牟尼向世人發出雄獅的震吼！一輪彰顯真理的太陽，從釋迦牟尼那裡升起了！

涅槃

人類以自我為中心。

每個人都是以自我為中心的。有人說：「我天下為公，我可以為真理、為正義、為愛或其他什麼東西而活，我也可以為這些東西去死，我從來不為我自己而活著。這樣的話，我就達到了無我——以無我之我為我。」

這是對無我的曲解。如果你能仔細觀察一下那些自認為是為真理、為正義、為愛，或為其他什麼被賦予高尚、神聖的東西而活的人，你還是能清楚地看到，他們的內部還是有一個微妙的自我。誰在為真理而活？誰在為正義而活？還不是「我」在為真理、為正義而活嗎？什麼是正義，什麼是真理，這些不就是你的意識形態被你的「自我」認同後的結果嗎？你怎麼能從這一行為中得出一個「無我」呢？

你將你的自我隱藏在真理、正義的名義下，和那些將自我隱藏在金錢、權力、地位下面的人有什麼分別嗎？沒有，這兩者之間沒有任何不同，所不同的只是將自我隱藏的對象不同而已。

我們人類最大的一個錯覺就是：人人都稱自己為「我」。

自我是不存在的，自我從來都不曾存在過。自我是一個錯覺，自我是一個夢影。夢何曾存在，何況夢的影子？

在不可能的情況下，我們創造了一個可能；在不存在的情況下，我們創造了一個存在——自我。

自我無法在當下生活，自我只能透過對過去的執著和對未來的執著而生活。

自我是每個人內在的「主人」。它充滿你的身體，並自認為自己是身體的主人；它充滿你的精神，並自認為自己是精神的主人。

　　自我沒有自己的根，因此它必須尋找出一些東西來作為自己的根，只有這樣它才能在不存在的情況下成為一個活的存在。

　　自我的形成時間大約在人 2 歲到 4 歲這一段年齡。剛開始時的自我還非常軟弱，隨著年齡的增長，它越來越強大。等這個人到了十幾歲以後，他的自我就開始以主人的身分，正式登上了身體、五官和精神的殿堂，並以主人（國王）的身分統治著，控制著，左右著身體、五官和精神。

　　你不是你身體的主人，你的自我才是你身體的主人；你不是你精神的主人，你的自我才是精神的主人！你哪裡去了？你和你的身體、你的精神都一起成了你的自我的奴隸！

　　你以為你在哭嗎？不！那是你的自我在哭。你以為你在笑嗎？不！那是你的自我在笑。你以為你在愛嗎？不！那是你的自我在愛。你以為你在需要這個、需要那個嗎？不！那是你的自我在需要這個、需要那個。總之，你的一切身體和精神的行為，都不是你的身體和精神在行為，那是你的自我在透過你的身體、你的精神在行為！

　　每個自我都是澈底的利己主義者。

　　自我從來不知道名譽是什麼，它之所以指揮你的身體和精神四處去獵取名譽，那是因為它錯把名譽當作它的根、它的能量和力量的源泉；自我從來不知道真理是什麼，它之所以指揮你的身體和精神四處去獵取真理，那是因為它把真理當作它的根、它的能量和力量的源泉。事實上，自我從來都不知道名譽是什麼，地位是什麼，真理是什麼，它不管任何東西是什麼，它之所以驅使著你的身體和精神去熱愛這些東西，那是它的本性之使然，因為它需要這個事物來作為自己賴以存

在的基礎、賴以存在的根，因為它需要將這些事物來作為自己生存的能量和力量的來源。

自我使一切事物遠離了真實，自我使一切事物成為了虛幻，自我將自己寄託於一切無生命之中，自我改變它觸及到的一切事物——按它自身的認識標準和喜好來肆意改變。

一切知識、一切文化、一切文明，與人類有關的一切事物都是自我的外化，或者都被嚴重地打上了自我的烙印。知識不是什麼，它只是人生中每一個自我聯合起來組成的一個大的自我；文明和文化不是什麼，它只是人類中每一個個體自我聯合起來組成的一個大的自我。這就是為什麼那些越有知識、越有學問的人的自我越堅固、越強大、越微妙的原因，因為他的知識、他的學問只是一個巨大的自我，或者反過來看，他的知識、他的學問使他的小自我又進一步地擴大了，同時也更加精煉化了。

你的自我以你的身體和精神作為基礎，知識、文化、文明的自我以整個人類的身體和精神作為基礎。只不過一個是小自我，一個是大自我而已。當你成為你自己的時候，你只是一個小自我（小我），當你成為了知識、文明和文化的化身的時候，你成了一個大自我（大我）。小我和大我之間沒有任何分別，唯一不同的只是小我比大我小一些、軟弱一些、粗糙一些。

釋迦牟尼徹悟了這場由人的自我意識所演出的夢幻與虛無！

每個人都是真實的，但因為他的自我，而使人生成了一種幻滅。每個人的精神和意識都是寶貴的、真實的，但因為他的自我，而成了一種對生命的破壞與玷汙。事物的存在都是真實的，但因為自我的參與，卻成了一堆堆的枯燥和僵死。釋迦牟尼擁有這個世界上最偉大的洞察力——一種破幻顯真的洞察力，一種歸萬物於自然的生活態度，

我們將這種深沉博大的觀照稱之為「智慧」。

這個世界是和平、光明、豐富多彩的，真實自在的。但它卻為什麼在每個人的心目中成了各不相同的境界了呢？以至於這一切對你來講，都是一個夢幻。所以，世界是什麼並不重要，重要的是你的眼光，請讓你的眼睛放射出智慧的光芒，而不是「自我意識」。

這是釋迦牟尼被人們嚴重誤解的地方之一，因為這句話，人們把「唯心主義」「虛無主義」「懷疑主義」等帽子一起加諸在釋迦牟尼頭上。僅僅是因為他說了那句：「這個世界不是什麼，它只是一堆夢幻。」

世界不是一個夢幻，它之所以成了一堆夢幻，那是因為你，那是因為你的自我是一個夢幻；你的身體、你的精神本身不是一個夢幻，它們之所以成了一堆夢幻，那是因為你，那是因為你的自我是一個夢幻。抽掉你的自我，這個世界和這個世界的一個組成部分──你的身心，它們都是實實在在的真實，只有你的自我才是一個夢幻。

釋迦牟尼說，不要成為你的肉體，因為相對於你而言，它是一個夢幻；不要成為你的精神和思維，因為相對於你而言，它是一個夢幻；不要成為你的知識，因為相對於你而言，它是一個夢幻；不要成為一切，相對於你而言，你成為的一切都是你的自我，都是一個夢幻！

那麼，我能成為什麼呢？我成為什麼才不是一堆夢幻呢？釋迦牟尼追問你：「你是誰？」

要成為一個什麼樣的你，這個你無非是你的自我；要追求一個什麼樣的你，這個你無非是你的自我。你說我什麼也不成為好了，我只成為我自己吧！釋迦牟尼說：萬萬不可，「你成為你」這句話的意思無非是說，你成為你的自我。

「成為你自己」，這只是說明你此時從外界的那個大自我裡退了

回來，又重新退回到你心裡的那個小自我裡去了，但是，你現在仍然還是在你的自我裡。成為你自己，這只是說明你此時放棄了你外在的那個大我，但你是你的自我這一點還是沒有任何變化。

釋迦牟尼說：如果澈底放棄了存在於知識和文明文化裡的那個大我，和每個人身心裡的那個小我，你只是一個空——一個沒有主人的空；你的肉體屬於這個物質世界，你的精神屬於精神世界，但你不屬於任何一個世界，你根本就不存在。

於是，這個世界上最偉大的一句話，透過釋迦牟尼誕生了下來：你根本就沒有被生下來過！

於是，這個世界上通向生命、通向存在、通向真理最偉大的一扇門，透過釋迦牟尼誕生了下來：你根本就沒有被生下來過！

這就是釋迦牟尼所說的涅槃的意思：不生也不滅，絕對真實，絕對永恆。

從來沒有被生下來的東西永遠不可能死去，從來沒有被生下來過的東西不可能變化，從來沒有被生下來的東西不可能腐朽，從來沒有被生下來的東西不可能被邏輯和語言所理解。

釋迦牟尼說涅槃是不可思議的。「不可思議」的意思就是：不能被思維和邏輯（思）來理解，不可能被語言和文字（議）表述。

涅槃是你先天的狀態，涅槃是你生命的狀態，涅槃是存在的狀態，涅槃是真理的狀態，涅槃是上帝的狀態，涅槃是道的狀態，涅槃是你的基礎與根的狀態，涅槃是所有存在中唯一無法被顯化的狀態。你所有的思維和你所有的語言都是後天的，它們永遠指向的都是外面，它們的所有指向都是未來，它們永遠屬於後天。

老子說：真實的東西永遠無法被思維和語言所表達。

釋迦牟尼說：涅槃不可思議。

耶穌說：只有當你（這裡的「你」指的是你的自我）死亡的時候，上帝才能對你顯現——你無法在活著的時候見到上帝。

釋迦牟尼說：你本來就在涅槃裡，涅槃從來就沒有離開過你。你本來就在涅槃裡，這句話是對的，但它被你誤解了，你將它誤解為你現在就在涅槃裡。不，現在的你不在涅槃裡，你的本來在涅槃裡——但不是你的現在。你現在在哪裡？你現在在你虛幻的自我裡！

真理不是個問題，不，她不是個問題，真理這位女神很好，她一向都很好，她從來都沒有離開過你，就像空氣和陽光從來沒有離開過你一樣。生命不是個幻滅，存在不是個疑惑，上帝不是個問題，道和真主不是個詰難，不要以為她們對你而言都是問題，她們都很好，好極了，她們從來就沒有出現過什麼問題，她們從來都沒有離開過你。她們能到哪裡去呢？她們哪裡也去不了，就像空氣和陽光哪裡也去不了一樣，她永遠恆靜地在那裡關注著你，愛護著你。

老子從來不向你正面解釋什麼是「道」，當他引用了無數的象徵向你講述了神奇的「道用」之後，他得出了一個結論：道可道，非常道；名可名，非常名。耶穌從來沒有向你解釋什麼是上帝，而是在永不倦怠地講述著上帝的訓示。釋迦牟尼從來不與涅槃正面相遇，他只是在宏富的雄辯中閃爍著涅槃的智慧。這一境界是不可名狀的，它們是有與無的統一，是真實與永恆的統一，無法用形象來展示給你。歷代的智者只是努力地賦予你一個心眼而已，都是在永不停息地帶領你突破「自我」的鐵圍山，當你歷經跋山涉水，抵達絕頂的時候，一切境界自然展現於你的面前！

語言和文字是一個僵死的東西，語言和文字所能涵蓋的範圍十分有限，它們所觸及到的事物的深度極其有限。生命是活的，生命是無限的，生命是深奧的，生命是永恆的，生命是不生也不滅的。用僵化

的、膚淺的、有限的語言和文字，怎麼能透澈地反映出生命呢？語言和文字是人類的專利，它們是人類「自我意識」在反映客觀事物過程中的產物。人們關閉了他們的心靈，關閉了他們的覺悟之心，關閉了自然世界，而單是透過語言與文字的途徑進行著空泛的交流。是語言、文字將人們從生命之樹上摘了下來，人類變得孤立與封閉。

釋迦牟尼說：涅槃是什麼，或者它不是什麼，這一點也不重要，重要的是你能不能進入它，你能不能成為它，你能不能融入它。對你而言這才是最最重要的！

你的自我是個問題，你的自我一直在把你與你的涅槃分離開，你的自我在你的周圍創造一個它的世界，一個用來對付涅槃不讓其進入你現在的身心的世界。你的自我一直十分懼怕涅槃，因為它就是作為涅槃的反面而存在的，當你進入涅槃——或者是涅槃進入你的那一瞬間開始，自我就永遠地破滅了。

「你從來就沒有被生下來過。」這句話是令你進入涅槃（生命）最偉大的一道門。你第一次聽到這句話的時候，你一定會恐懼的，不只是你，誰聽到這句話都會產生深深的恐懼。誰在恐懼？是你的自我！是你的自我在恐懼。因為你的自我明白，這句話能令你進入涅槃——以最快的速度，這句話能令你的自我馬上死亡，準確地講應該叫破滅，因為你的自我本來就是一個虛幻，虛幻怎麼死亡？虛幻只能叫破滅。

在涅槃的大門前，自我清楚地看到了自己即將破滅，自我不願意破滅，怎麼辦？自我開始耍弄花招了：自我利用它控制的精神和思維的權力，開始指揮你的思維，自我透過你的思維對你說，這怎麼可能啊？你從來就沒有被生下來過，這怎麼可能啊？不！一定是釋迦牟尼在欺騙你，他一定在耍弄你，你明明感受到你是真實的呀！你明明

能感受到你有一個真實的我呀！你明明能感受到你被生在這個世界裡呀！你怎麼可能從來就沒有被生下來過呢？這不可能，這絕對不可能！

自我對你說：釋迦牟尼這句話只是一個理論，只是一個學說而已，我就稱它為一家之言吧！我是不是從來就沒有被生下來過，這有待進一步的驗證，現在先放一放，等我將手邊的活忙完了以後，我再來對這句話思考一番。

釋迦牟尼從來不對你宣揚什麼理論，他從來不對你宣揚什麼學說，因為他明白，他如果只對你宣揚理論和學說，那樣只能使你的自我變得更強大、更堅固、更持久；而他所有的工作正好相反，他在用各種辦法來破滅你的自我，他只是奮力地拖著你走出沼澤，走出沙漠，走出迷茫。

釋迦牟尼說：聖者的語言就是雄獅的震吼，它能使你們的自我產生深深的恐懼，它能使你們的自我粉身碎骨。

自我可能玩弄出千百萬個理由來逃避釋迦牟尼這句話，自我可能抓住你們的身心，有意地讓它們對這句話產生千萬種誤解和曲解，自我可能產生千百萬個理論來堅決反對這句話。釋迦牟尼說：這沒有用的，無論你找出多少個理由來逃避它，無論你找出多少誤解和曲解來拋棄它，無論你找出多少個理論來反對它，受傷的永遠都是你自己，最終的結果只有一個，那就是失敗。因為我說的是一個事實，這個事實不僅被我驗證了，它也被千百萬人驗證了，它還會被千百萬人所驗證。所有的驗證都必將是一個結果：你從來就沒有被生下來過，你從來就沒有在真實中生活過一天。這是一個事實，也是人生中最大的一個祕密。

我想起了前幾年我看到的一個關於生命的學說，這個學說認為：

生命是向前進化的，它開始是很低級的，但經過進化，到人這裡，它就進化到很高的檔次了。但生命進化到這裡並不是頂峰，它還可以再向前進化，它可以無限止地向前進化。

相對於其他動物而言，我們是高級生命，但高於人的生命，我們怎麼來稱呼它呢？我們可以稱呼它為「超高級生命」。但比「超高級生命」還要高的生命呢？我們可以稱呼它為「超超高級生命」。比「超超高級生命」還要高的生命呢？那我們可以稱呼它為「超超⋯⋯生命」。這個學說近幾年來很流行，相信你也可能聽說過。

這使我想起一個故事，這個故事是真實的，它就發生在喜馬拉雅山上。這個故事說：

有一個年輕人生來喜好追尋真理，並相信耶穌說的那句話：「真理能使人解脫。」但他不相信輕易地就可以得到真理，他認為通向真理的道路一定需要艱難的跋涉。他做好了忍受一切痛苦的準備，離開了人群，隻身來到喜馬拉雅山上——因為他聽說那裡有一個寺廟，裡面住著一位得道開悟的聖人。

聖人告訴他：「我們這裡條件十分清苦，這一點你已經看到了，比你早來的十幾個人，每天只能吃一些冰雪下面的青苔賴以維持生存，如果你也能承受得了如此清苦的生活，我可以答應讓你也住下來。」很自然地，這位年輕人住了下來。

他的師父告訴他：「你不是認為還有比你現在的生命更為高級的生命嗎？那麼很好，你不要急著從我這裡學習成為超高級生命的方法，你先回答我一個問題，上面有多高？不過我不要求你現在就回答這個問題，我給你一個月的時間。」

一個月過去了。在這一個月裡，這位年輕人很賣力地去思考。師父過來問他：「上面有多高？」他很有把握地回答：「你能想像出有

多高就有多高。」師父搖了搖頭說：「我再給你一個月的時間。」

第二個月過去了，師父走過來再一次問他：「上面有多高？」這一次這位年輕人很自信地回答說：「神能想像出有多高就有多高。」師父搖了搖頭說：「我再給你一個月的時間。」

第三個月過去了，師父又走過來問他：「上面有多高？」這一次這位年輕人又一次充滿自信地回答：「高度它自己想有多高就有多高。」師父很遺憾地又搖了搖頭說：「我再給你一個月時間。」

一年很快過去了，每一次的回答都被師父否定了。年輕人說：「看來我不適合待在這裡，下一個月將是我在這裡的最後一個月。下一個月底無論有無正確的答案，我都要決心離開這裡。」

整整一個月裡，年輕人把吃青苔和睡覺的時間降到了最低限度，拿出所有時間來沉思師父的問題，最後他被凍僵了。

他的師兄們用火烘烤他，以便於他可以聽到和回答師父的追問。就在他剛剛恢復知覺的時候，師父就厲聲地問他：「上面有多高？」

就在這一聲最後一次的追問中，年輕人突然呆住了，似乎就在那一瞬間他不存在了。他待在那裡很長一段時間，終於回過了神。就在他回過神來以後，他試著向上跳躍了幾次，當他確信他的腿已經可以跳躍了以後，他猛地縱身一跳，跳到師父身邊重重地摑了師父一巴掌，將師父打倒在地，他的師父不僅不怒，還一邊緩緩地站起來一邊對他說：「你終於開悟了。」

上面有多高？上面一點也不高，它就在你的腳下，你每天都在騎驢找驢。只要你能夠開悟，你一定能發現你本來就在涅槃裡，你本來就在生命裡，你本來就在上帝裡……但有一個要點：只要你不在你的自我裡！

有很多人到我這裡來問我：「怎麼進入到涅槃裡？怎樣獲得開悟？

請你傳授我們一些方法吧！」

我能有什麼方法可以傳授給你啊？開悟不需要方法！所有的方法都指向一個目標，所有的目標都指向未來，所有的目標都會被你的自我所占有，所有的目標都會成為自我的一個家園。

目標猶如地平線，無論你走多遠，你仍然發現你距離地平線還有一段路程。如果你能夠當下覺醒，你就會發現，地平線根本不在前方，你所處的任何一點都是地平線！

你從來就沒有被生下來過。你不能將這句話當作你開悟的方法，你更不能將它作為你的一個目標；不然的話，你會錯過整個重點。這句話是一個事實，這句話是一道門。只有你將這句話當一個事實，那麼它馬上就會成為一道門——一道生命之門，一道涅槃之門。

你從來就沒有被生下來過。深入這句話，也讓這句話深入到你的內部。深入，再深入——蛻變就會發生，最澈底的蛻變就會發生。很快，非常非常的快，快到幾乎就在當下，開悟就會對你降臨！

意義

　　講到涅槃的時候，我的談話就應該結束了，一切到此都被畫上句號，到此已經無話可說了。但我必須還要在無話可說面前強作言說。我明明知道再說出來的一切都是多餘，但是我還是要說。其實不僅我以後的話是多餘，如果你開悟了你就會發現，我所說的每一句話都是多餘，只有當你還沒有開悟的時候，我的語言才顯得似乎有點意義和價值。

　　老子非常明白沉默的內涵，他一直不愛對你多說什麼。他明白所有的語言和文字都極易被你的自我占有，極易被你的自我轉變為它賴以存活的根基。他一直沉浸在他的沉默之中，但是有一些人發現了他，發現了他的與眾不同：每個人都在忙忙碌碌地幹點什麼，唯有他是沉默的；每個人都對自己和他人喋喋不休，唯有他是沉默的。他太與眾不同了，看來他一定深藏著一些人生的祕密，不然，他為什麼會散發出與眾不同的味道呢？

　　老子發現他有麻煩了，有很多人來找他要他說點什麼，特別是那個叫孔子的人見到他以後，給了他非常高的評價，千里迢迢而來的人就更多了。無窮無盡的是非包圍著他，老子決定離開這個是非之地——他騎著一頭青牛向西走去。

　　可是他並沒有從此太平，在他正要出關的時候，有個叫尹喜的人又攔住了他，逼著他一定要說點什麼，在萬般無奈的情況下，他不得已只好寫了一本《道德經》。

　　只要你公開說話，你就從此上了一個圈套，無窮無盡的是非就會

包圍著你，支持你的、反對你的、崇拜你的、痛恨你的⋯⋯你被困在中間，你無法得到片刻的安寧，因為這是一個動盪的世界。

你從來就沒有被生下來過！

圍繞你的自我，你創造了那麼多的意義和價值，你創造了那麼多的倫理和道德，你創造了那麼多關於生活和人生的學說——你創造了那麼多理論和學說，你創造了一切你可能創造的東西，僅僅是為了支持你的自我！

人類難道都瘋了嗎？

只要你能將釋迦牟尼給你的啟迪向你的深處引一引，你就會發現你似乎在消失，你周圍的一切似乎都在崩潰，你似乎能看見你以前所做的一切和未來即將去做的一切都在失去意義，你發現整個天地都在消失。

這些都需要你的承受能力，如果你的承受能力很脆弱，你就會產生一種深深的失落感和蒼白感，你會被周圍發生的一切震驚，你會開始顫抖，你會發出哀叫——這一切都怎麼啦？

有很多人走到這一步就停止了，這是一個轉捩點，這是一個危險的轉捩點。據說釋迦牟尼的很多弟子到這一步都自殺了，所以釋迦牟尼不得不對他的弟子們下一道命令：不准自殺！無論你的周圍發生了什麼。有很多文學家、藝術家、哲學家、宗教家到這一步都自殺了，沒有自殺的大多也都瘋了。

誰能承受得了人生原來是沒有意義的這一事實呢？誰能承受得了人生原來是沒有價值的這一事實呢？既然人生是沒有意義和價值的，那麼圍繞著人生價值所做的那些事，不也隨之顯得十分荒唐嗎？

這是一個關口，這是一個生死的關口。如果在這個關口裡被卡住了，那麼情況就會很不妙，如果能在這個關口裡向前一躍，事情整個

地就被翻了過來。

禪師說：當我還處在和你們一樣的狀態裡的時候，我和你們一樣，看見山是山，看見水是水；當我對內旅行的時候，我看山不是山了，看水也不是水了；當我抵達了內在的終點而獲得開悟以後，我看山還是山，看水仍然是水。

當你看山是山、看水是水的時候，你看到的山水不是真實的山水，你的自我賦予了山水本身以外的內容，你的自我在山和水的周圍創造了一個不屬於它的世界，並將這個世界當作了山水本身的組成部分。當你開始了對內的旅行，你的整個身心開始發生蛻變，基於身心而存在的、被自我創造出來的各式各樣的夢幻正在消失，正在破滅，此時再去看山看水的時候，發現山和水也發生了變化。不，山水本身並不曾有任何變化，而是你發生了變化，你的自我在山和水的周圍創造的一堆堆夢影正在發生變化，所以你現在看到的山不是原來的山了，現在看到的水也不是原來的水了。

當你對內在的旅行抵達了終點，你的自我澈底地在生命裡消失了，你的整個身心被賦予了全新的內涵，代替你的自我的是上帝（生命和神性），代替你的自我的是涅槃（生命不生不滅的本性），真實向你澈底顯現，原來自我在一切事物的周圍創造的夢幻隨著自我的破滅而澈底消失，此時山與水真實的面貌向你顯露了，此時你再去看山的時候，山仍然是山，此時你再去看水的時候，水仍然是水。

山水永遠處於真實之中，但是你自我的眼光卻將山水拉離了生命，使其成為一個賞心悅目的物化存在！隨著你的「自我」的不斷破滅，身心的不斷歸位，山水也逐漸從混沌無序走向了清晰有序。變化的並不是山水本身，而只是你的自我！就如同一位駕舟漫遊的船客，當船在徐徐地行進中，他總是產生一個錯覺——兩岸在後退，其實這

是你的小舟在前進，兩岸卻依然如故。

這正如面對一輛飛速急駛的車輛，它的車輪應該是向前轉動的，但是你看到的車輪卻明明是在倒轉！不，車輪是前行無疑，而落後的只是你的眼睛，你的視覺反應速度跟不上車輪的飛速旋轉。所以，一切的變化都不是來自外物，而都是來源於你本身！

當你對內朝聖達到終點的時候，此時的山水又恢復到了它的原來面貌——它本來就是這個樣子的，只是你以前沒有發現它而已。此時你看到的山水和原來看到的山水是不同的。原來看到的山水是山水，現在看到的山水還是山水，唯一不同的是那個看山看水的主體——你不同了。

釋迦牟尼的座下有很多弟子，都達到了看山不是山、看水不是水的階段，有很多哲學家、宗教家、藝術家也達到了看山不是山、看水不是水的階段，他們發現外界的所有事物似乎都在消失、都在幻滅，包括自己的身心也在內。釋迦牟尼說這不是真境界，這仍然是一個錯誤，你當初看山是山、看水是水是一個錯誤，現在看山不是山、看水不是水仍然是一個錯誤。不是說山水是一個錯誤，而是說那個看山看水的主體——你，仍然處在錯誤裡。

弟子們以為達到了這一步就到家了，因為外在的一切都在觀看者的心目中幻滅而去，所以現在無論外界發生什麼，都無法給你帶來干擾。此時的你的內部是一片空寂，像一潭水清湛、蔚藍，沒有波浪、沒有流動，這是一潭沒有活力、沒有生命、沒有光明的水。釋迦牟尼稱達到這一階段的人為「羅漢」。

羅漢們以為自己已經達到了涅槃，釋迦牟尼說這不是真正的涅槃，真正的涅槃是生命的本性：不生不滅、永恆自在。真正的涅槃裡充滿生命活力，真正的涅槃裡充滿光明和智慧，真正的涅槃裡充滿狂

喜和愛。羅漢們所達到的只是自我破滅的邊緣，但此時的自我仍然極其微弱地存在著，羅漢們此時所處的是自我即將澈底破滅的邊緣而表現出來的一片死寂。很空靈，很平和，很沉靜，很安全，但沒有光明和智慧從內部生起，沒有生命和活力從內部生起，沒有狂喜和愛從內部生起。現在從全世界來到喜馬拉雅山上閉關修行的那些被世人稱之為「聖者」的人，大多都處在這一階段裡。

羅漢們的內心是澈底出世的，無論他此時身處何處，他都是一位澈底的出世者。在羅漢們的內心中，他切斷了與世間的所有聯繫，他視世俗如地獄、如夢幻、如蛇蠍，他給自己打了一個空寂的山洞並藏了進去，他認為這才是他真正的家園。

羅漢們的自我仍然存在。他的自我仍然在控制他，他的自我仍然在失去外界一切的情況下，給他創造了一個空寂的山洞，並指著山洞說：這就是你的家。

那不是家，那只是自我在澈底破滅以前耍的最後一個把戲。空寂不是你的家，空寂是自我自己的家。不動、空靈，不對也不錯，不好也不壞，不悲也不喜，一個長長的催眠狀態──相對於地獄火宅一般的世俗它是好的，但你無法在這裡長久地待下去，時間一長，你會產生一種窒息感，一種無法忍受的感覺。三個可能性必然發生：

第一，你在無法忍受的窒息感面前自殺；第二，你再重新退回來，退回到世俗之中；第三種可能性是，向上向前一躍──進入到真正的涅槃之中！

進入到第三種可能性裡去的人，釋迦牟尼給他們取了一個新名字「菩薩」：從身心裡自然而然地流顯出光明和智慧、狂喜和愛、生命與活力、不生不滅、永恆自在的人。此時他的語言和文字自然而然地就成了門──成了你的門，成了你進入到涅槃裡的大門。

　　當你對內旅行抵達生命這一終點以後，你會發現在你對內朝聖的過程中，外界陸續消失了的意義和價值又重新回來了，你會發現萬事萬物所謂的意義和價值，都是人為賦予它們的，包括你自己的身體和精神，包括你自己的生活和人生的諸多意義和價值，這一切都是人為加附上去的。

　　你現在發現的萬事萬物的意義和價值才是真實的——它們本來就是真實的，只是它們的真實被你的自我、你的眼光扭曲了，現在你的自我澈底消失了，萬事萬物的真實向你展現了——它們本來就向你一直展現著它們的全部真相。

　　真理從來都沒有向你隱藏過，世界從來都沒有向你隱藏過，生命的真相從來沒有向你隱藏過；事情正好相反，是你一直在向自己隱藏——你的自我只有在事物的真相面前保持隱藏狀態，它才能得以存在，它才能得以繼續存活。

　　你必須從這個世界上退出來，當你對內朝聖抵達到了終點以後，你一定會自然地回到這個世界上來。這個宇宙只有一個，那就是現在這個宇宙；世界只有一個，那就是現在這個世界；你的肉體來自這個世界，你的精神來自這個世界。

　　你說我現在消失了，我消融在了生命裡，我成了生命，生命成了我，但是你還將屬於這個世界，因為生命正是這個世界的根，生命正是這個世界的主人，生命還是這個世界的意義和價值。你能到哪裡去呢？你永遠屬於這個世界，不是屬於它的現象，就是屬於它的本體，總之，你永遠屬於這個世界。

　　釋迦牟尼說：「我每天說話，但我一句話也沒說；我整天走路，但我哪裡也沒有去。」

　　中國的禪師們說：「我現在哪裡都去不了，何況我的肉體死後？」

老子說：「道（生命或存在），其大無外，其小無內。」

你問我：「成為了生命以後幹什麼呢？獲得了生命的無邊光明和智慧——也就是開悟了以後幹什麼呢？」

你的肉體繼續吃飯、繼續呼吸，直到它自然地消失的那一刻；你的精神繼續思考、繼續運作，直到它自然隨著肉體消失的那一刻；你繼續安處在你的涅槃裡，不生不滅，永恆自在。

有人問中國的禪師：「你開悟之前是什麼樣子的呢？」

禪師說：「吃飯睡覺。」

問者說：「你開悟了以後是什麼樣子呢？」

禪師說：「還是吃飯睡覺。」

那麼，問者說：「這兩者有什麼不同嗎？」

「有很大的不同，」禪師說，「開悟以前，我吃飯不在吃飯，我在思前想後，百般計較；我睡覺的時候不在睡覺，我在患得患失，萬般焦慮。開悟以後，我吃飯就是吃飯，睡覺就是睡覺，我再也不去打擾我的吃飯，再也不去打擾我的睡覺。」

此時此刻，那輝煌的天堂、恐怖的地獄、超逸的神靈，都似乎從你的大腦中解放了出來。只要你窺見了涅槃，諸多針對這些事物的任何猜忌都將自然地消失掉。

第一次，你明白了什麼是天堂，什麼是地獄，什麼是神靈！一切關於善惡的幻想，都是自我意識的真實印映，它的任何狀態，只是與人本身有關，而與外界事物無任何關係。

你吃飯就是吃飯，你睡覺就是睡覺，你工作就是工作……

山回到了山的位置，水回到了水的位置，神回到了神的位置，天使回到了天堂，魔鬼回到了地獄，目標回到了未來，回憶回到了過去……一切都回到了它本來應該在的位置。你回到了涅槃，一切各就

各位，一切各守本位，相互之間保持著深深的友誼與和諧。

很好，這一切美麗極了，看！小鳥在唱歌；看！百花在開放；看！彩雲正從你的頭頂飄過；呵！萬物在歡笑；體會，一縷春風正從你身邊走過⋯⋯

你的生活就是極樂，你的人生就是一場晚會，你的智慧就是一場慶賀。

沉默

　　有很長一段時間，我一直都保持著沉默。語言本身有很多境界，沉默很可能是語言的最高境界——天下再也沒有比沉默所說的話語更富有內涵的了。唐朝女皇武則天為自己樹立了一塊碑，天下最奇特的一塊碑——無字碑，偌大的一塊石碑上竟空無一字，一片空白！這是多麼不可思議啊！但它其中包含著這位女皇的全部心路歷程，它也記載著歷史對這位女皇的全部評價！

　　無論我說什麼，語言都只能達到指月的手指作用，最多能達到一種象徵意義。那個真實永遠只能被你經驗到，我無法為你講出任何真相，語言在真實面前，是一種毫無作用的現象。所以，當我們之間的開示到了一定地步的時候，就比如我們到達一處風景聖地的時候，我必須自覺地、明智地保持沉默，以使你全然地進入風光的欣賞與經驗之中，語言的描述在此已顯得蒼白無力了。

　　你的生命無法局限在我的語言中，無法消融在我的語言中，我的語言也沒有任何的功能與能力，承擔起經驗生命之境這一重負。你只能在我的語言引導下進入生命狀態，透過深入它來認真地體悟生命世界，語言只能達到一種象徵作用，除此之外，它沒有任何意義，它只是人類創造的一個意識產物。

　　但是人類已落入語言的窠臼很久了，並早已習以為常了，認為語言表述的就是真相與真實，而遺忘了語言在任何環境中都是一種蒼白與多餘。可以回憶一下我們所聆聽過的一切語言，除了有一絲若隱若現的痕跡殘留在大腦的記憶中之外，它們未曾對你產生過任何作用，

你只是聽到了幾個文字，但你對文字中的境界卻猶如海市蜃樓般不可觸及，所以你透過語言，沒有得到任何的真實與享有。

人們早已與語言文字認同了，人們早已與五官認同了，人們早已與自我認同了，他們認為世界這麼大，沒有一物能逃離他的思維，逃離他的眼光，逃脫他的語言。可是，沉靜、明澈與皎潔的形容並不是月亮本身，光明燦爛的類比並不是太陽本身，無限的蔚藍與遼闊並不是真實的天空；從此，你可以發現語言是什麼了。它是一種蒼白無力，是對事物真實存在的褻瀆。

無論你是在讚美或是在批判，你任何的言辭都是對事物真實存在的一種玷汙！是思維與語言將我們的身心從生命中撕裂了下來。是啊！面對著廣闊的宇宙，浩瀚的生命，我們僅得到了幾個文字！自認為是宇宙主人的人類只是面對著生命收穫了幾個文字，除此之外，什麼也沒有，這就是思維的悲劇，語言的悲劇，人生的悲劇。

無論我對你們說什麼，你都會很自然地將我所說的東西納入到你的五官裡去，納入到你的思維和「自我」裡去──無論我說什麼！我對邏輯不感興趣，我對語言文字不感興趣，我對你們的自我不感興趣──我為什麼要對這些東西感興趣呢？而你，而你們，則對這些東西非常感興趣，你幾乎成了這些東西的化身，你幾乎成了這些東西的影子，你幾乎成了它們的奴僕。因此我只能保持著沉默。

沉默是語言的起始，沉默也是語言的終結。語言只能存在於一個沉默到另一個沉默之間的過渡狀態。

釋迦牟尼一生都保持著沉默。釋迦牟尼說：「當我對你說話的時候，不要理解成是我在對你說話，那是因為你還在與語言這個東西發生著深深的聯繫，那是因為你仍然在認同語言這個東西，如果我對你說話，那肯定不是出於我的本意或興趣，那只能是出於我的慈悲──

因為你正在被語言、被文字、被邏輯、被自我弄得十分混亂，你被它們干擾的心煩意亂，為了能使你安靜下來，為了能使你變得舒服一些，出於慈悲，我才對你們說話。」

就在幾天前，有三個自稱是追求真理的人來到我這裡。不知道出於什麼原因，他們來到了我這裡。他們看起來像十足的乞丐，一見面就向我問了很多問題，幾乎都是一些哲學問題。這些問題一直擺放在他們的心裡，把他們干擾得身心極度混亂。我能看得出來，他們那個時候充滿了煩惱，他們的身心像著了火一樣，非常焦躁，他們需要別人給他們一杯涼水，他們需要一些安慰。

但是我知道那沒有用，一杯涼水和一些安慰能給他們帶來什麼呢？什麼也解決不了，即使你給了他們，他們很快還會乾渴，他們很快又會被另外一些事弄得身心騷亂。但語言最大的功效也只能如此了，語言所有的能力只能是暫時地給你一杯涼水和一些虛假的安慰。

最後一個人被留了下來——三十分鐘，整整三十分鐘，他一直正面注視著我。事後我問他，有什麼事情發生了嗎？

有的，他回答說，當我開始注視你的時候，你的眼睛、你的眼神、你的整個身體越來越清楚。然後，很奇怪的，你的身體和五官在疾速地發生著變化，學者型的、沉思型的、老年型的、神聖型的、兒童型的……變化得非常快，但每一個形象都很清晰。

再後來，我發現你整個人在迅速地虛化、光化，化成了一團似有似無的光團。緊接著，我就發現你在吸收我，我感覺到我整個身心都被你吸了進去，我莫名其妙地產生一種恐慌——一種從未有過的恐慌，好像是只有面對死亡時才有的那種恐慌。就在這個時候，我發現我的兩個朋友離開了你，我想他們可能有同樣的感受吧！我努力地保持我不被你吸收，我努力地保持著放鬆，可是我漸漸地進入到一種亢

奮狀態，一種深深的未知向我迎面走來。

　　一種深淵般的感覺，一種狂醉般的感覺，一種不存在的感覺，一種死亡後或者是未出生前般的感覺，一種到達新地方的感覺，一種脫胎換骨般的感覺，一種被再生的感覺，一種穿透一切般的感覺，一種春天般的感覺，一種深深的愛情的感覺，一種……總之，當我從一陣恐慌裡放鬆，被你吸收進去以後，在那個短暫的時間裡，在我內部發生了很多事情，我無法用準確的語言去比喻它、形容它。

　　當你叫我停止的時候，我才從那裡面走出來，我發現剛才，對！就在剛才，我問你的那些問題顯得特別的可笑，甚至有一種愚蠢的感覺。是的，從現在起，我發現我不會再問你任何問題，也不會再去問別人問題了——至少，不再問剛才的問題了。

　　這是一個奇蹟——難道不是嗎？在他回答我他發生了什麼的時候，他的兩個夥伴面面相覷，他們不知道我們在說什麼，他們無法理解，只是靜靜地坐著，什麼也沒有說，什麼事也沒有做，可是就在剛才，卻發生了那麼多的事情，這有點太不可思議了。

　　現在我要告訴你，這種啟示下的方法並不是我獨創的，實際上，它已經很古老了，至少有二十五個世紀的歷史。釋迦牟尼、耶穌、老子、密勒日巴等等，這種方式已被數不勝數的開悟者使用過了。什麼語言也沒有，什麼事情也不做，雙方只是靜靜地對視著，在兩者之間就有許許多多的事情發生。

　　每個人的內部都有兩個世界：一個是自我所構想出來的世界，它是一張由意識、知識、邏輯所編織的大網；另一個是真實的、原初的、真正的世界，我們習慣稱它為上帝之國或叫生命淨土，也有人叫它涅槃或本我。還有其他很多種稱呼，比如說本性、智慧、極樂世界、梵、始基、真理等。你內部的這兩個世界，總是後天形成的這個虛假的世

界在上面、在表面，而那個真實的世界總是被壓抑和束縛在下面、在裡面。

　　每個人都像一個小偷，他心懷膽怯、空虛慚愧，他無法坦然地正視一下自己，更不能正視一下他人。如果你目不轉睛地直視他人，哪怕就一分鐘，對方會產生一種恐懼感或情緒上的反感，他有一種被汙辱、被冒犯的感覺。不僅他人有這樣的反應，連你自己也會產生和對方一樣的感受。所以，在這個社會裡，很少有兩個人能放鬆下來正視對方一分鐘以上的，更不用說正視對方的眼睛和五官了。

　　我們的眼神中已經沒有坦誠與全然了，我們的五官已不是那麼真實與率真了。真正的五官在現在的五官後面，真正的他在他的內部。你可以正視任何一個人，只要時間足夠長久，你一定能發現對方的五官和全身的變化，表面的這一層五官和存在會消失掉，真正的東西會顯露出來：比他的外表醜陋或比他的外表更美麗，比他的外表更虛假或比他的外表更神聖……甚至你能看出一個魔鬼或一個神來。這才是對方真正的臉，這才是對方真正的東西。每個人都能做得到，這不需要進行任何訓練，這不需要任何技巧，每個人都能做到，只需要放鬆下來正視對方足夠長的時間。

　　沒有人可以真正地隱藏自己，人們之所以能在你面前達到某種隱藏，那是因為你從來就沒能正視過他，那是因為你從來就沒能深入地去看他。沒有人可以真正地隱藏自己，相反的，他越是試圖隱藏，你越是能真正地看清楚他。

　　釋迦牟尼說，我是一面鏡子，從我這面鏡子看到的東西才是真實的東西，你們不要在我的語言裡尋找什麼答案，那裡面沒有答案。你們要想真正尋找答案的話，很簡單，拋棄語言，丟掉你的問題，放鬆了注視我，我的存在會給你一切你想知道的事情，只要你們能注視我，

我就能把你們帶到你們從來不曾知道的境界裡去，你們的一切問題都會在那裡被解決——而不是被回答。

回答一個問題是容易的，解釋一個問題是容易的，但解決一個問題是困難的，因為所有的問題都必須被帶到一個比這個問題更高的層面才能被解決。所有的問題都無法在你現處的這個層面裡被解決，在現處的層面裡，你的問題只能被解釋。

在很多時候，你所遭遇到的問題可以在你現在的層面裡十分合理、十分圓滿地被回答、被解釋，但那沒有用。只有回答是不夠的，僅有解釋是不夠的，問題必須被解決！

那些學者，那些思想家、哲學家、科學家，那些教授和講師們，那些雄辯的演說家們，那些政客和商人們，他們每天都在創造一些解釋系統，創造一些供回答你們各式各樣的問題的理論體系、解釋系統。他們的理論體系看起來十分合情合理，看起來十分合乎邏輯，這些系統和理論能令所有的人為之折服、為之傾倒——但沒有什麼用，你將還是原來的你，問題還是原來的問題，沒有任何變化，問題仍然被放在那裡，你仍然被問題折磨著，沒有一個東西被解決掉——這個世界依然如故。

釋迦牟尼說，你們要盡可能地少向我提出問題，你們要盡可能地少讓我給事物以某種老的或新的解釋。我知道你們早已被各式各樣的問題包圍了，我知道你們被各式各樣的問題折磨得寢食不安，每日都被這些問題拖進痛苦和煩惱的地獄裡，但在我這裡，不准你們把你們的問題提出來，也不要請求我給予什麼語言上的解釋，因為我知道，所有的解釋都是催眠曲——只能使你們暫時安睡一會兒，但問題依然會存在，它們並不會因為我的解釋而少去一個。

沒有人能代替你將你的問題徹底解決，甚至沒有人能告訴你如何

來將你的問題澈底地解決。要想被澈底解決，只有一個辦法，那就是你必須上升到一個全新的檔次，在那個全新的檔次裡，你的很多問題將會不解自決！即使你的問題在那個全新的層面裡不能得到解決，但你也能清楚地發現解決這些問題的方法和途徑，從而輕鬆地解決這些問題。

這就是老子所說的無為而無不為。老子說，當你仍然處在原來的層次裡的時候，你用盡了所有的力氣，你用盡所有的辦法，努力了再努力，可你還是無法澈底地解決你所遭遇到的那些問題。當你將你的層次提升了以後，你會驚奇地發現，原來那些緊緊圍繞你的問題突然不存在了——被解決了，被摧毀了。

釋迦牟尼一次又一次地告訴你們：放下你的那些問題，放下你那些想馬上從我這裡求得什麼答案的欲望，甚至將你整個身心都放棄在一邊，走過來，走到我的身邊來，注視著我，感受著我，體悟著我——盡可能地放鬆，盡可能地投入！

任何一位開悟者都是一扇門，任何一位成道者都是一扇門。其實任何一個人任何一件事物都是一扇門，只是我們庸俗的大腦無法從它們內部發現生命在其中的寫真，領悟不出生命的浪漫與率真，我們對一切都熟視無睹，置若罔聞，我們的覺悟系統一直就是癱瘓的、麻木的！人們已錯過了無數的生命顯示與暗示，至今依然是兩手空空，得到的只有空虛與無聊。

你生存於生命的哪個層次，你的行為必然展示的是那一層次；你承受的是生命的哪一種特性，你必然綻放出這一特性的絢爛：這是一個事實。我們是他人的一道門，外物是我們的一道門，一切的事物都是生命寫真的象徵，我們只能用覺悟來發現它！你達到了你內在的哪個層次，你的這扇門就會把他人也帶到這個層次裡。

　　如果你只達到了你以外的那個金錢、權力、知識的層次，那麼你也必然會把他人帶領到金錢、權力、知識的層次裡；如果你只達到你的感官的層面，那麼你也必然會把他人帶領到感官的層面裡；如果你達到了你的精神層面，那麼你也必然會把他人帶領到精神的層面裡；如果你達到了你的心靈層面，你也會將他人帶領到心靈層面；如果你是一位開悟者、一位成道者，你會把他人也帶領到開悟和成道。

　　你是什麼層次，你將別人也帶領到和你一樣的層面上來，所需要的時間並不會太長，有時候需要幾年或幾個月，有時候甚至只需要一瞬間。需要時間的長與短主要取決於對方，取決於對方對你的信任程度，取決於對方對你的臣服程度，取決於你們雙方對對方的放鬆程度。沒有什麼另外的方法，信任本身就是方法，臣服本身就是方法，相互對對方澈底放鬆自己就是方法，除此以外，不會有任何方法。

　　佛陀說，解決你們的問題不能依靠我的語言，但我的整個存在可以解決你們的一切問題——我的存在可以提升你們，把你們提升到一個非常高的高度，我的存在能把你們帶入到一個非常深的程度，在那裡，一切問題都將會迎刃而解！

　　所以說，我採用的方法並不是我的獨家創造，那只不過是我借來的一個方法。這個正面長久的注視方法，不止一次地被釋迦牟尼採用過，不止一次地被耶穌採用過，不止一次地被那些開悟者採用過，它本身就是生命真境無聲展示的最佳方式。

　　一位開悟者就是一道能迅速帶你進入到涅槃裡的大門，一位成道者就是一道能迅速帶你進入到生命的大門。生是一種啟示，滅是一種啟示，物質雖有生滅，但這一啟示永存。

　　開悟者的語言和文字只是他的大門前的階段，只是他的這扇大門的僵死外殼，除非你有足夠的理解力和悟性，你才能超越文字，昇華

文意，榮幸地進入這道大門，否則，你必將遊戲於文字，終日徘徊於大門之外而永遠不得進入。

所以釋迦牟尼把開悟者、成道者比喻為一朵優曇花。優曇花是一種傳說中的奇花，它非常珍貴且稀有，如果你能發現一朵優曇花，這朵優曇花就能給你帶來無盡的智慧和幸福，它能滿足你一切所願。

但你很難遇到它，即使你無意中遇到了優曇花，你也會因為種種原因而錯過它。沒有人能知道優曇花什麼時候開放，沒有人能知道它將會在哪裡開放，甚至沒有人能告訴你怎樣才能發現它，這就是優曇花的珍貴和不可思議。釋迦牟尼說，優曇花肯定會在這個世間開放，事實上它一直在開放，遍佈宇宙世界，處處都洋溢著優曇花的光澤與清香。

開悟者就是生命開放在世間的優曇花，開悟者就是生命的無邊神性、無邊智慧和不生不滅的永恆本性（涅槃）在世間開放的優曇花，但你必須將你的自我空掉，優曇花才能以你的身心作為土壤，以智慧為雨露而向世間燦爛地開放！這一點，你必須記住，必須被你深深地理解。每一位開悟者都是這個世界中千載難逢開放一次的優曇花。

每一朵優曇花都是真理的一道大門，每一朵優曇花都是生命的一道大門，只要你能進入到開悟者的內部去，你就會以最快的速度被帶入涅槃之中，你就會被帶到生命之中。

所以我保持著沉默——一種曠世的沉默！如果我在對你說話，無論我在對你說什麼，你都能夠發現到我語言下面的沉默。進入到我的沉默中，比進入到我的語言裡好得多，因為真理保持著沉默，因為生命保持著沉默。

任何一種語言，如果站在真理或者叫生命的角度來看，它們都是一種噪音——一種浮躁的噪音。語言無法深入到真理的內部，語言無

法深入到生命內部，語言無法深入到沉默內部，語言永遠屬於表面，語言永遠屬於現象世界的一部分。

我為什麼反覆重複一件事「你必須將你空掉」？因為只有當你的身心空掉以後，你才能真正地開花——開放出一朵優曇花，「你」的存在會阻礙你的優曇花的開放，唯有當你不存在的時候，你的優曇花才能存在，才能開放。

為什麼前幾天的那位拜訪者在凝視我的時候，他會產生一種他的身心正在消失虛化的感覺？他不僅發現我的身心在變化了幾次以後迅速地虛化了、光化了，他發現他隨著我的虛化、光化，也一起被虛化、光化了。

緊接著什麼發生了？他發現他正在瀕臨死亡！他發現他正在生起死亡降臨時他才會有的那種深深的恐懼。如果你當時也在場，你作為一個旁觀者，你會發現他的身心並沒有消失，也沒有瀕臨什麼死亡。他真實地存在在那裡。難道他在發生幻覺？不！他那時的身心很正常，甚至比他的任何時候還要正常，從未有過的正常。

他的感覺是真實的，他在我的同化下正在深入到他的內在——他從未進入過的內在最深層的地方。是誰在瀕臨死亡？是他的自我！他以前太深入到他的自我了，他早已與他的自我認同了，他與他的自我已經不是什麼朋友關係了，他就是他的自我！

每個人，所有的人，只要在他的自我裡待得太久了，他就會無一例外地成了他的自我。此時他的自我就會深入到他的身心深處，牢牢地統治著他的身心，並將他的身心全部納入到他的自我裡去，此時他的身心就成了他的自我的生存土壤和雨露，此時他的身心就成了他的自我的外在存在，此時他的身心就成了他的自我的根。

當他被我同化的時候，他的自我正在破滅，所以他會產生一種瀕

臨死亡的感受，並生起了深深的恐懼。這是一條界線，能越過這條界線，你就會發生蛻變；越不過去，你就會在你的恐懼的迫使下退回來，你就會在你的死亡的威脅下逃走，這正是發生在他的那兩位同伴身上的事：避開、逃走。

事後他對我說，你當時是不是對我發什麼功了？你是不是對我施了什麼法術？沒有，天地作證，我當時沒有對他發任何功，也沒有對他施展任何法術，天地作證！我沒有。我當時什麼也沒有做，我只是靜靜地坐著，我只是放鬆地坐著，我只是放鬆開來盡情地讓我被展現。——但開悟就這樣被降臨在那位自稱是追尋真理的拜訪者身上！

開悟有三種，第一種開悟嚴格地講還不能算是開悟，因為這種開悟是發生在那些學者們身上的，我稱這種悟為「似悟」——似有所悟。

學者們有很高的形象思維，想像力很豐富，理解力很強。儘管他本身沒有開悟，但他看過很多聖者和開悟者們的語言和文字，他們透過開悟者們象徵性的語言和文字對生命、對涅槃、對生命的神性等的表述，就可以借助他們豐富的形象思維和豐富的想像力，在他們的大腦裡將生命、將涅槃、將上帝和真主（代表生命的神性）勾畫出來。

包括他們自己在內誰都明白這種勾畫出來的生命、涅槃、生命神性等不是真實的，儘管不是真實的，但由於這些人具有十分豐富的形象思維和想像力，具有十分難得的理解力、領悟力，因此他們大腦想像出來的那個生命、那個神性，與真實的生命、真實的神性有許多相似之處，所以我也就勉強將這些人也稱作開悟者。

由於想像出來的事物永遠不可能等同於真實事物，所以第一類「開悟者」不會是真正的開悟者，他們只是看起來像一個開悟者。這一類的「開悟者」本人不會從他們的「開悟」裡獲得任何受益，他們的身心也不會在他們的「開悟」裡被自然地蛻變，他們的生活也不會

在他們的「開悟」裡被超越。但他們這個近似的「開悟」可以作為他們真正開悟的一個很好的大門——只要再向前突破一步，真正的開悟就會發生了。達到這一步的「開悟者」很多，那些認真學習過聖者和開悟者的語言文字的宗教家和學問家們幾乎都達到了這一步，我發現古今中外有很多被人們尊稱為大師的人，都是這一類的「開悟者」。

第二種開悟，我叫它為「初悟」或「小悟」。小悟的人的悟是真正地悟，他真實地發現了生命、涅槃或叫上帝真主（生命的神性）。但小悟之人僅僅是看見了它們，難得的一看，偉大的一瞥！在這種情況下，主體和客體依然存在，儘管此時的主體和客體的界線很模糊，但界線畢竟存在，主體（看者）與客體（被看見者，生命和生命的本有特性：不生不滅的永恆、極樂、淨土、智慧、光明、神性等）依然沒有統一。

前幾天那位拜訪者在我的同化下發生的悟就屬於小悟。儘管那個「偉大的」「神聖的」「終極的」僅僅被你短暫地瞥了一眼，但你永遠不會忘記它，你可以忘記你的性別和姓名，但你不會忘記你那一瞥在你身心裡的深深烙印，它會在你的那一瞥中迅速地給你的身心和生活與人生，投過來一束令你永遠也忘不掉的綺麗的光芒，它會令你整個身心發生一次最深刻的顫抖，它絕對會令你生起對它無限的信任，它會給你帶來願意放下一切去追求它的衝動和勇氣！

最後一類，也就是第三種開悟，我叫它為「大悟」或叫它為「真悟」。真悟和小悟的不同在於，小悟時主體和客體依然存在，看者與被看者之間的分別依然存在。只有當主體和客體澈底相融了，只有當看者放下一切、不顧一切地「跳」進被看者的裡面，大悟才會在此時真正降臨。大悟就意味著主體與那個「偉大的」「神聖的」「終極的」「永恆的」相融了，大悟就意味著看者與被看者相融了。

從夢幻顛倒之中進入到大徹大悟之間，時常要出現一個小悟的階段是可以理解的，因為你從來沒有經驗過生命境界的同一和寧靜、淨然與和平。即使因為某種原因，你把你自己或你的師父把你帶到了它的面前，此時出現一個是跳進去還是退回來這樣的猶豫過程是可以有的，這是人之常情，完全可以理解。

有一件可笑的事情發生了。那位在我面前堅持時間達三十分鐘之久的人，最終發生了小悟以後，萬分興奮地向他的兩位同伴——兩位逃避者詳細地描述了發生在他身上的事情，並連聲讚歎：太神奇了，太不可思議了。同時狠狠地責罵了他的兩位同伴，為什麼不堅持下去？他的兩位同伴在他繪聲繪影的描述下，也開始後悔起來，再次走到我的面前對我說，能否讓他們兩個再次正面凝視我？

我知道機會已經錯過了，再想挽回已經很難了，嚴格來講，再想挽回幾乎是不可能了。為了彌補一下他們的遺憾，我還是讓他們正面凝視著我三十分鐘。

三十分鐘過去了，什麼事情也沒有發生！你是否感到很奇怪，為什麼這一次卻什麼也沒有發生呢？本來我只需要講到這裡就可以了，你們只要擁有一點不太多的理解力，就可以理解為什麼這兩次是如此的不同。但我還是擔心你會理解偏差，而錯過整個事情的要點，看來，我還得饒舌來講一講。

第二次的凝視與第一次不同，原因大概有兩個。第一，第二次凝視的人太注重結果了，因此他們的身心必然就高度緊張了起來。唯有高度放鬆下來，相互之間的同化、相互之間的帶動才能實現。

第二個原因，第二次凝視有了一些東西在中間阻礙著，這些東西就是語言和語言的描述。由於那位開悟者向他們兩位講了太多的語言和透過語言將那個「東西」描述得太多了，他們在第二次凝視我的時

候，他們其實不是在看我，而是在他們的大腦裡去體會他們剛才聽進去的語言和描述了，他們根本就沒在看我，他們根本就沒在體會我領悟我。所以，一件本來神聖的事情，被這兩個原因弄得看起來十分醜陋，也十分的荒唐了。

所以我時常保持沉默，我沉默的時候給對方打開的我的大門，有時要比我講話的時候給對方打開的大門還要大，還要純粹。有很多時候，我甚至不讓我的弟子們說話，因為他們語言越多，越會給我對新的對象的點化和啟迪帶來干擾。

沉默真的很美！

但我所說的沉默指的是全然的沉默，全然的沉默意味著澈底的全面的所有的層面的沉默。你說我現在不說話了，我現在沉默了。但這種沉默不是全然的，因為你的思維此時很像一個正在開討論會的大會堂——喋喋不休，喧鬧四起。我所說的沉默主要是指你的內在，不僅你的嘴巴沉默，不僅指你的五官和四肢沉默，主要指你的思維也要保持著深深的沉默！

有一個故事是這樣的：

一位伊斯蘭聖者，他是一位開了悟的人，他的悟主要得益於他全然的澈底的沉默。

他出生在一位伊斯蘭教的教區裡，他的父母都是虔誠的伊斯蘭教教徒，很自然地，他也就成了一位伊斯蘭教教徒。他每天都和其他教徒一樣去清真寺裡祈禱——讚美真主，並請求真主賜福於自己。

有一天，他突然發現，既然我的真主是至上至大至聖的，既然我的真主是全知全能的，那麼我現在正遭受的各種痛苦與煩惱，我現在正在遭遇的生和死的煎熬，我現在的一切和我真正需要的一切，我的真主不是早就知道了嗎？幹嘛我每天還要一次又一次地將這些東西向

我的真主再三重複呢——因為他是至上至聖、全知全能的呀！

一個偉大的轉折從此開始了！

從那以後，出於習慣的原因，出於禮貌的原因，出於傳統的原因，他還是每天按時去清真寺，但他只是在清真寺裡靜靜地坐著！

很多年過去了。他的教友們越來越注意他了，他看起來越來越和以前不同了，整個面貌、整個神態、整個身心都和以前產生了很大的不同，教友們一致認為他脫胎換骨式的變化，來自於他們那位偉大的真主，但是人們沒有發現，他在這變化的幾年裡有沒有向真主發出過一聲祈禱。

有人終於忍不住去問他：「你這幾年來身心發生這麼巨大的蛻變，這一定是我們的真主的恩賜，這一點想來你是不會懷疑的。但是我不明白，你看起來似乎根本沒有祈禱，難道你是在你的心裡向真主祈禱的嗎？或者是因為你有什麼祕密的祈禱方法嗎？」

「沒有，」聖者回答說，「我從來沒有在內心裡祈禱，更沒有什麼祕密的祈禱方法可以告訴你，因為真主是全知全能的，他早已就知道了我的一切和我真正的所需，所以我現在對真主說什麼甚至想什麼都是多餘的，我每天只是將自己一切空掉，好讓真主降給我那些我真正需要的，甚至我需要什麼我也不用嘴巴或思想來告訴真主，因為他全知全能！這也許就是我的祕訣吧！」

明珠

　　在國內革命時期，有一位著名的愛國志士名叫黃興，他為了祖國的和平與民主事業進行了無數次不屈不撓的戰鬥，雖然屢戰屢敗，但最為可貴的是他屢敗屢戰的頑強意志。國父孫中山先生對他的評價是：從失敗中站起來的英雄。這句話也是人們對所有有志之士的評價。是啊！正是這股強大的奉獻精神才使得社會中反愚昧反保守勢力愈加強大，這是促使人類昇華的重要精神支柱。

　　但是我要說：人生其實是一場無辜的失敗！說它無辜，是因為人生失敗的根性並不是人的本身所固有的，最直接和最重要的原因是人們的信念與理想深深地根植於社會龐大的自我意識之中！說它失敗，是因為人類歷史上能稱之為成功者的寥寥無幾。

　　社會中常講的成功，是指我們將設定的目標、理想如期如願地達成。就這一行為本身分析，社會中所謂的目標與理想是一種全然與成功的嗎？不，我們的目標只能是代表著某一集體、群體的個別意識，都是一種相對的存在，而不是全然。這就暗示了目標本身的設定就是一種失敗。

　　我們再從實現理想的途徑上看，人類實現理想的行動無不打上了分解、破壞、暴力的烙印：為了實現經濟的迅速騰飛，就去瘋狂地掠奪與浪費資源；為了美化生活環境，就去粗暴地破壞自然環境；為了提高社會教育水準，就盲目地摧殘學生們的天真與自然……是啊！當每一個人反省自己解決問題的方式時，當人類冷靜地面對建設所產生的巨大陰影時，就會發現，每個光明、美好的步伐後面，總是跟著一

個無法擺脫的生存黑洞，並且隨著我們前進步伐的加快，它愈像一個惡魔一樣撕碎著理想中的目標！

　　無論在科技發展、文化發展中，還是在經濟發展中，這都是人類無法破解的最大的悖論！從實踐的方式中，我們就可以看出每個計畫的執行結果，人類並沒有解決任何一個問題，人類總是陷於問題的怪圈中，面對問題──解決問題──又產生問題，這種日益沉重艱澀的發展方式被人類稱之為「進步」，但是當你真實地面對這一客觀事實時，你不能回避這樣的一個總結：人生是一場失敗。

　　人類是唯一失敗的動物，但人類從來不願意承認自己的失敗，總是以各種理由各種藉口試圖否定自己的失敗。哲學家稱此現象為人類的意志。哲學說人類是意志的動物，如果失去了意志這麼個東西，那麼人類一分鐘都無法生存下去。因此，哲學說人類的全部尊嚴都根源於人類的生存意志，如果人類一旦失去了生存的意志，那麼人類的全部由尊嚴構建的大廈馬上就會坍塌，人類的尊嚴及成就也就無從談起。

　　基於對失敗的否定和背叛而發展出來的意志，比失敗本身更加失敗。因為人類的生存意志是失敗的延伸，我們總是在失去生命之境的掙扎中為自己樹立起鼓舞鬥志的風帆，但這一切並不能給任何結局帶來成功的喜悅與歡樂，反而是愈加加重了人們對維護自己利益而煥發出來的狂妄與虛偽。這種顯著的個性特徵是人類在處理自身諸種行為的時候最失敗的一種方式，人類最大的失敗就是對自己的無知和身體的死亡。

　　人類的一切奮鬥與創造都是一種向知識的挑戰，是社會發展的輝煌，但只是因為它失去了生命的根本，它被打上了無知與愚蠢的悲劇烙印。無知和死亡是因與果的關係，無知的行為無論在當時是多麼的

「壯麗」「正義」與「得勢」，但最終都是一場失敗。建立在無知上的任何事物和行為的結果都必然是死亡。無知是死亡的原因，死亡是無知的唯一歸宿，這二者是社會中處處可見的定律。

哲學是對無知和死亡作出的反應，科學是對無知和死亡作出的反應，宗教是對無知和死亡作出的反應，文明與文化是對無知和死亡作出的反應，求生意志或叫生存意志是對無知和死亡作出的反應。人類現有的一切都是在反抗自己的無知的前提下建立起來的，無論它們看起來多麼的龐大和輝煌，這一切都必然被你的死亡和整個人類的死亡無情地摧毀殆盡。

心智之門的關閉導致了社會文化成了一種粉飾死亡的東西，成了對抗失敗的失敗。在面對失敗與死亡的最終結局這一恐怖的悲劇時，人類只能採取無知的自欺欺人的阿Q精神，創立了森嚴深奧的社會理念與知識體系！的確，人們無法從哲學中、科學中和文化中讀出任何的失敗氣息與死亡的悲劇，這是因為人們用極其理性的方式與強制性的灌輸型的邏輯式教育處處高揚人類行為的進步與光明，這一耀眼的光芒澈底地將其中的悲劇色彩排斥在外。平時，我們總有這樣一種感覺，當人們在欣賞一部故事片時，喜劇雖然能帶給人們以歡笑與輕鬆，但它無法開啟人們沉思的契機。嬉笑過後，大腦中將留不下任何東西。但是悲劇則不同，它能極大地喚醒人們對一個事物從多個角度進行沉思與反省，這樣才有可能得出較為真實、可貴的結論。所以，單純地高揚勝利、前進、光明的文化模式使我們的文明文化愈加膚淺與浮躁，人類僅僅保存了向前發展創新的意志，卻失去了對發展與創新的全面思考與權衡，人類的行為因此而變得浮躁與恐怖！

你是什麼？針對於現在的你而言，你只是一個瀕臨死亡的個體。人類是什麼？針對於現在的人類而言，人類只是一個瀕臨死亡的群

體。建立在無知基礎上的一切都將被無知無情地摧毀，建立在死亡基礎上的一切都將被死亡無情地摧毀。

32 歲左右的耶穌就在《登山寶訓》中明確地說過：門徒們，讓我來告訴你們，你們不要在地上積聚財富，因為你們在地上的財富是虛假的，終究會像水一樣從你身邊流走的，終究會像泡沫一樣破滅的。要把財富積聚在天上，因為那是上帝的地方，那裡的財富才會永恆。——這是耶穌說出來的最偉大最智慧的話之一，每個人都需要去理解它。是啊！人類將一切的成功與輝煌強加於無知與趨向死亡的基礎上，怎麼可能開花結果呢？我們只有將一切理念建築在剔除一切虛偽、自以為是的人性特色背後的生命之境中，一切的開端、發展及結局才將是一片光明與永恆。

你想透過從他人那裡借來一些精神的或是物質的東西來消滅你的無知，這是不可能的，永遠不可能，其結果只能使你變得更加無知！你想透過從他人那裡借來一個什麼力量來對抗住你的死亡，這同樣顯得十分荒謬，其結果只能使你以更快的速度進入死亡！你的意志，它不是什麼，它只是對你的無知和死亡的深刻恐懼的表現——不然，你為什麼要牢牢地抓住你的求生意志不放？你的意志改變不了你的無知，你的意志改變不了你的死亡。事實上，你用你的意志與你的無知和死亡所做的鬥爭越是激烈，你就越是掉進你的混亂裡，你就越是變得更加無知。這是存在於人生中最大的一個悖論——一個二律背反！

佛陀天才式地看到了這個悖論。釋迦牟尼正是在徹底放棄了與無知和死亡對抗以後才獲得了大徹大悟的，他的大徹大悟使他獲得了人生和身心的真正解脫——從人生和身心的悖論中解脫了出來。

釋迦牟尼智慧地發現了：每個人包括他自己在內都被無知和死亡這兩個東西時刻牢牢地控制著；每個人包括他自己在內的所有的人，

都會在無知和死亡這兩個東西面前表現出最深刻的恐懼；每個人包括他自己在內的所有的人，又都會本能地表現出與無知和死亡的對抗。釋迦牟尼發現，能用於與自己的無知和死亡相對抗的唯有自己的意志這麼一個東西，意志在與無知和死亡相對抗的時候有兩種方式：一是意志編造出很多很多的謊言和幻境來試圖欺騙自己的無知和死亡；二是試圖以某種方式戰勝無知和死亡。

　　無論你對你的無知和死亡採取的是欺騙還是戰鬥，結果受傷的永遠都是你自己，因為你不但沒有勇氣與智慧來破除你的無知與虛偽，你卻愈加愚蠢地採用了欺騙！這是一種愚上加愚，在這種心態下，你只能是無限地墮落。你以為你可以以暴力和技巧來對付你的無知與死亡嗎？不能，你的無知與死亡並不是針對某一個行為或部分，而是針對你的整個存在！你的全部都淹沒在愚昧中，就如同一台斷了電的機器，你怎麼可能透過修復機器的零件來開啟它呢？任何的暴力與技巧只能加重你的愚昧。只有開啟心智之門，讓智慧之光普照著你的存在，這個世界才會光明！你以為你信仰了有神論或信仰了無神論，你就可以不再有無知和死亡嗎？你在欺騙誰？你以為你在欺騙你的無知和死亡嗎？不，你只是透過無知和死亡在欺騙你自己！你以為你將你的意志變成了一名鬥士就可以將你的無知和死亡打敗嗎？不，你只是在透過你的無知和死亡打敗你自己。透過信仰，透過哲學，特別是關於死亡的哲學，你的意志只是體面地向你的無知和死亡投降；透過對抗，透過戰鬥，特別是透過某一哲學學說來作為武器的戰鬥，最終戰敗的只能是你的意志本身。因為你的意志不是別的，它只是無知和死亡的僕人，它只是無知和死亡的兒子。僕人怎麼能永遠欺騙得了主人？兒子怎麼能永遠戰勝得了母親？

　　無知和死亡有它們的範圍，這是釋迦牟尼最偉大的發現之一！當

你的思想行為只能形成或產生一個部分的或相對的結果時，你就是在步入無知與死亡的黑洞；如果你的思想行為能產生一個統一的結果，那就是一種全然的存在與真實的存在。你以為你的意識形態已經征服了全世界的人了嗎？不，邏輯式的思維模式永遠無法面對人們的心靈世界，無法面對世界被自我意識無情束縛與摧殘的結局。你以為非暴力的行為是雞蛋碰石頭式的死亡做法嗎？不，就是這種讓人看似發笑的行為卻能將世界各種不同心態、形態的事物統一於慈悲、博愛與光明之中！

這是一個宇宙級的祕密——全然的存在就是智慧的，永不滅亡的——只有那些真正開了悟的得道者們才能發現的祕密。存在的整體永遠都是絕對智慧的，只有組成存在的各個部分才是無知的；存在的整體永遠都是不死的，永遠都是生生不息的，只有組成存在的各個部分才是有死亡的；存在永遠存在，只有組成存在的各個部分才是速朽的、變幻的、黑暗的、紊亂的。

你的身體是你的整體（你的存在）的一部分，你的精神是你的整體（你的存在）的一部分，你的身體和精神聯合創造出來的求生意志是你的整體（你的存在）的一部分。

在這裡，我想提醒你一下：全然並不等於部分相加後求得的和。全然是同一與統一，而相對部分的相加只是一種不相容式的疊加；同一之境是自在的、明淨的，而疊加只是僵死與阻隔！

你只有兩個選擇：要麼你生活在你的部分裡，要麼你生活在你的整體裡。當你生活在你的部分裡的時候，你就顯化你的無知和死亡，此時你的整體的特性——智慧和永恆就被你的無知和死亡所吸收；當你跳出了你的部分，你必然生活於你的整體裡，此時你必然顯化你的智慧和永恆，此時你的部分的特性——無知和死亡就被你的智慧和永

恆所吸收。

　　當你生活在你的知識的部分裡的時候，當你生活在你頭腦裡的時候，當你生活在你的宗教裡的時候，也就是說，當你生活在你的一個部分裡的時候，你就失去了與你的整體（存在）和宇宙的整體（存在）的聯繫，你就會認同你的部分，此時你也必然地認同從部分裡顯化出來的無知和死亡。當你身處於你的無知和死亡的時候，你的整體或你的存在的特性——智慧和永恆並沒有離開你，它們只是被你的無知和死亡全部吸收了，成了無知和死亡的組成部分了，你的智慧和永恆被你的無知和死亡吞噬了，消化了。從某種角度講，你此時的智慧和永恆不存在了。

　　當你解除了你與你的部分（身體、知識、精神、信仰等）的認同，你必然成了你的整體本身，你必然成了存在本身，你必然成了生命本身，意識中的自我澈底地消逝於智慧的海洋，知識中的相對都融通於智慧的普照下而各自大顯其不同的功用！此時，你的相對失去了混亂、隔閡與僵死，而成了一種各歸其位，各顯其用，各盡其職……你的無知與死亡頓時消失了，它們成了生命的光輝，成為智慧與永恆的一個組成部分。

　　釋迦牟尼說，沒有無知，沒有死亡，只有當你生活在你的部分裡的時候你才有這些東西。他說，不要為你的無知而煩心，不要為你的死亡而煩心，因為它們都不是問題的關鍵，幹嘛為它們忙忙碌碌呢？你以為你對你的無知和死亡忙忙碌碌，你的無知和死亡就能消失嗎？不要這麼愚蠢，放下，放下你關於無知和死亡的忙碌。你對你的無知和死亡做的事越多結果越麻煩。停下，問題的關鍵不在這裡，你們是在追逐水中月鏡中花，停下。

　　關鍵的問題在於，你們得馬上從你們的部分裡走出來！

注意！在這個地方你要保持絕對的警惕。釋迦牟尼只是讓你放下，只是讓你放下你與你的某一部分的深刻認同，他並沒有讓你去反對你的部分，你的精神和思維本身很好，你沒有必要去對抗你的精神和思維。你以前是熱戀你的精神和思維，以至於你掉進了它們裡面，現在你又採取了相反的態度，對抗和反對你的精神與思維，結果還是一樣：掉進了你的思維和精神之中。你的身體和五官很好，你不要去對抗你的身體和五官，以前你迷戀它們，現在你厭惡它們，結果只能是一個：你掉進你的身體和五官裡。

對抗一個東西和迷戀這個東西一樣，都說明了你與這個東西有關係，不然你為什麼會對它們表現出如此深刻的迷戀或憎恨？

釋迦牟尼說，身體很美——但只有當它自在自然的時候。你以任何一種熱戀的態度或對抗的態度進入到你的身體裡，你都會兩敗俱傷：你的智慧和永恆被它吸收了，它又反過來在你的介入下被嚴重地破壞了。精神很美——但只有當它自在自然的時候。你以任何一種熱戀的態度或對抗的態度進入到你的精神裡，你都會兩敗俱傷。宗教很美，神靈很美——但都是在它們自在自然的時候。

釋迦牟尼說，你只需要成為一位觀照者，進入到深深的禪定之中。禪定是佛陀們的一個重要詞語，沒有一位佛陀不讓你進入禪定之中的。禪定是什麼？禪定就是觀照。進入禪定，就是進入到深度的觀照之中。觀照你的身體，觀照你的思維，觀照你的身心內外一切：你是一位觀照。當你成為了一個觀照，你就成了你的整體，你的整體就是宇宙的整體，你的整體就是存在整體，你的整體就是生命的整體。

有人說釋迦牟尼很反對人的現有存在，如他很反對人內部的求生意志，他很反對身體，他很反對精神。不，這類人根本沒有理解釋迦牟尼。我的身體怎麼可能是一個罪惡呢？它怎麼可能是一個錯誤呢？

因為我的身體是在我完全不知道的情況下被我的父母創造出來的，因為我的身體是在我完全不知道的情況下被上帝（存在，或曰生命）創造出來的。父母和上帝聯合創造了我的身體，他們根本就沒有征得我的同意就把我創造了出來。我對我的身體不負任何責任，如果我的身體的出現是一個錯誤，那麼這個錯誤在我父母和上帝那裡，我不應該對我的身體這個錯誤負責，負責的當屬我的父母和上帝。我的精神當然也是這樣。

釋迦牟尼只是說，不要成為你的身體，不要成為你的精神，不要成為你的哲學或成為你的信仰，它們的存在本身沒有什麼錯誤，但如果你成為了它們，你將會犯錯誤。因為當你成為了它們的同時，無知和死亡就會找上你的門，無知和死亡就會從此無休無止地籠罩住你。所以成為你的整體，成為你的觀照，進入深深的禪定！

身體是光明的，它無所謂是好還是壞；精神是燦爛的，它無所謂是好還是壞；社會是中性的，它無所謂是好還是壞。它們之所以相對於你而言是好或是壞，這都依你而定！

你透過你的眼睛看到的你自己和這個世界，只是世界的一部分；你透過你的知識看到的你自己和這個世界，只是世界的一部分；你透過宗教信仰和哲學看到的你自己和這個世界，只是世界的一部分。只要你在看自己看世界的時候，是透過你的部分來看的，看到的永遠都是一個部分──一個屬於無知和死亡的部分。這個世界不是什麼，它只是你的眼光，你透過什麼來看它，它就是什麼。唯有你透過你的整體來看你自己和這個世界的時候，你才能看到真實的、全部的、澈底的、永恆的世界。

如果你看到的世界是一個地獄，這很對，因為你此時就生活在地獄中；如果你看到的世界到處都是神性，在樹裡、在水裡、在雲彩裡、

在虛空裡到處都是神性，這很對，因為你此時就生活在神性的海洋裡；如果你看到的這個世界什麼也不是，它只是一個無窮無盡的規律組成的關係網，這很對，因為你此時生活在哲學裡，生活在邏輯裡，生活在無窮的推理之中；如果你此時看到的這個世界什麼也不是，它只是一場無窮無盡的夢影，這很對，因為你此時就生活在夢裡；如果你看見這個世界什麼也沒有，只是一個無窮無盡的空，這也很對，因為你此時就生活在深度的睡眠裡：這個世界不是什麼，它只是你的眼光！

釋迦牟尼說，我能看到所有事物的真實面，因為我是真實的。我既不是作為宗教性存在的，也不是作為身體性、知識性、哲學性、精神性、催眠性存在的，我是作為存在的整體性存在的，所以我能看到一切事情的真實面。

整整二十五個世紀過去了，釋迦牟尼的聲音仍然在人類的上空震響，他的腳步仍然深深地印在人類這片荒涼的沙漠上。作為探索者，釋迦牟尼是一位絕對的成功者，他的成功為後人指明了探尋的方向，他為人類開啟了一扇通向真理和永恆的大門。

釋迦牟尼是一個奧祕——一個生命奧祕，他是一道門——真理之門。你可以理解一位思想家，你可以理解像卡耐基這樣的一位商業巨頭，你可以理解許許多多的人，但你難以理解佛陀，甚至一位偉大的思想家也不能。因為一位像釋迦牟尼這樣的佛陀，僅僅靠理解來理解他是遠遠不夠的，他不能被理解因為他不屬於理解的範疇！

我說釋迦牟尼不能用理解來理解他的意思是說，不能僅僅用理論來解釋他，他是一個生命，他是一個生命的化身，生命大於理論，生命大於解釋。生命大於一切，生命甚至大於你的肉體的死亡。

通常意義上所說的理解，它只局限在用我們的精神去感知對方，去解析對方，去構想對方。僅僅是這樣的理解針對像釋迦牟尼這樣的

人是遠遠不夠的，他不能這樣簡單地、膚淺地被理解！

常人的理解是一種意識的進攻，在理解時，意識以隱蔽的方式向被理解對象進行入侵。進攻和入侵都是暴力性質的，暴力行為不僅表現在身體上、武力上、軍事上，它很多時候也表現在心理上和精神上。

人們擁有最多的最常使用的是精神領域裡的暴力，人們的每一段思維裡、每一個心念裡，如果仔細地察看一下，幾乎全部隱含著濃厚的暴力色彩。就人的現狀來看，每個人都是一位道地的戰士、一位道地的暴君。

整個社會變得越來越男性化——無論這個人在生理上是不是男人。男人是暴力的象徵，男人是進攻的象徵；女人是愛的化身，女人是接受的化身。你很難在當代找到一位純粹是女性的女人了，儘管她的生理是女人，但她的精神她的整個特性已經嚴重男性化了——暴力的、粗糙的、進攻的、仇恨的、邏輯型的、占有性的……

抱著顆男性化的頭腦永遠無法理解釋迦牟尼。生命是一個女人，真正的女人。面對一位女神，你能做什麼？你能對她使用你的暴力嗎？你能對她使用你的仇恨和占有的野心嗎？你只能在深深的愛的驅使下去擁抱她！

只有當你也女性化了以後，你才能真正理解女人。前幾天我看到一則小故事：

有一位偉大的思想家就要去世了。他此時不能動彈了，一生的辛勞曾經為他換取到了哲學家、思想家、大智者、教授等等美稱。現在他就要離開這個無奈的世界了。突然，他猛地睜開雙眼，帶著疑惑的目光望著周圍的人。

先生，周圍人說，您的偉大和睿智，歷史將永遠銘記著，您還有什麼不安心的事嗎？為什麼您不能在此時安心地走呢？

告訴我，思想家用盡最後一點力氣說，有一個問題我用了幾十年的時間也不能理解，誰能告訴我，女人是什麼？

告訴我，女人是什麼？問這句話的人一定是一個男人，我所說的男人，不單指那些生理性別上是男人的人，也指那些在生理上是女人但心理上已經嚴重男性化了的女人。

如果你是一個女人──心理上的，你絕對不會問諸如「女人是什麼？」的問題，因為對你而言，這根本就不是個問題。

釋迦牟尼是個女人，我的意思是說：他的內部已經澈底女性化了。這是因為他融入了生命的海洋之中，因為生命的特性非常像一個女人，所以他的身心內部就成了女性的化身。

這就是為什麼幾千年以來一直把釋迦牟尼雕塑成一個慈母──女人像的原因。他的生理和所有男人的生理完全一樣，但這只是他的表面，在他的身心最深處的地方，他是一個女人──一個充滿了女性所有特性的人。

是的，這位偉大的思想家思考一生，實踐一生，他得到的都是一種虛假的圓滿，為什麼？因為他的思想在教育了那麼多人之後，並沒有說服一個人，沒有一個人臣服於他的思想。他的思想猶如一朵遠離人群的雲彩，飄蕩在空中，成為眾多知識中的一個集成塊，成為一個虛置，他的一生只是一個以傳授思想為職業的機器！人們的心靈並沒有接受他，他永遠也無法觸及到人們的心靈！當他面對死亡的時候，這痛楚的困惑與失落凝聚成了他最強烈的一問──「什麼是女人？」因為他似乎看到了生命的女神在向他召喚，他看到了人的心靈永遠只能與智慧的靈性相認同！

面對一個奧祕，面對一個女人般的奧祕，面對一扇女人般的門，面對一個女神，你能怎麼做呢？進攻她？占有她？對她進行邏輯的理

解？不，萬萬不能如此暴力地行事，這不是理解，這是強暴！帶著你的愛到釋迦牟尼那裡去，打開你自己，讓釋迦牟尼走進去，走到你的最深處去帶著你的愛，打開你的門，擁抱女神！

耶穌一次又一次地對他的門徒說：這是我的肉，吃下去，這是我的血，喝下去。他在說什麼？耶穌他在說什麼？他在讓你成為殺人犯嗎？他在使你成為食人的野獸嗎？不！他是在說：擁抱我，打開你的門，讓我走到你的最深處去，我能以最快的速度帶你到你內在的終點站。理解是不夠的，帶著你的愛來。愛有著它自己的運作方式，愛的運作方式是融合、成為對方，透過對方而存在。

有很多人到我這裡來，一見面就對我提出很多問題，讓我必須馬上給予回答。他們以為我只要將他們的提問解答透了，他們就能開悟，就能脫胎換骨、獲取無邊智慧，就能擁有偉大的永恆的生命神性。

我能怎麼辦呢？如果我回答他們的提問，顯然對他們不會有任何幫助，他們還是原來的他們。如果我不回答，這樣會使他們處於尷尬境地，有損他們的面子，這樣會破壞他們的紳士風度。我怎麼辦呢？他們太男性化，太暴力化。他們在提問的時候，他們根本就不在我面前，在我面前的只是他們的身體，他們的心靈此時還在別的什麼地方，比如說在權力那裡，在功利那裡，在美女那裡，總之，就是不在我面前。

首先，你的內部必須女性化。女性化的頭腦是接受性的頭腦。只有當你準備好了接受我的時候，此時我的語言對你而言，才不僅僅是對某個事物的詮釋，此時對你而言，我的語言就成了我的一個個全然的化身──我的肉、我的血！只有你準備接受我的時候，我的語言──我的化身──我的能量──我的悟性──我的光才能順利地進入到你的內部，去打通一層層阻礙，將你從你的局部帶到你的整體那裡去，將你從現象中帶到你的本體中。

但是，人類社會正處於科技及行業發展日益精細的時代，這是一個將生命之境日益分崩離析的時代，這就是為什麼我們的知識體系中又多了邊緣科學這一新生事物。邏輯思維方式將文化畫分為生理學、地理學、物理學、經濟學等專業學科，雖然在這種日益精細化的知識教育與應用中，專業研究確實日益精確，但在同時，我們卻發現，在這種發展形式下的每一步都無法進行下去，每個行業都有一種脫離根本的感覺，因此，邊緣科學就是在旨為收拾這一破碎的知識體系中發展起來的。我的發現是：從這些科學裡走出來的人，從這種文化模式裡走出來的人，會無一例外地錯過開悟者，沒有一個人能走到開悟者的中心裡去，沒有一個人能走到開悟者的最深處去。這些人給包括釋迦牟尼在內的那些開悟者們貼上「唯心主義」或「唯物主義」的標籤──貼上數不勝數的標籤的人。這有意義嗎？

　　這有價值嗎？一口咬定這些開悟者都是神祕主義者或都是虛無主義者，一口咬定這些開悟者都是有神論者或都是無神論者，這有意義嗎？這有價值嗎？給這些人定意義就能突然之間使你的人生也變得有意義了嗎？給這些人定價值就能突然之間使你的人生也變得有價值了嗎？著名革命家和思想家陳獨秀先生在晚年的時候說過一句飽含世故的話：少談點這個主義那個思想好不好，人生短暫，還是用來多做點實事吧！

　　釋迦牟尼和老子他們從來不去關心什麼唯物主義和唯心主義，他們從來不去關心這個世界有神還是無神，他們不關心這些東西，他們只關心你的生老病死超越了沒有，你的終極關懷被實現了沒有，你的人生被提升到至高點了沒有，你的人生和生活以及你的身心覺醒了沒有。他們只關心這些東西，因為他們發現這些東西才是你的問題，圍繞在這些東西上面的一切空談和理論都屬廢話，唯有這些東西被你真

實地解決了、實現了，才能給你的人生和身心帶來幸福和狂喜。僅僅
理解是不夠的，僅僅談論是不夠的。

　　我只想說：要想真正地理解釋迦牟尼這樣的佛陀，你必須去掉你
男性化的頭腦，將自己變成一位女神；你必須將整個釋迦牟尼吞下去，
讓他進入到你的存在的最深處去；你必須首先穿透你自己，洞察你自
己，你才能穿透釋迦牟尼，你才能洞察清楚釋迦牟尼；你必須將自己
「空」掉，將自己變成一管中空的笛子，讓生命盡情地充滿你，讓生
命透過你這管中空的笛子吹奏出它無比美妙的宇宙樂章，你才能真正
理解釋迦牟尼！

　　釋迦牟尼是宇宙中最閃亮的明珠之一。

下篇

生命是唯一的神

　　人。人是什麼？人是一堆問題的堆砌物。你不是你的身體，你不是你的精神，你所認為的你是什麼或你不是什麼，幾乎都是一個錯誤。耶穌說：你是一個罪人。我說：你是一堆問題的集合體。——這兩句話的含義完全一樣。

　　哲學說：人是萬物的尺度。初聽起來，這句話似乎很對，而且它在很多人的心目中幾乎成了一句真理。它講出了人類的高大與自信，使整個社會在征服自然、改造自然的過程中爆發出了強烈的自豪與驕傲情結。但是，以「人」為中心並不是自然本身的宗旨，而是人類自我意識對自然的強加，這種妄自尊大的精神確實在人類歷史發展中創立了許多宏偉構想，並且極大地激發了人類發明創造的激情，但這其中必然帶有的盲目的、自以為是的短期行為也為人類帶來了無盡的災難。在處理各種關係中，自稱主人的人類愈加失去了主人的身分，並成為了各種環境的奴隸。人們對任何一種事物都表現出了可憐的貪婪與索取，但他卻從沒有時間去享受一下成果的甘甜。毫無疑問，人類是愚蠢的。人類的愚蠢無處不在，無時不在。你可以十分輕易地在任何一個人類走過的地方發現愚蠢的腳印，愚蠢像影子一樣緊跟著人類的每一次行動。愚蠢的腳印甚至比我們自己踩出來的腳印還要深重，還要清晰——只有當你具有十分敏銳的眼光時才能發現這個事實。

　　你很難再能發現，天下哪個事物拋棄了坦蕩的生活，終日將自己陷身於繁雜的問題的破譯之中。在日益難以前進的發明創造中，在疲憊地證明自我的聰明與強大的過程中，卻從沒有人反問一下自己的一

切行為最終是為了什麼，為了達成一個什麼目標。人類在嚮往著自由與解放的偉大構想中，卻將自己的身心死死地禁錮於對自然的惡性改造中。人類孜孜不倦地分析、研究、挖掘著自然界的潛力，卻絲毫沒有意識到自己的腳下已成了空洞，自我早已精疲力盡，但他卻還在洋洋自得之中。

　　這是一條不易的法則：無論是透過多麼明朗或是多麼晦澀的方式來證明自己的聰明都是愚蠢的行為。一種行為是否圓滿是依它所受用的多少而規定的，決不在於你所使用技巧的詭祕與精確與否。人類是生活在這個世界上的最有表現欲的生物。人類發明文字，發明文化知識，發明宗教，發明科技，發明一切能發明的東西，試圖透過這些五花八門的發明與發展來表現自己，來證明自己，給自己的存在確定某種意義和價值。但是，當我們一代又一代忙亂於表現自己的時候，忙亂於炫耀自己的時候，卻忘了捫心自問一下：為什麼？我們為什麼需要這麼做？是什麼東西在我們的內部驅使著我們這麼做？

　　我們永遠不可能成為萬物價值的尺度，進一步講，我們甚至都不是我們自己的存在的意義和價值的尺度，因為存在、因為生命、因為上帝並沒有賦予我們這一權柄作為自己和萬物的尺度！

　　一切愚蠢都來自缺少自知之明以及對自然、對生命的認識。人類最不瞭解的正是人類自己。人類對智慧定義錯了，以為透過對外在事物的瞭解可以反過來證明自己存在的智慧。

　　精神分析學之父佛洛伊德說：人一生下來就是一位精神病患者。耶穌說：人一生下來就是充滿罪惡的。我要告訴你們的是：人一生下來就走在一條愚蠢的道路上。

　　整個人類最大的愚蠢就是太自我主義了，每個人最大的愚蠢就是太自以為是了。當我們還是一個胎兒的時候，我們就從我們的父母那

裡獲取了一個東西——自我。

自我深刻地烙印在每個人身心的所有角落，包括我們父母的精子和卵子裡，並遺傳給了我們，因為我們的身心就是從父母的精子和卵子裡發展出來的，這一點，連著名心理分析學之父榮格都沒有發現。

人太自我主義了了，他的愚蠢試圖將一切都置於自己的控制之下，他的愚蠢試圖讓一切事物都以他為中心來運動，包括神。人們總是在幻覺中認為所有的神最寵愛的就是我們人類。我們在自我的驅使下，不僅幻覺地認為我們是萬物的尺度，甚至認為我們是所有神靈們的尺度。神的偉大與否，取決於它們對人類的貢獻和服務的大小。

這個世界不以人為中心，這個世界不以神為中心，這個世界不以它之中的任何一個事物為中心。這個世界不以「人擇原理」而存在，也就是說，這個世界不以「一切為了人類的生存和發展」而運作；這個世界也不以「神擇原理」而存在，也就是說，這個世界不以「一切為了神靈們的生存和發展」而運作。這個世界只為存在而存在，這個世界只為生命而存在！

生命是唯一的神。當我在這裡使用「神」這個詞的時候，我的意思是「神性」或「神性的」。不僅人形化的、人性化的、人格化的神是不存在的，神格化的、神形化的神也是不存在的，有的只是神性化的存在，那就是生命。

任何一個事物都充滿了神性，我們的身心裡當然也就充滿了神性。神性是所有事物中最大的一個也是最根本的一個屬性！我們的身心就是神（性）的宇宙，我們的一生就是神（性）的存在的反映，澈底地明白這一點，澈底地契入這一點，我就叫做：開悟。

人格化的神並不存在，人們有史以來圍繞人格化的神的一切行為、一切宗教、一切教條、一切行為、一切儀式，都是愚蠢的。所有

存在於宗教中、存在於神話中、存在於傳說中、存在於圖騰中的神靈都是生命的神性的象徵。透過宗教中、圖騰中的神靈來感悟生命的神性是極其迅速的、極其明智的。如果將神靈當作實有之物而拜倒在它們的腳下，除了用愚昧或愚蠢這些詞來概括以外，我找不到更適合的語言了。

由於你的身心充滿了疑惑，充滿了解決問題的欲望，你的整個身心都處在疑惑——解釋——疑惑這一無窮無盡的問題發展鏈中，所以你們今天向我提出一些問題讓我給予回答，給予啟迪。透過這些提問，從你們的內部傳出來一個偉大的訊息，說明你們的內部開始鬆動了，沒有以前那麼緻密而堅硬了，沒有被你們的過去所塞滿，身心裡有一些空隙產生了。身心裡保持著一些用來進入到自己的更深處、用來進入到他人更深處的道路——空隙，這對每一個人而言都十分重要。提出問題說明你們敢於面對問題，提出問題這件事本身就說明了有一些重要的事情對我們來說還是未知的，但我們的直覺對我們說我們需要明白這些問題，我們已經做好了接受這些問題、深入這些問題的準備，我們願意成為這些問題的答案——無論它是什麼。

提問題的人有兩種狀態，一種是我已經將自己的過去拋棄了，我已經做好了接受和承受一切未知事物的準備，我已經做好了向回答我問題的這個人和他所回答的一切問題的結果完全臣服的準備，我已經做好了向回答結果澈底融化進去的準備，只要這些問題的結果一旦出現，我將馬上融入進去。我稱這種提問時的狀態為「女性化狀態」。

第二種狀態是，我並不想放棄我的過去，我對對方存有某種戒備，我要考核一下對方，看一看對方和我是不是一路人，我要以我的標準和尺度來衡量一下對方。這樣的狀態表明提問者此時的身心十分堅硬，他有一個堅硬的自我，他是一個狂妄的自我主義者，一切都要

以他為中心，一切都要以他為尺度，他擁有一個十分暴力化的頭腦。我稱這種提問時的狀態為「男性化狀態」。

這兩種提問題的狀態是完全不同的。對於女性化的提問狀態而言，他有可能得到終極關懷上的點化和頓悟；對於男性化的提問狀態而言，他不能得到任何啟迪，你對他的提問解答得越多，你們之間的距離就一定越大。我希望你們的問題是在女性化的狀態下提出來的。

當我在說進入「女性化的狀態」的時候，不要認為我是在談論女人，我只是在談論一種身心的狀態。「女性化的狀態」是一種全然的接受狀態。接受狀態有它自身的法則，接受狀態有它自身的邏輯，包括我們的身心和我們身心的各種不同狀態。

當我們全然地深入到我們的身心的接受狀態的時候，你會清楚地感受到身心內部有一扇門被打開了，有一種驅動力被感知了，這種驅動力能把你帶到一個未知的領域，這種驅動力能把你帶到一種光明裡去。這種光明只是一種形象化的比喻，事實上你不會看到像太陽光或電燈光之類的光明，這種光明可以勉強被說成是一種使你更清晰、更明朗，更充滿智慧、充滿愛的一種狀態。

很奇怪，應該說這是一個非常大的奇蹟：當你全然地接受一個問題的時候，這個問題馬上就不存在了，這個問題立即就化成了一種驅動身心的力量，這種力量就會將你一路帶到這個問題的正確答案那裡去。這是一個生命的法則，這是一個存在的法則：當你全然地接受並進入一個問題的時候，這個問題相對於你而言就不存在了，它化成了一股力量，這股力量驅動著你的身心向這個問題的結果那裡迅速移去，將你與這個問題的答案化成一體。

每個人的內部都是萬分緊張的，緊張來自一個男性化的身心狀態，緊張來自於抗爭。你越是與你所遇到的問題對抗，問題就越是對

你產生壓力，最終你能在你的各式各樣的問題的重壓下窒息而死——每個人都是在他自己的重壓下趨向死亡的。

我就是這樣走過來的。我開始的時候奮力地與我所遭遇到的一切問題抗爭，包括與我的身心抗爭，為了取得抗爭的勝利，我拚命地學習、看書，我拚命地四處拜師訪友，我拚命地思考和掙扎，但我的問題越來越多，越來越大，身心陷入到極度的疲勞狀態，我幾乎要窒息而死了——所有的問題都如泰山一般壓著我。我不得不承認自己失敗了，在萬般疲憊和無奈之下，我認輸了，可是奇蹟發生了，當我不再與我的那些問題對抗的時候，那些問題突然之間從我的身心裡全部消失了，一股從未體驗過的力量從內部生起來，帶著我的身心、帶著我的全部向前走，就像我坐在一輛自動前進的列車上，我不知道它要把我帶到哪裡。我知道此事要是在以前，我一定又會興奮起來與內部的這股力量抗爭的，但是此時的我太厭於抗爭了。我告訴自己說：隨它去吧！既然我用了很多年的時間那麼拚命地去尋找我活著的意義和價值，為了尋找這些我為什麼要存在的理由，我曾多次地瀕臨死亡，即使這一次這股力量帶我去死神那裡又如何呢？無非是再經歷一次死亡而已，對於已經歷了幾次的我來說，這實在不算什麼了。

很顯然的，我沒有死，而是獲得了開悟。

我的經驗告訴我，當你全然地接受你的問題的時候，你的問題就不會再來壓迫你，而是就在你接受它們的當下，它們就成了你的導師，它們就會將你帶到結果那裡去。當你全然地接受你的身體的時候，你的身體相對你而言就成了一個空，你像一束光，相互地自由穿過對方毫無阻礙，你向你的身體展現了你的一切，你的身體向你展現它的一切。你的身體此時能把你帶到一個能澈底瞭解它的地方。當你全然地接受了你的精神、你的性、你的欲、你的恨、你的悲傷、你的一切的

時候，所發生的事一定會和你全然地接受你的身體時所發生的一樣，將你帶到它們的目的地去。這就是我所說的女性化的狀態：全然的接受狀態。

我必須告訴你們，當你們在向我提問的時候，你們要醒悟到此時你們就是我的弟子。我對我的弟子的定義就是：當你準備接受我的時候或當你已經在接受我的時候，期盼我們之間的關係就是師徒關係。

你們必須愛上我，深深地愛上我，就像你們愛自己那樣愛上我，將我當作你們自己來愛。真正的愛的狀態就是接受的狀態。沒有愛的接受是不存在的。所有的開悟者都是生命的答案，我當然也不例外。將我全然地接受了，我的答案就全部給你們了──除此之外別無他法。

所有的師父與弟子之間的相互接受的關係都是不常在的，事實上，師徒間的關係越短越好。如果一位師父和一位弟子之間保持了很長時間的師徒關係，這不僅是弟子的悲哀，同樣也是師父的悲哀。

當師父和弟子同時全然地接受了對方，此時師父和弟子都在相互接受中消失了。此時師父的一切都傾注給了弟子，如果此時弟子仍然沒有開悟，那就沒有必要留在師父身邊了──因為他的師父也沒有開悟；如果此時弟子開悟了，那就更沒有必要留在師父身邊了──因為此時師父的使命已經完成了，此時弟子的使命也已經完成了，沒有必要繼續保持師徒關係了。

什麼是弟子？就是已經深深地進入女性化的狀態，做好了接受來自師父的一切傾注的準備的人。如果你們在提問的時候還沒有進入到弟子的狀態，你們就無法獲得來自我這邊的一切東西。當我敞開自己向你們澈底地傾注了我的全部的時候，當你不再向我提問題的時候，你的弟子身分就自行結束了。

接受就意味著放棄自己。無論是生活在過去裡的人，還是一位生活在未來的希望裡的人，或者是生活在想像與夢想之中的人，當你接受一位師父的時候，就在你接受——全然地接受的一瞬間，你就消失了。當我說你消失了，不是說你從時空中退了出來，也不是說你從宇宙中退了出來，我所說的消失，針對的是你的自我——現在的你賴以生存的基礎。

　　自我就像宗教裡的神靈一樣根本就不存在，自我就像夢中的情人一樣根本就不存在，自我只有在你對它的肯定中、全然地依戀中，它才能在不存在中存在。你無法直接去摧毀一個像自我這樣一個本來就不存在的東西，自我無法被你直接摧毀。只有當你走在一條錯誤的道路上的時候，你的自我才能存在；當你重新踏上了正確的道路，自我在那個當下就被摧毀了。

　　全然地接受一個師父，這本身就可以打破你的自我。自我只有在你不存在的時候才能被澈底打破。對一位師父的全然的愛和全然的接受，是很多種能使你馬上消失的方法中最佳的方法之一。

　　真正的師父會首先給你愛，真正的師父會首先接受你——無論你是誰，一個雄辯的學者或是一個被萬人唾棄的妓女，或是一個貧苦的漁夫，或隨便一個什麼人，師父總是無條件地給予你最為光明無私的愛，師父會在你處在所有的人都拋棄你、譴責你的時候，無條件地全然地接受你。他在幹什麼？他在等待你的愛，他在等待你來接受他，因為他知道一個生命的法則：當你全然地愛上他的時候，當你全然地接受他的時候，你的自我就會在當下被拋棄被摧毀，你就會在愛你的師父、接受你的師父的當下從你現在的軌道上消失——進入到一個開悟和覺醒的世界裡。

　　師父是一個象徵——生命之門的象徵，師父是一個集合體——你

的身體、你的精神、你的知識、你的生活和人生的集合體，只有當你全然地接受你的師父的時候，你才能透過你的師父來全然地接受你。

開了悟的師父是一個空，他本人什麼也沒有。在這種情況下，你所看到的師父永遠不可能是真正的師父，你所看到的師父永遠都是你自己。師父如同一面立體的鏡子，你在師父那裡看到一個身體那一定就是你的身體，你在師父那裡看到一個世界那一定就是你的世界，總之，你所能看到的一切都是你自己。

你以為你此時接受了一位師父嗎？不，你此時接受的正是你自己：你接受了一位比你檔次還低的人，那正說明你在接受更低檔次的你；你接受了一位和你相同檔次的師父，那說明你在接受現在的你；你接受了一位比你高出很多的師父，那正說明你在接受比你現在深刻得多、廣大得多的你。你接受的永遠都是你自己！

如果你的師父是一位開悟者，一位生命的全然顯化的存在者，當你全然地接受他的時候，你就會馬上從你的現有層面中消失掉，掉進你的師父一樣的層面裡去。

我的發現是：有很多弟子都在以各式各樣的方式在師父面前試圖證明點什麼。比如說欲在師父面前證明他的成就、他的悟性、他的虔誠、他的知識等東西，這樣的弟子絕對不是一位真正的弟子。如果一位被稱之為師父的人，他總是和他的弟子在功利上明爭暗鬥，總想在他的弟子面前炫耀點什麼東西，那麼，這樣的師父也不是一位真正的師父。

一位真正的師父和一位真正的弟子在一起的時候，你不會看到有明爭暗鬥、賣弄知識、爭強好勝、暴力言辭等東西在他們的周圍，你只能看見他們兩個人正在相互融化，正在消失。你會看見他們在暢談、在跳舞、在唱歌、在靜坐，他們可能去散步、去郊遊、去參加聚會，

但你一定能透過這些表面事物發現到，他們正在走向消失。當一位開悟者在獨處的時候，他什麼也不是，他只是一個空空的存在；當他和你在一起的時候，他是在作為你的化身而存在的。當一位開悟者的弟子在獨處的時候，他什麼也不是，他只是一個他的師父的化身；當他和他的師父在一起的時候，他甚至連他的師父的化身也不是，他就是他的師父。這就是師父與弟子的不同之處。

不知道你們以前有沒有看過一些關於那些科學大師們的生平傳記的書，如果你們看了，你就會發現一個規律，幾乎所有的科學大師們在重大的發明發現即將降臨的時候，他們都不在場。他們哪裡去了？他們或在做夢或在醉酒狀態。多少個日日夜夜，多少次的苦思冥想，那個答案與結果總是不出現，就在他們因疲勞厭倦而決定暫時地從這個問題中退出來的時候，奇蹟發生了，那個答案或結果會像黑暗中的閃電一樣出現了：答案和結果總是發生在當你「不在」的時候。

外在的事情和你內在的事情有相通之處。開悟是內在的，開悟是人生的真正結果，開悟是生命開出來的花朵，智慧是開悟之花散發出來的芬芳。開悟和那些科學大師們的科技發現一樣——只有當你「不存在」的時候才能發生，開悟是你內在的黑暗中的閃電。你的身體只有當你在與它對抗的時候，它才是一個問題；你的精神只有當你在與它對抗的時候，它才是一個問題。你所有的問題都是唯有你在與它們深深的對抗中，它們相對於你而言才能成為你的問題。平時，你很少自覺地去觀照自己身體的功用，只有當它生病了以後，你才會意識到身體健康的重要性；平時，你對自己的心理的平和並不會覺知出可貴，只有當你經歷了一場極度的痛苦或憤怒，並由此而造成了一定的傷害之後，你才會對心境平和產生一種全新的認識。正如健康與疾病、和平與抗爭之間的存在關係一樣，只有在矛盾的抗爭中，一方才會以另

一方為注意對象，才會以另一方為問題存在。

我對「問題」這個詞的定義是：只有當某一個事物與你產生了敵對的時候，只有當某個事物對你產生了障礙的時候，相對於你而言，它們才成了一個問題。

從表面上來看，人類似乎敢於面對所能遭遇到的一切的問題，那些宣稱是在探尋真理探尋生命的人們此時不正在各個領域裡艱苦地奮鬥嗎？難道這些艱苦的探尋努力不都是證明我們敢於面對問題這一事實嗎？這只是從表面的現象上來看，如果能深入地看一看，事情就不是這樣了，人類從古至今在「尋求真理」的大旗下面有99%都是在探尋如何使我們逃避問題，如何使我們忘卻問題，這才是人類忙忙碌碌的本意。可悲的是，人類很少能夠比較深入地正視問題、解決問題，更多的行為則是圍繞著問題去解釋、爭辯，膚淺粗暴。正如「和平」這一歷史主題，人類從沒有從根本上對其進行一次澈底的領悟與實踐，畢竟，要達成真正的和平之境，要以人人都具有對和平的正確與全面覺悟為前提。但是幾萬年的歷史下來了，人類連一天的和平都沒有實現過。自上而下、自大而小的集體都無非是打著「和平、民主、自由」的幌子，在幹著維護並拓展自身利益的卑鄙行為。只有當人類誠懇地、坦蕩地面對並接受和平這一問題時，真正的和平才有可能降臨人間。

唯有在接受你自己的前提下，你才能夠深入你自己，你才能夠深入到你的內在很深的地方，你才能發現各個層次的你的真相。佛洛伊德發現了人的內部是分裂的，是相互對立的：意識與潛意識對立，性欲與倫理對立，本我與超我對立，情感與理性對立，現實與理想對立，生本能與死本能對立……佛洛伊德探索了幾十年如何來將我們的內部這麼多的分裂與對抗統一調和的方法，他最終發現，唯有真誠地接受

自己才是統一內部分裂與調和內部對抗的最佳方法。

　　佛洛伊德的發現是一個偉大的發現，但他只發現了「接受你自己」能很好地很自然地統一我們內部的各種分裂，調和我們內部各種對立對抗，他還不明白為什麼會是這樣。我的發現是：當你全然地接受了你內在的哪個層面，你就會在那個層面裡消失，當你在這個層面裡消失以後，這個層面的所有分裂和對抗也就馬上消失了。當你全然地接受了你的過去的所有一切的時候，你的過去就在你全然地接受中消失，你就能自然地進入到你的先天狀態──生命的狀態，開悟的狀態。比如，你正坦誠地面對著自己的罪惡，但你卻無法找到罪惡的半點影子。你會發現，你的身心正處於一種無邊的寬廣、光明與聖潔的氛圍之中。此時你的罪惡已經不存在了，你當下的徹悟已解決了所有的問題，你不可能處於一種既是罪惡又是開悟的統一之中，它們二者是單獨存在的。

　　我經常告訴那些到我身邊的人，讓他們切斷與過去的一切聯繫，並且告訴他們說，開悟之門就在澈底地切斷與自己的過去的一切聯繫之中。但我發現幾乎所有的人都誤解了我的這句話，他們在誤解中開始逃避自己的過去，開始反對自己的過去，開始厭惡自己的過去，他們以為這樣做就是我所說的「切斷與自己的過去的一切聯繫」的意思。你的過去無法透過逃避來使它消失，也無法透過厭惡和對抗來使其消失，你的過去的一切都像沉積的泥沙一樣按時間的先後依次沉積在你的身心之中，你現在的身心就是你的過去沉積而成的。你只有全然地接受你自己，或全然地接受一位師父，在全然地接受中使你自然消失掉，當現在的你完全「消失」掉的時候，你就會與你過去的一切切斷了聯繫，你被再生了，你的第二人生──開悟的人生開始了。

　　生命是你唯一的神，我們的身心是神在地球上的一所暫時的廟

宇，我們的人生是神在地球上走過的印痕。——面對這一切，你只需要去全然地接受就足夠了。

這就是我為什麼在一開始的時候不讓你們提問題的原因。你剛來到我面前的時候，你的身心是不清靜的，你的身心裡有太多的暴力，你攜帶著一個非常非常封閉的自我來到我面前，你帶著社會這個巨大的背景來到我面前，你的身心裡有太多的緊張和分裂，你被邏輯和殘酷的現實生活弄得非常堅硬……總之，你有很多很多的不足和太多的東西在你裡面。你需要一些時間來平息你自己，你需要一些時間來放鬆你自己，你需要一些時間來打開你自己，你需要一些時間來接受你自己，當然也包括愛上我，接受我。澄清身心，放鬆身心，深入身心，觀照身心，消融身心，以至最後能夠穿透身心而獲得開悟，這都需要一些時間，這都需要一個過程。

所以我不在開始的時候急著回答你們的提問，我轉而去談論釋迦牟尼，去談論其他一些事情。我明白我為什麼要這麼做，這是在幫助你們逐漸地進入狀態，進入到一個比你們以前的狀態深刻得多的狀態。我在談論的具體的某個人或具體的某件事並不重要，重要的是這些人和事要被你們接受，將你們同化，透過對這些人物和事物的接受和同化，你們就會馬上被蛻變，馬上被提升，馬上被震醒，馬上被打碎脫落，那個被你們扭曲的壓抑的東西——生命就得以顯露出來。

不要簡單地以為我在談論釋迦牟尼，不，我是在借助他來談論你，我是在借助他來談論我，這一點，你們必須認識到。我本人與釋迦牟尼沒有關係，這個問題表現在，我的身體和他的身體沒有關係，我的精神和他的精神沒有關係，我的社會性存在與他的社會性存在沒有關係。我與釋迦牟尼只有在那個整體的存在（也可以叫它為真理、生命或涅槃）裡有關係——在那裡，我們交融了，我們合為一體了，我們

之間沒有了分別。在這種情況下，我不是釋迦牟尼的弟子，就像他不是我的弟子一樣，我與釋迦牟尼同達生命與涅槃，我有悲願去弘揚真理與生命，但我沒有責任與義務去宣揚去崇拜喬達摩·悉達多這個人。

在生命之境中，已經沒有了東方聖人與西方聖人的區別，各位聖哲的身分已經在全然中消失，大家都沒有開創一個什麼流派，每個人都是生命境界的自然展示，在此處已經沒有分別之性，所有的個性都達到了同一。

我所表示出的尊敬並不是針對喬達摩·悉達多這個生命體，而是針對從他那裡透出來的那個偉大的神性。如果釋迦牟尼沒有成為一個空，如果那個偉大的生命沒有透過他的空淋漓盡致地顯露出來，那麼釋迦牟尼什麼也不是，如果他沒有在菩提樹下消失後再次被生命生下來，那麼釋迦牟尼只能是一個浪花般的存在。

人有兩種完全不同的人生。一種人生是人的人生，是自我的人生，這個人生以我們的父母為起始，以死亡為終極。第二種人生是神性的人生，是生命的人生，這個人生以我們內部的那個自我的破滅為開始，但這個人生沒有終點，相對你而言，這個人生只有開始，但它永遠不會結束，你無法找到第二種人生也就是生命的人生的終點站在哪裡。

沒有人剛生下來的時候就是一個佛。因為我們的父母都有一個非常堅固非常「實在」的自我，我們來自於父母，當然也來自於父母的自我，在我們成長的時候，我們的教師和整個社會都在給予如何獲得自我、如何成為自我的教導。由於我們的身心的第一次推動就來自於父母，就來自於他人的自我，無法例外地，我們只能在自我這條路上運動下去。這是每個人都必定會走過的第一種人生之路。自從人類有了歷史到現在，我們都走在第一種人生之路上，無論現代人與古代人相比看起來有什麼不同，無論一個民族和另外一個民族相比看起來有

什麼不同，可有一點一定是相同的，他們都走在一條第一種人生之路上，他們的文明文化和他們的身心都在自我的驅使下運動，他們屬於一個自我的人生層面。

只有那些開悟者，他們才從這條曾經被千百萬人走過、現在正被千百萬人走著、未來一定還有千百萬人走的第一種人生之路下澈底退了出來，踏上了第二種沒有自我，不從屬於身體的也不從屬於精神的神性之路，他們相對於常人而言屬於完全不同的世界，他們所走的那條路不是常人單靠想像就能完全理解的人生路。為了區分我們的人生和那些開了悟的人的人生之路的不同，我們稱呼我們的生活為人的生活，稱開悟者的生活為神（性）的生活；我們稱呼我們的人生為人的人生，稱開悟者的人生為神（性）的人生。

開悟不是一個偶然，所有的開悟者的開悟都不是一個偶然。對開悟者而言，他的開悟必定是一個必然。只有將開悟者與常人相對比的時候，他的開悟才顯得似乎是一個偶然——為什麼那麼多的人沒有開悟，唯有他一個人開悟了，唯有他是茫茫眾生裡的一個特別，相對而言，難道除了用「巧合」或「偶然」這些詞彙以外，還能找到更適合的詞彙嗎？

第一種人生之路，也就是自我之路，它永遠無法真正理解第二種人生之路——生命之路，因為自我本身達不到生命的高度，自我永遠達不到神性的高度，自我永遠達不到存在的核心這麼一個深度，自我的能力有一個比較清晰的邊界，自我有一個畫地為牢的「區域」，自我只能勉強地明白它的「圈」內的一些事物，它永遠也無法看清它的「圈」外的世界。人類的歷史，文明文化的歷史，完全可以看作是人類的自我之圈不斷擴大的歷史。相對於古人而言，相對於原始文明而言，我們現在的自我之圈的確被擴大了許多，我們現在所觸及的時間

和空間的深廣度的確比我們的祖先要深廣得多。但無論我們現在的自我之圈有多麼大，它仍然有一個能被每個人清晰地感知到的界限。每個科學家都能清楚地感知到科學有一個邊界，每個學者或思想家都能清楚地感知到我們的文明文化和思想有一個邊界，就像每個人都能清楚地感知到自己的生活範圍、人生範圍有一個邊界一樣。你能感知到的所有邊界都是自我的邊界：你說你的生活圈、人生圈很小，這不是別的，這是因為你的自我很小，或者說你生活在一個小的自我裡的原因；你說你的生活圈、人生圈、思想圈很大，這不是別的，這是因為你擁有一個比較大的自我的原因。

　　你的自我就像一隻籠罩著你的巨大氣球，無論是你帶著你的自我向前移動，還是你的自我帶著你向前移動，你永遠看不清你的自我之圈以外的世界，無論你移動到哪裡，你都處在你的自我之中，哪裡也沒有到達。

　　所以我說，你們永遠也不能完全理解一位開悟者的人生之路，因為你在你的自我之中移動，實際上你哪裡也沒有到達；而開悟者則是在生命之中移動，他可以到達所有的地方。你以為你透過努力可以達成一個什麼東西，或成為一個什麼東西嗎？無論你怎麼努力，無論你怎麼向前移動，你達成的永遠都是你的自我，因為你就是你的自我。就像一位開悟者一樣，無論他做什麼，無論他走到哪裡，移動到哪裡，他都是在生命中旅行，他成為的永遠都是生命的神性，因為他就是生命，他就是神性。

　　開悟者將他自己帶到了一個和他以前完全不同的世界——一個真實世界，一個沒有自我只有自然的世界，一個充滿了生生不息的生命世界。釋迦牟尼說這個世界叫「佛國世界」或叫「極樂世界」，這是相對你們的世界——娑婆世界（凡人的世界，自我的世界，迷茫而

苦難的世界）而言的。

釋迦牟尼說佛國世界和娑婆世界只有一個交會點——唯一的一個交會點，那就是你的自我。當你的自我出現的時候，你就落入了娑婆世界；當你的自我破滅的時候，你就落入了佛國世界。

所有的開悟者都因為慈悲試圖使用一切方法將你們帶入到他們的世界裡去，與他們一起分享生命或叫存在帶來的極樂和永恆的幸福。這就是傳道的意義，這就是傳法的意義。道是什麼？道就是道路。對生命的所有闡述就是傳道，就是傳法。

如果釋迦牟尼沒有在菩提樹下從他的第一人生——自我的人生中跳出來進入到第二種人生——神性的人生，如果釋迦牟尼在他大悟以後沒有艱苦地四處傳道傳法，那麼他一點也不值得我們去尊敬；如果沒有他這扇能迅速將人們帶領到第二種人生之路的大門的打開致使後來他的很多弟子也達到了開悟，也達到了涅槃，那麼他一點也不值得我們去尊敬。但是，反過來說，一個達成了神性人生的人，他的一切舉動都是在展示著神性的偉大，他的行為都是神性的體現與流溢，否則，他的人生就不是一個真正的神性人生。

不要以為我是在讓你們向釋迦牟尼鞠躬，我是在讓你們向釋迦牟尼這個神性臣服——在全然的臣服中，讓我們同化於它，並讓它同時也同化我們。

都是邏輯

潘麟先生，有很多時候，發現您的談話很不合邏輯，可經過實踐以後，又發現您的語言很正確，您的語言和發生的事實很吻合。請您對此談一下吧！

邏輯是什麼？邏輯就是事物的法則，邏輯就是從事物中顯露出來的規律。每一個事物都有它自身的法則和運作規律。每一個事物的法則和規律都有其獨特的個性，每一個事物的法則和規律又和其他的事物的法則和規律之間有一些共同之處，我們通常將事物與事物之間有共同之處的法則和規律稱之為「共性」。你越是從事物的外表上去看，事物的法則和規律就越是不同；你越是深入到事物的內部，你就能看到事物與事物之間的法則和特性是愈加接近。當你深入到事物的根基的時候，事物的個性就消失了，這個事物也就隨著它的個性的消失而馬上消失了，此時事物不存在了，差別不存在了，個性不存在了，此時只有存在存在著，只有生命存在著，只有無限存在著，釋迦牟尼稱之為「空」。

釋迦牟尼所說的「空」和老子所說的「無」的意思完全一樣，「空」和「無」的意思不是指什麼都沒有，而是指你所看見的一切事物都不是真的，它們沒有作為個體存在的根基。這個世界沒有一個事物是事物，它們都是存在或叫生命的一種暫時的反映，你只是被這個反映迷住了，而沒有從這些反映中看到它們的本質「存在」或曰「生命」。

你看到一個演員在這部影片中是一個富有的惡人，過幾天你又在

另外一部影片中看到這個演員成了一個貧苦的善人，你會問：這個演員究竟是一個富人呢，還是一個窮人？他究竟是一個惡人呢，還是一位善人？事實上，這個演員既是一位富人也是一個窮人，既是一位惡人也是一位善人。富人也好，窮人也好，惡人也好，善人也好，這都是這位演員的一個反映，都不是那個真實的演員本身，這位真實的演員超越了他在影片中扮演的一切角色。

你說這座山是山，釋迦牟尼和老子卻說，不，這不是一座山，在我看來，這只不過是存在的一個反映。你說這個太陽是一個太陽，釋迦牟尼和老子一定會告訴你說，不，這不是一個太陽，在我看來，這只不過是生命的一個反映。在你們看來，身體就是身體，山水就是山水，日月就是日月，時空就是時空，生死就是生死，你所看到的一切都是它們本身，可在佛陀們看來，一切都不是它們本身，一切都是存在或曰生命的一個暫時的反映，基於你的五官和思維的一個反映。所以釋迦牟尼和老子告訴你說：在我看來，一切都是空無的，唯有存在和生命不是，一切都不是它們本身，一切都只不過是存在或曰生命的一個小小的反映。

除了存在以外，除了生命以外，除了永恆（無限或曰涅槃）以外，這個世界什麼也沒有，你也什麼也沒有，這個世界只是一股流動的存在，這個世界只是一股湧動的生命，在這個世界中出現的任何一個看似獨立的事物只是這股湧動的存在、湧動的生命的一個浪花，一個反映，一個遊戲。

當你深入你自己的時候，你會發現你正在消失；當你深入到一座山的時候，你會發現這座山正在消失；當你深入到他人內部的深處的時候，你會發現他人正在消失；當你深入到一切之中的時候，一切都會消失。

這正是當代科學家們的困惑，因為他們發現一切都不存在。科學家們開始的時候看到了一個五彩繽紛的世界，每一個事物都有它們的個性，都有它們區分於他物的一個界限。可當科學家們深入到五彩繽紛的世界裡去以後，他們發現所有的事物的個性和邊界都消失了，剩下的只是一些相同的分子。可當科學家們進一步深入到分子、原子的內部去以後，他們驚奇地發現那些組成事物的基礎物質——分子和原子也不存在了，消失了。最後，整個物質都從科學家的眼裡消失了，不存在了。科學家們的原意是想找到真正的物質，是想找出那個作為萬物存在的基礎，可找到後來，發現物質這個東西根本就不存在，宇宙中只有一股湧動的能量——看不見摸不著的東西。

　　就存在本身而言，就生命本身而言，只有一個邏輯，在永恆中反映自己，在自己中反映永恆；它只有一個特性，無論在事物的流動中怎樣變化，它永遠都保持是它自己，而不會在流動中成為別的東西。

　　就存在的反映者——相對獨立的個體事物而言，它們永遠保持著跟隨整體（存在）一起流動。在保持著跟隨整體一起流動的時候從某一個角度、某一個層面來反映著整體。

　　每一個事物的規律和特性都不可能完全獨立地存在，它必須以它的周遭事物和周遭事物的規律與特性作為自己存在的前提，作為自己存在的基礎，如果失去了周遭的事物，這個事物本身就會馬上消失。每一個事物都被另外的事物支持著才能存在，同時每一個事物又都在支持著另外的事物的存在。

　　生命永遠保持著絕對的清醒，存在永遠保持著絕對的覺醒狀態，因為只有在存在和生命的絕對覺醒下，從存在和生命中反映出來的萬事萬物才能保持著永恆的有序性和個性，事物與事物之間才能保持著絕對的和諧與協作。

　　生物學家們驚歎道：人體內部太完美了，它完美到你找不到任何一個詞能準確地形容它。只要你稍微看一點生物學、醫學、人體解剖學、生物物理學、生物化學之類的書，你就會和那些科學家們一樣發出驚歎：人體的結構太完美了。不僅人體的結構和人體機能的運作十分完美，大自然所有的事物與事物之間的內部結構和運作方式都是十分完美的。在宇宙的完美面前，在大自然的完美面前，在生理結構的完美面前，人類的模仿能力與創造能力，顯得十分的無奈、十分的幼稚、十分的機械。

　　天下所有的事物都是在合乎邏輯的前提下運作的，天下所有的事物都是合乎邏輯的，唯有我們人類例外——唯一的一個例外。

　　人類是最不合乎邏輯的一種生物。當我說「人類」這個詞的時候，我的意思是指人類的自我。你不會發現天下任何一個事物像我們的自我那樣不合邏輯。

　　自我不可能合乎邏輯，自我事實上只有當它不合乎邏輯的時候，它才能得以存在。一旦它澈底地合了邏輯，自我馬上就會從身心裡消失。

　　自我無法理解出生命的邏輯，自我無法合乎萬事萬物的邏輯，自我最多只能去模仿一下邏輯，自我最多只能創造出一個與真正邏輯比較相像的「邏輯」。

　　人類中幾乎所有的發明都是在自我對事物的邏輯的模仿下產生的，人類中幾乎所有的那些關於對事物的解釋而形成的知識和學問都是自我對事物本身的邏輯的想像——而不是那個事物的邏輯本身。

　　自我的邏輯是真實事物的邏輯最蹩腳的模仿者！

　　當牛頓給出了物理學中的三大定律以後，人們異常激動地歡呼：現在天下再沒有祕密了，因為所有的奧祕都被牛頓的物理學揭示了。

在牛頓的墓碑上就刻著這樣一句話：自然的法則在黑暗中隱藏，上帝說讓牛頓降生吧！於是一切都被照亮。——這可能是後人對他最高的讚美了。終於在某一日，有一位智者對著牛頓的墓誌銘說了這樣一句話：我擔心自然並不願意按照牛頓的物理學去運動。在後來的阿爾伯特‧愛因斯坦的相對論誕生以後，這句話又一次出現了：我擔心自然並不願意按照愛因斯坦的物理學去運動。

每個事物都有它自身圓滿的邏輯，這些邏輯不是誰賦予它們的，這些邏輯在事物誕生的時候就作為這個事物的生命而出現的。事物和這個事物所內涵的邏輯不是兩個東西，它們是一體的東西。身體有身體的邏輯，精神有精神的邏輯；身體有身體的法則，精神有精神的法則。身體和精神的邏輯與法則是生命的法則的反映之一。只有你的自我不是生命的反映，它是死亡的反映。自我能使它所接觸到的一切迅速成為一個死亡的東西。這就是為什麼宇宙永遠保持著生生不息的活力，而唯有人類之中的東西基本上都是死物的原因。

你說，有很多時候，我的語言看起來似乎很不合乎邏輯。

合乎什麼邏輯？是合乎生命邏輯？還是要去合乎自我的「邏輯」？我的語言是生命的邏輯的自然流顯！它不是自我所創造出來的「邏輯」。你是一個自我的化身，你的思維、你的理解、你的想像和推理都是自我的化身！自我最多只能理解另外一個自我，自我最多只能想像另外一個自我，自我最多只能推理出另外一個自我中流露出來的東西，當然也包括從另外的這個自我中流露出來的「邏輯」和語言。

自我本身有著一個與所有的事物都不同的「邏輯」，這個邏輯是自我的化身，也可以說這個所謂的「邏輯」就是自我本身。

科技基本上完全屬於自我的邏輯的顯化，數學、邏輯學、哲學、形而上學等基本上完全屬於自我的顯化，這就是為什麼人類無法透過

科技、透過哲學或透過數學這條路達到開悟的原因，因為自我透過的這條路正是它自己。

宗教就不同了。世界上幾種大的宗教流派都直接脫胎於開悟者的語言和行為。我為什麼在這裡用「脫胎於」這個詞，而不用「源於」這個詞呢？「脫胎於」這個詞和「源於」這個詞是有很大區別的。脫胎的意思是：這個事物來自那個事物，只不過在後來，這個事物發生了重大的變質。源於的意思是：這個事物至今仍然保持著它起源時的原貌原汁原味。

宗教——至少世界上目前流傳的幾個大的宗教流派，它們在起源的時候，直接是生命邏輯的反映，直接是存在的真相的反映，只是它們的那個源頭——開悟者們去世以後，就被嚴重打上了自我的烙印，被你我他——歷代的人們的自我深深地改造了一番。儘管現在世上流傳的這幾大宗教被後人的自我深刻地改造重塑了一番，但它畢竟仍然包含有生命的真相在裡面，它畢竟包含著通向開悟通向生命殿堂的大門，它畢竟包含有那些開悟者的化身。這就是為什麼有一些人透過宗教這條道路最終能獲得開悟的原因：宗教裡有一顆被歷代無數個自我組成的垃圾所包圍的能使人們獲得開悟的明珠！

宗教本身不可能使你獲得開悟，因為宗教也是歷代的人們的自我組成的，但宗教裡埋藏的那顆明珠能使你獲得開悟，因為這顆明珠不屬於宗教，它是歷代開悟者的化身。

只要你通曉一點宗教，同時也通曉一點科技與哲學，你就一定能發現宗教與科技之間，宗教與哲學之間有著兩種完全不同的邏輯。宗教的基本職責就是建立一系列如何來證明一個人格化的或神格化的神靈存在的體系，而科技與哲學的基本職責在於建立一系列如何證明自我的邏輯的存在體系。一個想試圖證明神靈存在，一個是想試圖證

明自我邏輯的存在，由於所要證明的對象不同，因此它們這二者之間所設定的邏輯體系也就自然不同了。

從科技和哲學裡顯露出來的邏輯看，你會發現它基本上全部屬於自我邏輯；從宗教裡顯露出來的邏輯看，它有時候屬於生命邏輯，有時候又屬於自我邏輯，但最多的時候，是生命邏輯和自我邏輯的綜合——二者的集合邏輯。

從我的語言裡顯化出來的邏輯，既不屬於科技和哲學中的自我邏輯，也不屬於宗教裡的集合邏輯，我既屬於這兩者，又超越這兩者——我屬於生命邏輯！

站在科技和哲學的自我邏輯裡來看我和我的語言，我很不合乎邏輯——不合乎你的自我邏輯；站在宗教的集合邏輯裡來看我和我的語言，我很不合乎邏輯——不合乎你的集合邏輯。

歷史上所有的開悟者從他人的角度上來看，他都是一位孤獨的漂泊者，因為他生活在生命的邏輯之中。與他同時代的科學家們無法接納他，無法認同他，因為他們生活在不同的邏輯體系中；與他同時代的宗教家們無法接納他，無法認同他，因為他們生活在不同的邏輯體系中。所以無論在歷史的哪個時代裡，開悟者在他人的眼裡都是一位「異類」，因為他不從屬於世俗中的任何一類，只有他的一些親近的弟子們勉強地從屬於他。釋迦牟尼就是一個典型的例子，這位開悟者的一生都保持著孤獨，即使當他後來擁有了幾十萬名弟子，他出門的時候身邊的弟子比一位帝王出朝時候的隨從還要多，可你還是能清楚地感受到他的孤獨。

事實上，你在人群中不可能找到兩個完全相同的自我，就像你找不到兩個個性完全相同的人一樣。個性是什麼？個性就是自我的特性。由於每個人的自我的來源不同——他的父母和你的父母不同，由

於每個人的自我的形成的環境不同，致使每個人的個性（自我的特性）也就不盡相同。自我不同，那麼自我創造出來的邏輯也就不同。你的自我的邏輯就是你的自我的運作方式的顯化，所有人的邏輯都是他們含有鮮明特性的自我的獨特運作方式的顯化。

這就是為什麼人與人之間那麼難以溝通，那麼難以相互理解的原因，因為每個人都是透過他的自我來看待這個世界，每個人都是在用自我那獨特的含有鮮明特性的運作方式——「我」的邏輯來理解他人，來認識他人。人與人難以溝通並不是因為彼此之間的身體難以溝通，也不是因為彼此之間的心靈難以溝通，而是在於彼此之間的那兩個含有不同特質的自我難以溝通。

我們每個人都生活在他人的深刻誤解和曲解之中，無一人能夠例外，誤解和曲解在人與人之間、在人與物之間從來就沒有消失過。不僅沒有消失過，而且已隨著人類社會中的每個人的自我越來越堅固，人們之間的誤解和曲解愈加難以疏解，難以調和。

嚴格地講，你們不僅在我這裡找不到和你們一樣或相近的邏輯，你們就是到人群中也不會找到和你們一樣或相近的邏輯。只不過從我身上顯化出來的邏輯比他人身上顯化的邏輯差異大了一些而已。

自我有一個邊界，無論你的自我有多麼深廣，它仍然有一個邊界。你的自我的邊界就是現在的你的邊界，你的自我的邊界就是你現在的理解力、你現在的邏輯的邊界，天下沒有一個人的自我顯化出來的邏輯是無邊的、是永恆的、是圓滿的。

有一個故事說：

有一位律師發現自己有一種天才的能力——作為被告代理人的天才，作為反方的天才。

有一次，他又被聘為一位被告的代理人出庭，為這位被告作反方

辯護。那位原告的代理律師問他，親愛的同行，我們馬上就要為各自的顧主作辯護了，在我們兩個即將展開一場激烈的辯證之前，我想問一下你對這個案子瞭解了多少。

一點也不瞭解，被告的律師說，但這沒什麼，我不需要事前瞭解案情多少，我只要知道我有一個天才的能力就夠了，那就是無論你說什麼，你所說的話看起來很合乎邏輯又很圓滿，我都能——一定能從你的邏輯中找出破綻，找出漏洞，從而給予你強有力的反擊。

這就是自我中顯化出來的邏輯的特點：永遠有漏洞，永遠似是而非，永遠有一個極限。

這就是為什麼你在思考某一個問題的時候，無論你對它思考了多少遍，你的結論中，你的推理論證中永遠都有或大或小的破綻，都有某些奧祕沒有被你思考出來，沒有被你推理論證出來。這就是為什麼你在推導一個事物的時候，無論你向這個事物的內部深處推導了多麼深，你永遠都會有一個無法再向前推導的界限。因為你的自我邏輯是混亂的，是殘缺的，是有界限的。

比如說在哲學裡就有一個思考「人類的起源和宇宙的起源」的問題：人類起源於猿猴，猿猴起源於低等動物，低等動物起源於有機物，有機物起源於無機物……起源於地球，地球起源於太陽系，太陽系起源於……只要你向前不斷地推導下去，一定會有一個再也無法推導下去的界限出現。哲學說為什麼會有這個宇宙呢？神學家說：因為有一個神存在。可是問題到此並沒有結束。新的問題又來了：是誰創造了那個神呢？它為什麼要創造那個神呢？

你可以一直思考下去，你可以用你的邏輯一直推演下去，但你一定會遇到一個再也走不下去的界限，那個界限就是你有限的自我的邏輯的邊界。

為什麼會有一個身體存在？為什麼會有精神存在？為什麼會有生命存在？為什麼會有整體的存在？為什麼會有真理存在？為什麼……當你開悟了以後，你就能發現這個世界根本就沒有「為什麼」，山就是山——它不為什麼，水就是水——它不為什麼，身體就是身體——它不為什麼，宇宙就是宇宙——它不為什麼……

這個世界沒有「為什麼」。世界從來不為「為什麼」而存在。一棵小草說：我也不知道我為什麼會存在，我只知道我已經存在了。太陽說：我也不知道我為什麼會存在，我只知道我已經存在了。所有的事物都會告訴你：它們不知道它們為什麼會存在，它們只知道它們已經存在了。

不要問為什麼會有這個，如果你試圖追問「為什麼會有這個？」那麼你就中了圈套了——中了你的自我的圈套了，此時你的自我會找到一個什麼答案或乾脆給你創造出來一個什麼答案來，告訴你說：為什麼會有這個呢？那是因為它來自於那個。為什麼會有那個呢？因為那個來自於這個。最後，你一定會兜了一個大圈子又繞了回來——回到了你的自我裡來了。

不要試著問我諸如「為什麼自我破滅了以後就能獲得開悟呢？」或者「為什麼成為了生命以後就獲得了永恆（涅槃）呢？」之類的問題，對於這些，我永遠無法回答你們，我唯一能回答你們的是：事情本來就是這個樣子的——等於什麼也沒有回答。

釋迦牟尼說：這個世界是「法爾如是」的——它本來就是這樣子的。

老子說：這個世界是「道法自然」的——它本來就是這樣子的。

耶穌說：這個世界是「上帝創造」的——上帝就是這個樣子創造的。

心心相印

　　我發現您在這幾天闡述釋迦牟尼的時候，經常引用中國的老子和西方的耶穌的語言。您能談一下釋迦牟尼、老子和耶穌等人之間的相同和相異之處嗎？

　　所有的偉大寓言都有一個奇妙的作用，那就是它可以作為一扇通向生命通向開悟的大門。寓言有兩個層面，一個是邏輯的層面、解釋的層面，一個是生命的層面、開悟的層面。寓言可以很好地將這兩個層面有機地糅合在它的內部。

　　你從邏輯——自我邏輯的角度可以理解一個偉大的寓言，你甚至可以用你的自我邏輯去給他人解釋這個寓言，但你此時所觸及到的只能是這個寓言的外表。只有當你拋棄你的邏輯，拋棄你關於這個寓言的理性化的解釋的時候，你才能深入到寓言的深處去，唯有此時你才能發現寓言更深一層的蘊含，這個寓言才能呈現出一個全新的境界。

　　老年人所包括的內容太豐富了，他無法將他的豐富用淺顯的語言直接表達出來，可老年人明白，他內部有些發現有些經驗對年輕人來講太重要了，是必須要被年輕人瞭解的，而且是瞭解得越早越好越深越好。怎麼辦呢？老年人最好的方式就是將他的發現，將他那些寶貴的經驗轉化提煉成寓言和故事講給青少年們。這就是為什麼老年人愛對年輕人訴說著一個又一個故事的原因。每一個閱歷豐富的老人都是一個故事家。

　　所有的開悟者都是一位智慧老人——無論他的生理年齡有多大，

只要他開悟了，他看起來一定像一位智慧老人。一位老人未必一定充滿智慧，但一位充滿智慧的人一定像一位老人。

釋迦牟尼在菩提樹下證悟涅槃的時候並不很老，不僅不老，而且很年輕，只有 30 周歲，虛歲才 31 歲。可從他的傳法中你能清楚地感受到，他很像一位 80 歲的老人，有無窮無盡的寓言和故事從他的智慧中流出。

釋迦牟尼有一個最常用的寓言——大海的寓言，儘管他在大海邊生活的時間並不長，他的一生主要是在恆河的中游地區傳道。但他提到恆河的次數並不是很多，而提到大海的次數卻非常多。釋迦牟尼用大海的整體來比喻存在的整體，而用大海中的浪花來比喻從存在中反映出來的每個相對獨立的事物，包括我們現在的身心，因為我們從父母的身心那裡延伸而來的身心也是存在的一個反映。

這個世界上所有的事物以我們人類的眼光來看，它們都在一刻不停地向前運動著，沒有人會知道它們要去哪裡，甚至連它自己也不知道它們要去哪裡，它們只知道將自己保持在運動裡，因為它們明白，如果它們一旦失去了運動，它們馬上就不復存在——消失了。

釋迦牟尼說：萬物的運動就像大海裡的浪花，浪花是大海的一個反映，浪花保持著永遠的運動——沒有目的，沒有目標，沒有固定的方向，它們只知道自己必須保持著運動，因為浪花明白，如果它們在某一刻靜止了，它們也就在此時馬上消失了——融化入浩瀚的大海之中。

粗看起來，浪花都是一樣，可仔細看的時候，你會發現沒有一個浪花與另外的浪花完全相同，你永遠找不到兩個完全相同的浪花。這就像我們人類一樣，粗看起來，所有的人幾乎都是一樣的，一旦仔細觀察，你不會找到兩個完全一樣的人。粗看起來，大海洶湧澎湃，一

刻不停地在變幻著自己，但只是大海的局部是如此的；如果你能從整體上來看大海，你會發現大海從來都未曾動過一點，它永遠是它自己，它永遠靜靜地存在在那裡。大海就是生命的意思。大海有時以波濤的方式來反映它自己，大海有時候以巨流的形式來反映它自己，大海有時候以冰川的形式來反映它自己，但大海本身從來未曾變化過。

「未曾變化」的意思就是永恆，「未曾變化」意思就是永遠都是它自己——而不是突然之間成為了別的一個什麼東西。

釋迦牟尼是生命的一個反映——直接的反映，老子是生命的一個反映——直接的反映，耶穌是生命的一個反映，就像每個浪花都是大海的一個反映一樣。釋迦牟尼這朵浪花和老子這朵浪花不同，老子這朵浪花又和耶穌這朵浪花不同，但他們有一點絕對是一樣的，那就是他們都是生命的一個直接反映。

我之所以特別強調這些開悟者們都是生命的一個直接反映，那是相對於你們而言的，你們——唯有人類不是生命的直接反映，你們是你們的自我的直接反映，當你們的自我破滅了以後，你們才能成為生命的一個直接反映！

當一堆泥巴還是泥巴的時候，它有幾乎無限多個用途：被做成磚瓦；被做成很多種形狀的器具；被做成很多工藝品……可一旦一堆泥巴已經被做成一個東西以後，比如說這堆泥巴被燒做成了一塊磚，那麼它就被定格了。一堆泥巴能變成一塊磚，但一塊磚永遠無法再變成一堆泥巴。

你的身心本來是一堆有無限多個可塑性的泥巴。在你還是一個胎兒的時候，你的父母就開始了對你這塊泥巴的「燒煉」，你出生以後，你所生活的環境，你的志趣、愛好、習慣，你的情緒、你的飲食、你的文明文化、你所處於的傳統等等一切，都是一團火，都在將你這一

塊泥巴燒煉成一塊固定的東西。基本上在你四五歲的時候，你的身心就被「燒煉」成功了，此時你就像一件陶器一樣被固定下來，你的身體這件「陶器」就是你的身心的基礎和「外殼」，它已經不可能被改變了，你只能去改變你的這個「陶器」的用途和它的裝盛物，比如說你可以用它來插花、用它來裝水或用它來幹其他什麼，但這件陶器本身已經不可能被改變了。

由於釋迦牟尼、老子和耶穌等人的身心是從不同的父母那裡延伸而來的，由於他們生活在不相同的身心成長環境之中，致使他們的身心被定格在一個不同的形狀裡，儘管他們都是生命的直接反映，但當生命透過他們這些工具向外流現的時候，由於工具本身的差異，致使從他們那裡流顯出來的生命之光也就有了差異。這有點像一個抽水管道，如果這根管道是圓的，那麼流出來的水的外形也將是圓的；如果這根管道是三角形的，那麼流出來的水的外形也將是三角形的。管道是什麼形狀的，從管道裡流出來的水也必定會是這個形狀。

水的特性保持著不變，變化的只能是水的外在形狀。

現代的心理學家們說：一旦一個孩子到了四五歲，他的心理特性就會被「定型」，很難再被改變。生物學家們說：一旦一個生物在它的成長過程中，它的內部結構和外形被固定了下來，那麼它的一生都將生活在它的這種結構和外形之中，這個只有它才獨有的內部結構和外形在它的一生中很難被改變。

由於父母不同，由於最初的生長環境不同，由於文化傳統不同，你的身心結構也就不同——嚴格地說，每個人的身心結構都不盡相同。而且你的身心結構一旦在你的成長過程中被相對穩定地固定了下來以後，一生都很難再有大的改變。

由於釋迦牟尼的身心內部結構的不同，致使釋迦牟尼顯化出來的

教導從外觀上來看就與老子的不同；由於老子的身心內部結構的不同，致使老子顯化出來的教導從外觀上來看就與耶穌的不同。事實上，歷代東西方所有的成道者開悟者所顯化出來的教導都與他人的不同──因為沒有兩個身心內部結構完全一樣的開悟者。

　　所有開悟者的教導的差別都是外觀上的，在本質上沒有任何差別，所能有的差別只是開悟程度上的差別。初悟者的教導與中悟者的教導是有差別的，中悟者的教導與大悟者的教導是有差別的──程度上的差別。如果你能深入到那些開悟者的教導的深處，你就會發現：初悟者的教導與另一位初悟者的教導在本質上並沒有差別，中悟者的教導與另一位中悟者的教導在本質上並沒有差別，大悟者的教導與另一位大悟者的教導在本質上並沒有差別；所能有的差別只能是外觀上的差別。

　　就在前幾年，為了探尋生命的真諦，我深深地投入到了東西方那些成道者的教導中，當我投入越來越深的時候，我發現他們之間看似很明顯的差異逐漸地消失了，他們的教導在深處達成了溝通，達成了統一。因為真理只有一個的緣故，且萬事萬物以真理作為始基，開悟者以真理作為教導的基礎，所以這些教導的深處不可能有差別──只不過所有的開悟者都是在以自己的方式向外顯化真理而已。

　　當你深入到一位常人的內部的時候，你會發現這個人的內部有一個別人的自我，因為這個人的自我就是以某種方式源於那個人的自我，你甚至能發現一個人的自我很像幾十年前幾百年前幾千年前的某個人的自我，這是因為這個人的自我以文明文化和傳統來作為橋樑而繼承了那個已經死亡了幾千年的人的自我。

　　如果你能深入到老子的世界裡去，你能發現什麼？你不會發現到一個老子的自我，因為老子的自我已經破滅了。你會十分驚奇地發現

老子深處有一個釋迦牟尼。當你深入到釋迦牟尼的時候，你會驚奇地發現那裡面有一個老子！老子是釋迦牟尼在中國的化身，釋迦牟尼是老子在印度的化身！

只有自我有邊界，只有自我有界限，只有自我有「國界」。生命沒有邊界，存在沒有界限，真理沒有「國界」。開悟者沒有邊界，因為他沒有自我。開悟者是一個永恆，開悟者是無限，開悟者是一個整體。所以，所有的開悟者都是相通的，所有的開悟者都會是一體的，你只要發現一個開悟者，你就等於發現了過去的現在的未來的所有開悟者，你只要能深入一個開悟者的世界裡去，你就等於深入到了過去的現在的未來的所有開悟者的世界裡去了——過去的開悟者與現在的開悟者相通，東方的開悟者與西方的開悟者相通，沒有時間障礙，沒有空間障礙，沒有地域障礙，沒有文化和門派的障礙，沒有傳統的障礙，一切你能想像得到的障礙都將在開悟者與開悟者之間消失——一個永恆的溝通，一個澈底的溝通。

你以為老子死了嗎？你以為佛陀死了嗎？你以為基督死了嗎？不，他們都沒有死，他們都活著，他們都透過我而活著！他們穿越了時空，他們穿越了一切阻礙來到了我這裡——透過我又復活了！——只要你們能深入地向我的內部看一看，你們就會發現我所說的這個事實！

每當一位開悟者誕生了，這不只是他一位開悟者誕生了，這是他以前的所有的開悟者的又一次誕生——透過他而再次誕生。這就是耶穌反覆告訴他的門徒的那句話「我會再次復活，我會藉助我的再次復活來到你們身邊——而且是不止一次地復活來到你們身邊」的很多層意思中重要的意思之一。

你們以為我是在談論釋迦牟尼嗎？根本不是，這是釋迦牟尼在談

論他自己——透過我的嘴在談論他自己。你們以為釋迦牟尼是在談論我嗎？根本不是，這是我在談論我自己——透過談論釋迦牟尼來談論我自己。

這就是智慧的相融性，這就是生命的神聖與神祕。

事實上，這個所謂的生命祕密其實根本就不是一個什麼祕密，只是相對於你們尚未開悟者而言，它才能稱之為祕密。每一位已經實現了開悟的人都會發現到這一點，都會洞察到這一點。

釋迦牟尼反覆告訴他的門徒們說：我不是第一個成佛的人，在我之前，已經有很多人成佛了，那些人都是我的化身；在我之後，還要有很多人成佛，那些人也是我的化身。你們永遠都要記住一點：在我之前成佛的那些人都是我，在我之後的那些佛也都是我——過去和未來只有一個佛，那就是我。——這是釋迦牟尼所能說出來的最深奧的語言之一。有詰難者問耶穌說：你時常對我們談論希伯來人的祖先亞伯拉罕，請問你是怎麼知道的，我們都知道亞伯拉罕的時代已經過去好幾千年了，你是怎麼知道的？耶穌對這些詰難者講了一句他所可能講出來的最深奧的語言之一：在亞伯拉罕存在之前，我就存在了！

你是大海中的一朵浪花，你是存在反映出來的一朵浪花，你沒有目的，你沒有目標，你沒有方向。當浪花消失的時候，你也就消失了，可這種消失是一種假相，你只是在他人的眼裡消失了，你只是從他人所處的時空裡消失了。這就是常人所定義的死亡，身心的消失。

浪花從來沒有真正地消失過，我們所說的浪花的消失，那只是在說浪花從我們的眼睛裡消失了，那只是在說浪花從我們所處的時空裡消失了。可事實上，浪花本身並沒有消失——它被融入了大海的整體存在之中了。

如果你是你的自我，那麼你不僅現在是你的自我，你以後永遠都

自然地保持著是你的自我。如果你的自我破滅了，那麼你就成了生命，你不僅現在是生命，你將永遠是生命——無論生命以何種方式反映它自己，你都將自然地保持是它本身。當你是你的自我的時候，你的身心只是你的自我的一個反映；當你是生命的時候，你的身心只是生命的一個反映——你的身心永遠都只是一個反映——就像浪花只是大海的存在的一個反映一樣。

反映在某一個時候它一定會消失，但反映者永遠不會消失。大海中的浪花在某一個時候它一定會消失，但作為浪花這個反映的反映者——大海則永遠不會消失。我們的身心在某個時候一定會消失，但作為我們身心這個反映的那個反映者——自我或者是生命則不會消失。自我或者生命本身不僅不會消失，它們還會以另外一種方式，它們還會以各式各樣的方式來反映出自己——自我或者生命無論怎麼樣變幻著自己的反映，但它永遠都保持著是它們自己，而不是別的什麼東西。

生命中有一個最大的祕密被包括釋迦牟尼在內的一切成道者表達了出來：當生命存在的時候，自我就已經存在了，自我是作為生命的影子而存在的。只有影子與它的主人澈底相遇的時候，影子才能澈底破滅。只有當生命的影子——自我與它的主人真正相遇的時候，自我才會在這一瞬間破滅、消失，自我澈底被它的主人——生命吸收了。

生命和自我是二，但你只能成為這二者中的一個，要麼你是一個自我，要麼你是一個生命。當你的自我比較淡化一點的時候，比較「疏稀」一點的時候，此時生命可以透過你的自我和你的身心顯露出來一些它的奧祕、它的特性和智慧，但此時你仍然保持是一個自我，你此時並不就是生命。當你就是生命的時候，你的自我也就澈底不復存在了！

你的身體是不久前才有的，你的思維、你的精神是不久前才有

的，可你的自我卻不是不久前才有的，生命不是在不久前才有的。你的自我在很久以前就有了，生命在很久以前就有了。多久呢？不知道，因為你的自我和生命都有一個共同的特性：無時空性。因此，你不可能在你的身心所處的這個時空裡找到自我和生命的起始處，你也不可能找到它們的終結處。

你在你的身體之前就已經存在了，你在你的精神之前就已經存在了——作為自我而存在或者是作為生命而存在。

覺悟就足夠了

潘麟先生，我在您這幾天的談話中收穫非常大，您將我帶到了認識我自己的一個從未有過的深度和高度，我第一次如此清晰地看到了我的未知部分，我已經做好了更進一步來深入您和您的談話更深層面的準備。可現在有一個恐懼從我的內部生起，那就是我在這幾天裡深深地被您震撼了，現在我仍然處身於那個深深的震撼之中。

我這幾天來不敢想到有一個我存在，我甚至在談話中不敢使用「我」這個字，因為我深怕在想到我自己的時候，加重了我的自我──那正是我們要堅決破除的東西！請問我該怎麼辦？

我親愛的朋友！讓我再呼喚你一聲，親愛的朋友！就像你深情地多次呼喚我親愛的師父一樣。──讓我們在深情地呼喚中走向交融，走向深深的溝通。我親愛的朋友！

要覺悟，要覺醒，要覺知，要警覺！但我們不要緊張，不要緊張。放鬆，內在的深處要放鬆，越放鬆越好。對，請放輕鬆一些。

要把這句話像咒語一樣重複：放輕鬆一些。要讓我這句話下沉，下沉到你的身心深處去，下沉到盡可能深的地方去。

先來聽我講一個小故事吧！

有一個山裡的姑娘，一個長得很漂亮的姑娘，但她從來也不去注意她的漂亮。有一天，她進到城裡去。一個十分偶然地一瞥，她發現了街頭有一個巨幅廣告，那幅廣告上面有一個長得和她很像的女人肖像，而且那個女人的一對和她一樣美麗的乳房露了出來。

就在她瞥見那幅廣告的一瞬間，她下意識地捂住了自己的乳房，她十分震驚地發現周圍的人似乎都在盯著她的乳房看。從此以後，無論這個姑娘走到哪裡，她總是無意識地捂住自己的乳房。但她又馬上明白，如果她捂著她的乳房，看她的乳房的人就會更多，女孩子陷入了一個深深的矛盾之中。她一方面擔心別人都在盯著她的乳房而想捂著乳房不讓別人看見，一方面又擔心她這樣做會引來更多的人來看她的乳房。

　　很自然地，這位姑娘從此以後變得越來越神經質，最後她終於變成了一個精神病患者。

　　你現在就是這位精神病患者，這個故事中的主人是因為懼怕她的乳房被別人盯著看而產生的精神病，而你則是因為盯著看你的自我而產生的精神病。

　　你的身體可以獨立存在，但你的思維卻不能獨立存在。你的精神是你的身體（包括大腦）做出來的一個夢，你的精神是你的身體（包括大腦）的一個影子。影子不可能先於它的主人而存在，它最多只能和它的主人同時產生。在很多情況下，影子都是在它的主人產生了一段時間以後才產生的。主人可以獨立存在，但影子無法獨立存在。

　　有一個適用在任何一個地方的法則必須被瞭解：當一個影子與它的主人正面相遇的時候，影子就消失了，而主人被保留了下來，主人被凸現了出來。

　　影子、幻覺、夢、妄想、想像本身就是一個不存在，它們之所以存在，那是因為你在時刻供給它們活力，它們才能得以存在。一旦你覺悟到你的所作所為是一場愚蠢的遊戲的時候，依附在你身上的一切影子、一切夢、一切幻覺都將立即消失。

　　你越是注意你的影子你的夢想，它們就越會充滿活力，它們就越

是真實地呈現在你面前。你越是執著於你的影子、你的夢想，它們就越會深入到你的存在深處，它們就越是將你吞噬掉，最後將你的整個存在都消解到了它們的內部去成為它們的一個組成部分。

透過反對你的自我，透過憎恨你的自我，你永遠破除不掉你的自我。你不僅破除不掉你的自我，而且你的自我會在你對它的空前的反對中、空前的憎恨中、空前的注意中變得越來越生氣盎然，越來越瘋狂，越來越堅固，因為你對它的空前注意這一行為本身就是在幫助它成長！

只有釋迦牟尼時常談論到自我這個東西，只有與釋迦牟尼基本上同時代的另一位著名的印度開悟者瑪哈維亞（大雄）時常談論到自我，這是因為與他們所處的印度傳統中時常談論到自我這個東西有直接的關係。

老子很少談論到自我。這不是說老子沒有發現存在於每個人內部的那個自我，老子非常瞭解自我和它的一切運作方式，老子瞭解到自我是障礙每個人成為永恆的、極樂的、圓滿的、智慧的、解脫的真正敵人──但他很少談論到它。

如果你去問老子：親愛的導師，我想像您一樣成為一位開悟的成道者，我應該怎麼辦？我是不是需要去拚搏，我是不是需要去打敗我的自我？老子一定會告訴你：不，不不！不要這樣，這樣你會陷入到一個深深的戰鬥之中，南轅北轍！不，不要去管你的自我，它很好，忘掉它，它很好。要成為一位內部放鬆的人，必要的時候，你可以暫時從紅塵恩怨情仇之中走出來，到青山綠水中走一走，來幫助你儘快地進入深深的放鬆狀態。不要去與自我抗爭，只需要認識它，只需要深入它，它就會消失──但你無法透過與它的奮勇戰鬥來破滅它！

你現在的恐懼和緊張狀態與我有關，因為我太過於談論你的自我

了，是我的談論挑起了你對自我的憤恨和對抗。我為什麼要花那麼多的時間來談論自我？就是因為現代人已經越來越自我化了。上一個世紀和這一個世紀裡，有很多西方的哲學家和思想家都在談論自我，都在用各種方式鼓動人們要成為他們的自我，他們在用各式各樣的方式來強化人們的自我意識。

自我在當代已經成了人們追求的一個目標了，自我在當代已經成了人們的一個神——一個唯一的神。在當代，如果一個人自我意識不夠堅硬，社會就會認為你是一個沒有個性、沒有價值的人了。

自我只有在對抗中才能得到發展，自我只有在仇恨中才能得到發展，自我只有在你崇拜它的時候才能得到發展。而在當代工商業時代，自我找到了它從未有過的最適合它發展壯大的機會。這是一個自我主義的時代！這是一個加強自我、發展自我的時代！

老子的方式，整個道家正統的方式，在當代顯得不被大多數人接受了，這個方式在當代只能被少數的幾位非常聰明的人所認可所使用，但它無法被大多數人所接受。老子說要自然，這個時代說，不，要鬥爭，要把自己改造成一名「冷血殺手」；老子說要無為，這個時代說，不，要成為有為，要成為一名「全能的競爭者」；老子說要無為，這個時代說，不，要成為有為，要成為一名控制者，要成為一名主宰者，要將一切納入到自己的掌握範圍。當代是作為老子方式的反對者存在的。老子說要接受自己以後，你才能深入你自己；當代人說，不，除非我首先能認識我自己，我才能去接受我自己。老子說除非你首先成為一名沒有自我的邏輯的人，你才能瞭解你的身心和外界萬物的一切邏輯；當代人說，不，除非我用我的邏輯瞭解了我的身心和外界萬物，不然，我決不放棄我產生出來的邏輯。

這就是自我意識充滿社會的現狀，智性世界被打破了，人們永遠

不知倦怠地鑽研著客體存在，改造著客體，卻置主體功用於不聞不問，這種失去了對人類發展歸宿的真實認識的做法使得整個社會行為如同沙上建築一般膚淺與浮躁。從經濟數據等資料的顯示中，我們完全可以得出一個結論，人類生活的水準已達到了空前的提高，這就意味著人類生存的安全感、保障程度以及自在程度都大大的提高了；但是人們卻絲毫不敢面對這樣一個事實，那就是對自然物質資源的浪費與對精神文明的踐踏程度都到了令人震驚的地步了。每個人身心的危機感與沉重感都是空前的，社會矛盾並沒有因社會收入總量的增加而得以解決，運轉機制反而是愈加沉重！社會中僅留的一些精神財富已被人們踐踏得一片狼藉了。面對著無知的踐踏，人們的目光永遠朝向一個方位——向成果看，就是沒有回頭的勇氣——向後看，向破壞看；因為人類的身後是一場恐怖而慘痛的浪費與踐踏。如果我們能平和地進入，接受這個問題，那麼試問人類歷史是功大於過呢，還是過大於功？這恐怕是任何一個經濟學家都不敢面對的問題。

　　對破壞的破壞，就是建設！生命的建設在當代無法被直接完成，除非將那個破壞生命的自我破壞掉，生命就能顯露出來。當代已經將我的談話逼近到了不容我回避自我的境地了，我怎麼辦？我只能帶領你們正面去遭遇你們的自我。

我現在對自我很恐懼，我開始與它抗爭。我甚至都不敢想到我自己，在與他人談話的時候，開始盡可能地回避使用「我」這個字。

　　放鬆，正面接受你的自我。自我只是你的一個幻影，幻影是什麼？幻影就是本來不存在，但你卻堅持認為它是一個存在的東西。你與一個想像出來的東西戰鬥，你永遠都不可能獲勝。你越是試圖與你的自我戰鬥，你就越是在支持自我的成長。

　　當你識破了一個騙子的所有騙術的時候，這個騙子一定會逃離你。當你認清了自我的一切詭計的時候，自我馬上就會破滅。這就是為什麼自我永遠將自己隱藏在暗處，而不敢走到光明之中的原因，因為當它一旦處身於光明之中，它的一切伎倆都將顯露出來，它那幻影的本性都將顯露出來，它也就再也存活不下去了。所以自我永遠生活在你的暗處，它生活在你很不易察覺的地方，它總是弄一團煙霧將自己罩住。

　　師父的點化、師父的教導，你的覺悟、你的觀照，相對於你的自我而言，它們都是照徹自我的陽光。只要太陽升起來，黑暗就會消失。太陽從來不對黑暗說，你先消失，然後我才能升起來。不，太陽從來不對黑暗這麼說，因為太陽明白，當它升起的那一瞬間，黑暗自動就消失了。自我就是黑暗，覺悟就是陽光。你瞭解你的自我多少，你的自我就消失多少，當你能從整體上能從根本上瞭解了你的自我的時候，它就在這一瞬間全部消失了！——不要對抗，不要恐懼，不要緊張，僅僅需要覺悟就足夠了。

　　你說你經過了一番努力戰勝了你自己，你以為你的挫折、嫉妒、仇恨、憤怒、痛苦、無聊等東西真的在你戰勝了你的自我以後消失了嗎？它們根本沒有消失，它們之所以看起來像消失了，那是因為它們

被你沉入進了潛意識之中了，那是因為它們被你沉入進了你的深處去了——但它們並沒有消失。要想使你的挫折、嫉妒、仇恨、痛苦消失，只有一個途徑，那就是深入地覺悟它，深入地認清它，它們就在你深入地認清它們的當下消失掉。你的自我也是這樣！

禪師們反覆地告訴你：只要保持覺悟，只要保持覺醒——就足夠了。

你的欲望，你的那些目的和目標產生以後，它們需要一個根基來依賴，自我在你的欲望、你的目的和目標產生以後，馬上就隨之產生了。你已經是你的自我很久很久了，它在你看來是你的唯一真實的存在。你早就已經太相信你的自我了，你無法想像當你的自我不存在了以後，你將會怎麼樣存在。

自我是生命的一個幻影，幻影不是你的原初存在，幻影存在於你的存在之後，幻影無法抓住你，幻影無法變成一個障礙，幻影沒有靈魂。你現在為什麼對一個本屬幻影的自我產生如此強大的恐懼呢，以至於你在談話的時候都不敢使用「我」這個字？這是因為你的自我在你看來它太真實了，它太充滿力量了，它太巨大了，你在它面前感覺到你很像一個小孩，而它卻像一個超人，因此你對它產生深深的恐懼，你對它產生近乎本能的對抗。——你在幹什麼？要覺醒，要覺醒到你現在在幹什麼？你現在幹什麼？你要覺醒到為什麼問我我如何才能從恐懼中走出來這句話的深層原因。

自我

　　您有時候對我們說自我以身心作為它的基礎，自我是從身心中產生出來的，是作為身心的延伸物存在的；可您又對我們說，自我先於我們的身心，我們現在的身心是自我泛起的一個浪花，是自我的某一段時間內的一個反映。這裡似乎有一個悖論，請給予解說。

　　你真的認為這兩種情況是對立的嗎？站在你的角度來看我，我是你的客體，你是一個主體；如果站在我的角度來看你，你則成了一個客體，我則成了一個主體。請問這兩種情況哪個正確？

　　站在自我的角度來看我們的身心，我們的身心就是自我的一個反映——在現在這個時間段上的反映；站在身心的角度來看我們的自我，我們的自我則是身心的反映——在現在這個時間段裡的反映。身心可以以無限多種方式來反映它自己——但它永遠保持著是它自己；自我也以無限多種方式來反映它自己——但它在沒有破滅之前，它永遠保持是它自己。

　　身心的所有反映都是自我的反映，自我的所有反映又都是身心的反映——如果你是你的自我的話！如果你的自我已經破滅，那麼，你的所有身心反映都是生命的反映，所有的生命反映都是你的身心反映。——這是生命中宇宙中最深奧的一個奧祕，你們必須去瞭解這個奧祕。

　　你以為你現在的身心才是你唯一的一個身心嗎？你的身心是一個變動，不止是你現在的身心是你的身心，你八歲時候的身心不也是你

的身心嗎？你八十歲的身心不也是你的身心嗎？你八歲的身心是你的自我的一個反映，你現在的身心是你的自我的一個反映，你以後的所有身心都是你的自我的一個反映——如果你是你的自我的話。

什麼是你的身心？讓我來告訴你吧：如果你是你的自我，那麼你的自我在任何一個時間段裡任何一個空間點上所反映出來的事物，就是你的身心！如果你是生命本身，生命在任何一個時間段內任何一個空間點上所反映出來的事物，就是你的身心！如果你的自我不反映了呢？那麼你此時的身心就是你的自我本身。如果生命不反映了呢？那麼你此時的身心就是生命本身。

不要去發揮你們的邏輯想像能力，只要深入到我現在講的每一句話裡。我的語言都是我的實踐的流露，它們不是我的邏輯推演。所以你們也不能用你們的邏輯推演來理解我的語言，它只需要你全然深入就可以被瞭解。

我反對一切未經過自己實踐就說出來的語言，我反對一切透過豐富的想像化生出來的語言。尼采說：你們想尋找哲學嗎？請到我這裡來，你將會發現它，因為我就是哲學。你們想尋找哲學家嗎？請你們走開，這裡只有哲學，這裡你們找不到哲學家。

哲學在哲學家們那裡，它似乎成了一個客觀之物，它與哲學家保持著分離狀態，在哲學家那裡，哲學是哲學，他是他。哲學家與哲學之間只有在想像中、在推導中、在知識中、在思維中發生聯繫，哲學永遠不能澈底地成為哲學家，哲學家永遠不能澈底成為哲學，他們兩者之間永遠保持著分裂，保持著各自的獨立。這樣的哲學是死的哲學，這樣的哲學家是死的哲學家。

尼采以最激烈的方式反對哲學和哲學家之間的獨立和分離，因為尼采發現了：如果哲學和哲學家之間保持著分離，那麼，此時的哲學

就僵死成了一堆玄辯的邏輯、一具發臭的死屍，此時的哲學家就不能被稱之為哲學家了，他此時轉化墮落成了一位學者、一位詭辯家、一位邏輯學家，總之，他不能再被稱之為哲學家。

尼采說：哲學書只能用作者的人生才能寫出來，哲學只能被作者的親身實踐才能寫出來。哲學真正不朽的生命力在於它的主人的豐富而深刻的經驗和實踐——這是所有的真正的哲學的活水源頭。所以尼采說了一句偉大的話：哲學家就是那些擁有深刻而豐富的人生的人，哲學不是關於人生、關於知識的學問，哲學本身就是人生、就是知識。哲學不是關於熱愛智慧的一門學問，哲學就是智慧本身！

我就是智慧，我不是關於對智慧的一切虛假的猜測！我就是生命，而不是關於對生命的一切猜測！我就是開悟，而不是關於對開悟的一切猜測！我就是生命的法則，而不是關於生命法則的一切邏輯推理！我就是尼采所說的哲學，而不是研究哲學問題的哲學家！

怎樣來理解我所說的「如果你是你的自我，那麼你的自我在任何一個時間段裡任何一個空間點上所反映出來的事物，就是你的身心；如果你是生命本身，生命在任何一個時間段內任何一個空間點上所反映出來的事物，就是你的身心。如果你的自我不反映了呢？那麼你此時的身心就是你的自我本身。如果生命不反映了呢？那麼你此時的身心就是生命本身」這段話？這段話不能被你的邏輯澈底理解，它只能被你的實踐所理解！

我無法對這一段話再作出更多的解釋了，我不能給予你們關於這段話的任何答案——因為這段話本身就是這段話的答案！

所有的解釋都是為了不解釋，所有的解釋最終的目的都是為了達到平息解釋。不要以為解釋本身能給你帶來什麼，它無法帶你去任何地方，它只能將你帶到一個不能再被解釋不需要再被解釋的地方去，

如果你能在這個地方向前一躍，整個世界在你眼前都將為之一變，一種從未被你瞭解到的奧祕就會真實地呈現出來。

靈魂：一個非解釋

請您談一下靈魂。

靈魂是整個人類的一個重要話題。無論是唯物主義者，還是唯心主義者，無論是有神論者，還是無神論者，沒有一個人不熱衷於談論靈魂。每個人的潛意識裡都有一個關於靈魂的解釋，都有一個關於靈魂是什麼的回答。

回顧一下前人關於靈魂的定義，有這麼幾種：有一種解釋是，靈魂就是活著的身體——而不是高於身體的某種東西；第二種關於靈魂的解釋是，靈魂就是我們日常經驗的精神和思維；還有一種認識是，靈魂就是你的自我本身；最後一個認識是，靈魂就是生命，靈魂就是存在本身。

這四種關於靈魂的說法必須被瞭解，它們之間有著十分明顯的差別。大體上來說，文學家和藝術家在使用「靈魂」這個詞的時候，指的是活著的身體和有愛有恨有悲有喜的精神；宗教家神學家們在使用「靈魂」這個詞的時候，主要是指自我；開悟者們在使用靈魂這個詞的時候，他們是在指生命，是在指整體的存在。

中國的易學大師們不談論靈魂，他們說沒有靈魂，只有生生不息的生命本身。所以你不會在易學裡找到「靈魂」這個字眼。事實上易學的大師們並不是不瞭解靈魂，他們很瞭解，只是他們將靈魂定義為生命而已。

老子不談論靈魂，他只向你談論生命的法則和特性——道，他只

向你談論如何進入生命殿堂之中而獲得開悟。事實上老子並不是不瞭解靈魂，他很瞭解，只是他將靈魂定義為了生命。

我的發現是：前人在談論靈魂的時候，目的在於如何來瞭解它，如何來認清它；而當代人在談論靈魂的時候，重點則放在它究竟有沒有，是不是應該來信仰這個問題上面。

古人的態度很正確。靈魂不是用來作為雄辯家們的說辭使用的，靈魂不是用來供那些人生的失敗者來作為心靈的慰藉使用的，靈魂只能供用來瞭解自己使用。

當有人告訴你「你就是你的靈魂」的時候，你應該警覺，他此時所說的靈魂指的是什麼，是身體、精神、自我，還是生命呢？

靈魂在每個人的心目中，它是作為人們的歸宿和認同來使用的詞，它是作為每個人心目中的評價來使用的一個詞。當你說，沒有其他靈魂，我的靈魂就是我活著的身體，這是近代唯物主義者所遵奉的靈魂定義。這是在說什麼？這只是在說：我當下的和以後的歸宿就是我的身體，身體是我唯一的神，我的一切行動都是指向它，止於它。

思想家和藝術家們說：我的靈魂就是我的思想和我的知識。他們在說什麼？他們是在說：除了我的思想和我的知識是我的當下和我的未來的起點與終點外——除了我的思想和我的知識以外，不會有第二個神存在，我的思想我的知識就是我唯一的神——我唯一的靈魂。宗教家們說：除了我們的自我是唯一的以外，我們沒有第二個靈魂——我就是我的靈魂。

開悟者說：從來就沒有被稱之為「我」的東西，所有稱之為「我」的東西都是一個錯誤，我們是一個「非我」的存在者。——這是迄今為止人類最難以理解的語言之一。

靈魂就是對「我」的認識，靈魂就是對「我」的定義。你對自己

瞭解有多深，你對靈魂的定義就有多深。靈魂本身是一個不確定詞，靈魂從來就沒有一個約定俗成的定義。靈魂在每個人心目中都是不一樣的。

你對靈魂瞭解多少，你對靈魂思考了多少，就表明你對自己瞭解多少，就表明你對自己深思多少。你對靈魂觀察了多少，洞見了多少，就表明你對自己觀察了多少，洞見了多少。

你對靈魂的定義和理解就是你對自己的定義和理解，它是你智慧的直接反映，它是你對你的存在的意義和價值——如果有的話——的認識的直接反映。

為什麼靈魂這個東西對每個人來講都顯得那麼的重要？那是因為「我」對自己來講顯得重要。我要明白在我內部的那個像主人一樣的東西是誰，我要為我的奮鬥、拚搏、愛恨等找出一個賦予其意義和價值的主人，我要明白我最終在為誰而活，在為誰服務。靈魂就是在這樣的一個前提下出現在每個人的心目中的，靈魂就是在這樣的情況下對我們每個人都顯得那麼的重要。

我發現無論是那些信仰靈魂只有一世的所謂無神論者，還是那些信仰靈魂有很多世的所謂有神論者，他們都會在自己的信仰裡產生不安和憂慮，每個人都有這種不安和憂慮。為什麼？這表示人們對自己的洞見不深——不認識自己這件事在世間一再一再地發生。

如果我認為我的靈魂只有今生一世，以後再也不會有了，這會使我產生一種很深的空虛感和被挫敗的感覺。我這麼努力，這麼艱苦地聚積財富、金錢、權力、名譽等，但這一切都將會在我的肉體死亡的同時隨之消失。那麼我為什麼要在人生裡這麼努力？我為什麼要在人生裡這麼艱苦地奮鬥？為什麼？人生太無聊了，人生太空虛了，一切的一切馬上就要消失，只要你靜靜地思考一下，你的一切——無論是

努力還是懈怠，無論是建設還是破壞，你的一切馬上就要消失了？

那些認為我的靈魂不只有一生，而是有很多生，以前已經有很多生很多世了，以後還有很多生很多世，這會比那些相信靈魂只有一生的人更讓自己消受不了。只要想一下：你現在所經歷的一切在此之前已經被經歷無數次了，你現在的成功已經在此之前被經歷了無數次了，你現在的失敗已經在此之前被經歷了無數次了，一切的一切在以前都被重複過了千百萬次，以後還要被重複千百萬次——重複！千百萬次的重複！——沒有任何差別，只是一生又一生的重複，只是一次又一次的再被經歷，天啊！只要去想一下，它就足以使每個人馬上爆炸，它就足以使每個人馬上崩潰！

以前的人們基本上都信奉人可以有很多生很多世，現代的人們基本上都信奉人只有一生一世，此生此世消失了以後，就是自己的永遠消失。現代人認為我們對靈魂的認識正在提高，認為現代的一生一世的認識才是正確的，以前的多生多世的認識是極其愚蠢的。

在我看來，這兩種對靈魂的認識沒有一點差別——現代人認為的自己只有一生一世正是對過去的多生多世的信奉的叛逆，是從一個極端走到了另一個極端，可這兩極都是處在同一個水平線上，並沒有出現這一極比它的對立面另一極高出多少，它們是同一枚硬幣的兩面。

只要想一下，自己永遠生活在這個充滿痛苦的世界裡，一生又一生，一世又一世地延伸下去，只要想一下就能使任何一位意志堅強的人馬上發瘋。

尼采到了中年以後就開始了對靈魂的思考，他比一般人看到的稍微深一層次：他看到了自我的永恆性。尼采的一生只走到自我的核心這一步，他一生都沒能突破自我的範圍。由於他對自己的透視比一般人要深刻得多，他看到的自我比一般人要清晰得多——因為自我總是

隱藏在暗處，那些對自己反觀能力弱的人是很難看清楚他和別人的自我的，尼采看到了他和別人的自我有某種超出當下這個身心的範圍的一些特性，因此，很自然地，他驚奇地發現了自我似乎有重複它自己的功能——透過一生又一生一世又一世來重複它自己。尼采基於此提出了「永恆輪迴」的觀點：一次又一次你去了又來了，一次又一次你被生下來又死了，一次又一次你成功了又失敗了，一次又一次你在重複著被你已經重複了千百萬次的事情。

尼采被他的這個發現震驚了！就連像尼采這樣一位擁有無比堅強意志的人在「永恆輪迴」面前也顯得無可奈何，他在他的「永恆輪迴」面前看不到任何一點新的希望。一位看不到一點新的希望的人會怎麼樣呢？對，他只能絕望，他只能發瘋！尼采別無選擇，尼采最後被他的那個巨大的自我摧毀了，吞噬了！

尼采不是第一位被他自己發現出來的自我嚇死的人，尼采不是第一位在他發現的自我面前發瘋的人，在他之前已經有數不勝數的人發生了和尼采一樣的情況和結局，在尼采之後，仍然有一代又一代的人們必定會經歷到尼采所經歷過的情況。

怎麼辦？要麼我們發瘋，要麼我們擊破我們的自我——可作為我們的生活和人生的唯一主人的自我從來不甘心被它自己擊破！自我必定會耍花招，當它被那些智者發現並向世人公佈開來以後，它一定會再度建築或創造出一些新的迷霧來隱藏它自己。於是有一種新的思想被創造了出來，於是一種新的觀念被創造了出來：這就是我們現在所信奉的靈魂只有一生一世的思想和觀念！

自我以前在人們放鬆了對它的抗爭的情況下，它還比較真實地向人們顯露它自己——人們自覺地普遍地信奉多生多世就是自我對它自己比較真實的坦露。當人們在幾千年以後開始厭倦這種無休無止的生

生死死的現象以後，當人們開始與自我對抗了以後，自我馬上發現它對人類坦露得太多了，坦露得太久了，以至於它的過多坦露給它自己的存在構成了威脅，自我開始覺得它需要更進一步地隱藏它自己；於是人們開始認為我們以前的多生多世的信奉是錯的，我們發現不了我們有什麼東西在死後仍然存在——一生一世的信奉產生了，流行了，普及了。

我們發現不了自我，並不證明我們的自我消失了，事實上它潛藏得更深了，它更加狡猾了，也更加猖狂了。

一生一世的思潮從本質上來看，它並不是對多生多世的反對——它只是從外觀上看起來似乎是對多生多世的反對。一生一世是硬幣的正面，多生多世是硬幣的反面，硬幣就是你的自我，它以很多個面孔出現，但無論它有多少個面孔，它在本質上永遠保持就是它自己。

我們文明裡的一個基本的矛盾就是自我與生命之間的矛盾。每當一個開悟的文明出現以後，自我馬上就會以一副新的面孔出現。因為開悟的文明能消滅自我，自我要想保存它自己，它就必須重新給自己畫一次妝，而最好的畫妝、最好的隱藏自己的方法就是穿上開悟的外衣並將這個開悟的文明的精髓抽走。如果自我在開悟的文明面前仍然保持它原來的那副面孔，它將無法存活，因為人們能夠借助開悟的文明展示出來的巨大智慧將整個自我置於其光明照耀之下，自我——原來的自我就會被智慧連根摧毀，此時自我不得不再耍詭計，將自己再次妝扮一下，它才能走到人們的生活和人生之中去。

有一個故事說：

一個小鬼急急忙忙地走到它的主人魔王那裡去報告說：大王，不好了，有一個名叫喬達摩·悉達多的人在菩提樹下成道了，而且他還在很短的時間裡使很多人都開悟了，我們失去了一大批同志和追隨

者，我們的整個生意都要泡湯了，我們的魔宮很快就要被連根摧毀，快一點，大王，我們必須做點什麼，我們必須想出一個妙計來對付那個叫釋迦牟尼的傢伙。

不用著急，我親愛的朋友，魔王說，你說得對，我們必須做點什麼。難道你沒有聽說你的兄弟們已經出發了嗎？他們已經上路了，但你不會想到你的兄弟們將去哪裡，他們是去佛陀那裡，他們到佛陀那裡以後，會冒充是他的弟子，會吃他的飯，穿他的衣，會住他的房子並模仿他來說話。一旦佛陀去世了以後，他的地盤就是我們的了，以後我們再也不需要住在黑暗之中，而是借助佛陀的地盤光明正大地活動，由於我們穿的是佛陀的衣服，語言上也模仿他的，因此我們日後無論走到哪裡都會受到人們的熱情接待。我們就可以在那時廣收我們的門徒，將人們都引導到我們的魔宮裡去。親愛的朋友，魔王繼續說道，這不是我們的災難，現在的情況只是暫時的，只要佛陀一去世，我們的日子就會比以前好過得多，藉助佛陀去世，我們就再也不用在黑暗的地宮裡生活了，我們就可以升到地面上去了，由於我們穿的是開悟者的衣服，說的是他們的語言，這樣誰也發現不了我們的真面目。

魔王就是你們的自我。每一位開悟者的身後都跟隨著一大批魔王，一旦這位開悟者去世了，他所留下來的語言和行為馬上就會成為魔王們的外衣，他的語言、他的教導、他開創的文明馬上就會被魔王們占據：自我就是以這樣的方式來不斷重新妝扮著自己的，自我就是以這樣的方式來保存它自己的，自我就是以這樣的方式來發展它自己，來壯大它自己的。

這就是為什麼所有的開悟者都以各式各樣的方式在反對他們以前的開悟者的言行的原因。穆罕默德、老子、釋迦牟尼、慧能……他們都在以各自的方式反對他們的傳統，他們都在以各自的方式反對他們

以前的開悟者的言行。

他們不能不反對，因為跟在釋迦牟尼身後的那個佛教、那個佛學體系基本上都是由自我構成的，基本上是作為釋迦牟尼開悟文明的微妙的破壞者出現的，其他的開悟者所開創出來的開悟文明的結局和佛教一樣。

被歷史保存下來的開悟文明，我又叫它為生命文明，就在它的開創者去世之後甚至就在它的開創者在世的時候，它的形式、它的一切語言看起來似乎一點都沒有被改變，但它內在的主人卻被換掉了。房子還在，但房子裡的主人卻不在了，新的主人住了進來。開悟者所開創的開悟文明的軀殼一直被保留著，開悟文明的形式一直被保存著，那個主人——開悟者一旦去世了，就會有一個新主人——自我馬上入侵進來，自我就會以最快的速度住進開悟者所開創的那個形式裡、那個語言體系裡。

開悟者永遠不會反對他之前的開悟者，但他會反對他之前的開悟者所開創的形式和語言體系。後來的開悟者為什麼要這樣做？那是因為你的自我就隱藏在以前的那些開悟者所開創的形式裡和語言體系裡，他不是在試圖摧毀他以前的開悟者，他是在試圖摧毀那些穿著以前的開悟者的體系的外衣的自我——你的自我！

雖說宗教的存在是顯示生命文化的一種必需，但傳統的佛學與佛教已從實質上遠離了佛性，成了一個昭示佛法的幌子，在無奈的飄搖中仰乞著信徒們的恩惠與功德，並在這其中出售一些無關痛癢的精神寄託與苦難的麻醉工作。佛教將諸佛高抬於廟堂之上，終日頂禮膜拜，虔誠至極，卻從未曾得到過生命與佛性的任何啟示。這是一場戲劇，抑或是一場悲劇。

你們很有福分，因為你們此時接受的是真正的我，你們接受的是

那個還沒有來得及變質的源頭。但這個源頭很快就會變質，這個源頭很快就會被攪渾，成為一條含豐富泥沙的黃河！你們是直接能飲食到那個源頭之水的人。但是你們將會變成我的敵人，你們將會以我的朋友、我的知音、我的弟子的身分來扮演那個敵人的身分，因為我能十分清楚地看到你們的自我正在走近我，你們的自我正在暗處找機會，一旦我的語言、我的教導、我的方式、我的一切游離出我的範圍以後，一旦被你們帶向別處以後，它們馬上就會被你們的自我入侵，你們的自我馬上就成為我的這所房子的新主人。「堡壘從內部才能徹底被摧毀」，你們的自我會馬上將我作為它的外衣，作為它的形象，作為它的營養，作為它的盾牌，作為它壯大和發展的路！

這是一定的，沒有哪一位開悟者能夠在他的死後避免「自我意識」的入侵，我也不能。沒有哪一位開悟者所開創的生命文明能在開悟者不在的時候避免那些幾乎無孔不入的入侵和占據，我也不可避免。

唯一的方法，只能是在我之後再來一個開悟者將跟隨於我身後的那些自我摧毀。從表面上看，他似乎是我的頭號對手、頭號敵人，只有我和他的內心明白，其實我們是朋友。

兩者都不是

　　我是一名宗教徒，以前我信奉道教，現在我改信了佛教。這幾年來，我讀過不少關於佛教和道教的書籍，也讀過其他一些宗教流派的書籍。在閱讀這些書籍的時候，我有一種很深的寧靜、超脫和喜悅，這也正是我能虔誠地信奉宗教的一個主要原因。可當我面對現實的時候，我就會處在一個充滿了矛盾、無聊、困惑、仇殺、無奈的境況裡，有時候甚至想到了自殺，但我又擔心我死後萬一不能進入宗教所講的那種天堂天國裡。請問我應該怎麼辦？如何才能將現實轉化成為天堂和極樂世界？如何才能將天堂或極樂世界轉化成為現實生活？

　　現實生活中的確充滿了仇殺、無聊和各種痛苦無奈，現實生活中的確充滿了各式各樣的缺憾和失落。怎麼辦？不僅你一個人會問起這個問題，所有的人都會問起這個問題。

　　宗教是什麼？它就是自我意識的延伸，它是這個世界的安慰劑，沒有它，這個世界中的人們將更難以生活下去，宗教是這個充滿了苦難的世界的麻醉劑。

　　無論你到任何一個教堂或寺廟之中，你一定能發現那裡的老人比小孩多，那裡的女人比男人多，那裡的男人和女人的比例至少是1：3，甚至能達到1：10，1：100，這種現象很值得重視！

　　每個人對這個世界都充滿了野心，每個人都想要成為這個世界裡的王，每個人都想在這個世界裡成為主人。可這個世界太小了，它不可能使每個人都能有機會來實現他們的野心，它只能使一小部分人

的野心被實現，而且還只是讓他們的野心實現一小部分。那些實現不了的野心怎麼辦呢？那些不能實現野心的人怎麼辦呢？他們一定不甘心，他們一定要跟那些野心實現了的人——哪怕野心只是被實現了一小部分的人抗爭，即使抗爭了，失敗的可能性還是遠遠大於成功的可能性。怎麼辦？社會開始思考。社會發現，要想使人們的野心全部都在這個世界裡被實現，那顯然是不可能的——這個人類所處的世界是這麼的小，人類所生活的這個地球是如此的小，就想出了一個辦法：將人們的野心引導到另一個世界裡去——另一個想像的世界裡去，在那裡，你的所有野心都可以被實現，因為它只是一個想像出來的世界！

　　社會不可能直接去創造一個想像中的世界用來滿足你們那無休無止無窮無盡的欲望和野心，就需要找來一些它的代言人。於是那些宗教家、宗教哲學家、宗教思想家、宗教文學家、宗教狂想家、宗教理論家們被社會產生了出來，這些人使用邏輯，使用誘惑，使用逼迫，使用虛假的慈悲、虛假的博愛，他們使用一切可以被使用的方法將人們帶領到「另外一個更美好的世界」裡，完成社會交給他們的任務，他們這些人在完成社會交給他們的這個任務以後，還順勢享用社會中的一些權力、地位和榮譽。——真是一舉兩得的好事。

　　宗教在人類社會中從來就沒有消失過，它幾乎伴隨著人類所走過的每一段歷史。為什麼？因為你們需要宗教。世間所有的事物只有當人們真正需要它們的時候，它們才能存在。世間沒有一個事物是在人們根本就不需要的時候而仍然能存在的。從表面來看，人們一直都在反對宗教，如果你從本質上來看，整個人類其實是在支持宗教的。

　　自我——對不起，請允許我再次提到這一個詞——永遠無法被滿足，自我總是在你的背後告訴你說：你只要再向前努力一點，我就被

滿足了！

事實上，那是一個假相，自我永遠不可能被真正滿足。

人類為什麼非得要去月球，我們有幾千年幾萬年都沒有上過月球，我們不是過得很好嗎？幹嘛花那麼大的代價非得去月球？為了科研的需要，為了探索宇宙的奧祕，為了給人類的未來尋找一個新的家園，為了尋找人類新的能量來源，為了……你真的相信這些連篇鬼話嗎？他們最根本的目的是在滿足自己的欲望！他們最根本的目的是在滿足自己的野心！他們最根本的目的是在滿足他們的自我！自我說：去，去征服它，去征服那個高高在上的月亮，它懸在我們頭頂的時間太長了，我早就受夠了它那無拘無束的神情了；去，你們把我帶上去，我要將它置於我的掌握之中，我要讓它被我踩在腳下，我應該成為它的主人！

即使你把月亮征服了，即使你把喜馬拉雅山征服了，但你距離征服太陽，距離征服整個宇宙還很遠。但你永遠想不到來征服你自己！因為當你將自己征服了以後，你的自我就破滅了——自我怎麼可能將它自己摧毀呢？自我怎麼可能將它自己征服呢？

征服是自我的食物，自我依靠一個又一個征服來生存，來成長，來發展它自己！征服什麼它是不需要知道的，征服什麼對自我來說無所謂，自我只需要你不斷去完成征服就可以了：人類的野心就是這樣日益龐大的。

可是我們的身體和五官太有限了，我們的生活範圍太有限了，我們的人生範圍太有限了，我們所處的時空太有限了，我們生存的這個地球太有限了，有無數個有限束縛著我們，我們在這麼多有限的束縛下不可能全部實現自我那無休無止、無窮無盡的征服欲和要成為一切、要占有一切的野心，怎麼辦？自我需要有一個空間來實現它自己，

來滿足它自己。——自我找到了，它找到了一個非常好的工具來實現它的所有征服欲和所有的野心，那就是我們大腦的無限想像的能力。

透過大腦無限構想的能力，透過所有的開悟者那些精妙的教導和啟迪，自我開創了一個可以滿足它的所有欲望所有野心的世界——一個被稱之為「彼岸」的世界！

無論古今，無論東方還是西方，所有的宗教都在談論著一個美妙的彼岸世界。這個彼岸世界美妙到什麼地步呢？你想它有多麼美妙，它就有多麼美妙！

只要你深入地看一看宗教所描繪的彼岸世界，你一定會發現那裡所有的東西都是你們在此世此地百求不得的東西。這絕對不是一種巧合，這是一種必然！怎麼可能這麼巧合？凡是你在此岸世界得不到的東西，而又正好在那個彼岸世界可以唾手可得，在那個彼岸世界得到這個東西的容易程度簡直令人難以想像。宗教說：凡是你在此岸世界難以獲得的，在那個彼岸世界裡立即可以得到，容易到只要你輕輕地坐在那裡想一下！

我們有一個錯覺說：那些宗教裡的聖人們都是一些沒有野心的人，都是一些隨時準備放棄征服欲望的人，都是一些沒有自我的人。錯了，他們的野心比什麼人都大，他們的征服欲望比什麼人都強烈，他們的自我比什麼人都要龐大；只是他們將他們的野心、征服欲和他們的自我移到了「另外一個世界」裡去了，他們要讓他們的野心、征服欲和他們的自我在那個「彼岸世界」裡得到實現！——他們是這個世界上生活過的靈魂最醜陋的人！

此岸世界就是彼岸世界的源頭和根基，彼岸世界就是此岸世界的源頭和根基。這兩個世界是一枚硬幣的正面和反面，這兩個世界是長江的南岸和北岸，在中間流動的正是那個自我。

　　此岸世界是一場永遠難以結束的夢幻，因為在這個世界裡到處活動的自我本身就是一個夢幻，因此它給接觸過的所有的事物都打上了一層濃濃的虛幻的色彩。彼岸世界同樣是一場永遠難以結束的夢幻，因為開創那個世界的主人——自我本身就是一個夢幻，毫無例外地，它也給那個彼岸世界打上了一層濃濃的虛幻色彩。

　　由於我們生活的這個此岸世界裡有一些具體的物質和具體的人，儘管他們都被自我打上了一層濃濃的虛幻色彩，但由於這些物質和人本身是真實的，所以此岸世界無論它看起來有多麼虛幻，但它畢竟還包含著三分真實在裡面。由於彼岸世界純屬自我的化現，純屬大腦的構想，所以它連一分真實也難以找到——你最多可以透過彼岸世界對你的自我、對你的大腦、對你的思維有一個更加透澈、更加明瞭的認識，對你的自我、對整個人類的自我的運作方式和運作規律有一個更加透澈、更加明瞭的認識！

　　每個人都潛含有宗教的本性，因為每個人都潛含有一個「真實的」自我。只要你的自我存在，你就有隨時滑入宗教裡的可能性。當你在這個世界上遭受到一次又一次的澈底挫敗以後，當你感覺到你在這個世界上已經沒有了一個立錐之地了以後，當你發現你無論在這個世界上怎麼奮鬥都不能使你的人生和生活得到一點意義和價值這一點以後，當你對這個世界上到處充滿仇殺、憤恨、絕情、冷酷、競爭、無聊、空虛等感到實在厭煩了以後，當你對你的生老病死無可奈何的時候，當你面對你死亡以後不知將要去到何處的時候，當你對生活感到很累的時候，當你受到誘惑的時候……你能怎麼辦？你唯一的選擇只能是進入宗教之中，成為它的一名虔誠的教徒。

　　所有的宗教都在談論信仰，沒有一個宗教流派不在談論信仰，只有中國的禪宗是一個例外，因為禪宗就其核心來講，它不是一個宗

教流派，它是一個由一代又一代開悟者組成的教導傳承系統。為什麼宗教那麼注重信仰，並且把信仰看成了它的命根子？因為所謂的彼岸世界只是一個想像，只是自我的一個幻想——面對一個幻想，它怎麼樣才能在你面前存在呢？唯一的方法只能是你對它信仰。信仰的意思就是：無論你想像出來的這個東西多麼虛幻多麼荒誕，你都要對它說「是」。

人不屬於此岸世界——凡塵世界，也不屬於宗教所展現出來的那個彼岸世界，人是超越於兩者的一個存在。

我的發現是：那些回避彼岸世界而投身於此岸世界的人，他們並不是什麼擁有多高覺悟的人，他們所以反對那個彼岸世界，他們之所以不信奉那個彼岸世界，那是因為他們錯覺地認為他們在此世此地此生的此岸世界裡就可以實現他們的一切欲望、一切野心、一切價值、一切意義，因此他們覺得不需要有一個什麼所謂的彼岸世界介入到他們的生活和人生之中。這種人大多屬於年輕人，或思想仍然屬於年輕狀態的人。

那些回避此岸世界並嚮往彼岸世界的人，這本身並不能證明你比別人的覺悟高多少，你和那些信奉此岸世界的人們處在同一個檔次裡。當投身於彼岸世界的時候，你基本上是一個理想主義者；當投身於此岸世界的時候，你基本上是一個理性主義者、一個邏輯主義者。現在你投身於彼岸世界的時候，你基本上是一個非理性主義者，一個非邏輯主義者——主張想像和聯想！這些差別只是從外觀上看來才有，如果你深入到你的內部來看你的話，你還是原來的你，你並沒有和以前有什麼差別，所不同的是：你對此世此地的欲望和野心本身並沒有變化！

你說你投身於宗教書籍和宗教教理的時候，身心裡有一種超脫和

喜悅。這種超脫感和這種喜悅感無論看起來多麼真實，但它畢竟是一場夢幻——一個深深的夢幻，一個深深的催眠！你會發現你越是深入地進入宗教中，你就越是能感受到一種身心的超脫和喜悅，最後你能被宗教帶給你的這種超脫和喜悅所陶醉！這就是為什麼人們在墮入宗教裡的時候比較容易，而再從宗教裡跳出來則非常困難的原因，因為彼岸世界是自我做出來的比此岸世界更深的一場夢。自我很難從它自身裡走出來。

　　無論投身於彼岸世界的信教徒，還是掙扎在此岸世界求生存求發展的人們，沒有一個不感覺到我們身處的這個人類世界是一個無際的苦海，社會是一個苦海，人生是一個苦海——每個人對此都有切身的感受。

　　苦海不是一個客觀存在物，苦海只有在人類的自我意識出現以後才出現，所有的苦海都不能先於我們的存在而存在。我們身處的苦海是我們內在精神世界的外化，是我們的自我的外化。自我的根本特性就是苦海，就是地獄！自我是苦海——除此之外沒有苦海，自我是地獄——除此之外沒有地獄。

　　你的自我，我的自我，他的自我，在這個世間組成了一個無邊無際的自我之網，組成了一個自我森林，組成了一個自我之海，這就是苦海，除非你的自我澈底被破除掉，不然，你永遠不可能從這個苦海中跳出來。釋迦牟尼反覆地對你們說：唯有解脫，不然你將永遠受苦，不僅你以前已經經受了無盡的痛苦，現在正在承受著各式各樣的痛苦煎熬，你以後還要經受無休無止的痛苦折磨——除非你獲得了解脫。

　　什麼是解？解就是你從人間的這個自我大網中將你的結鬆開。什麼是脫？脫就是你從你的自我裡跳出來。你的自我是一個蛋殼，只有打碎它，你才能從中跳出來。

人類幾乎所有的宗教——至少人類的幾個大的宗教，都一直高舉著使你獲得從苦海中解脫的大旗。我告訴你們，「解脫」這個詞不是宗教的首創，這個詞來源於那些大開悟者對人們的教導，宗教只是從這些寶貴的生命教導中沿用了這個詞。宗教中大部分所謂的解脫者對開悟者所指的解脫都是些曲解和誤用。二者根本不是一回事。開悟者所說的解脫全部指向你的內在的深處，生命的深處；宗教所說的解脫全部指向你的外在，你的神的垂憐拯救。開悟者所說的解脫歸根於生命，宗教所說的解脫歸根於自我和想像。

　　你擔心你自殺或死後不能進入彼岸世界，這種擔心不僅你有，它在所有的信奉彼岸拯救的人那裡都存在著。道理很簡單，因為你時刻都感覺到你進入此岸世界——你周遭的這個凡塵世界都十分困難，都毫無把握，你當然對你能否進入到那個虛幻的彼岸世界也沒有必然的把握。

　　你越是對一個東西沒有把握，對它就會越產生恐懼，這是一個必然的事情。你對你能否進入那個彼岸世界沒有把握，怎麼辦呢？

　　只有兩個選擇：一種是你放棄對那個彼岸世界的嚮往——既然沒有必然的把握了，幹嘛下那麼多精力和感情呢；再一種選擇就是投入更大的精力和感情去信奉它。

　　你的錯覺告訴你說：只要你能再多下一些功夫，再多投入一些精力和時間，你進入那個彼岸世界的把握性就越大。一個惡性循環就此誕生了。這是宗教給它的信徒們設立的最大的一個圈套：信仰得越深，你就越有進入彼岸世界去生活的把握；你信仰得越深，你獲得拯救的希望越大。

　　我的發現是：選擇眼前的此岸世界來生活的人相比較於那些選擇迷信中的彼岸世界來生活的人更容易獲得開悟，他們的開悟的可能性

最大，他們最容易接受明師的點化而進入開悟。這類人的自我一般來講都不是太強大與堅固，儘管他們的自我也時刻在向外擴張，向外擴張它的生存空間，向外實現它欲占據其他事物的野心，但這個野心和征服欲並不十分強烈，並不十分強大。擁有這樣的一個自我的人的內部並沒有被他的自我完全充滿，他的內部還很鬆動，他的內部還有一些空隙，他的內部的自我還猶如一個嬰兒般軟弱，所以這樣的人不去選擇彼岸世界——沒那個必要，此時此地的此岸世界就足夠了。因此這樣的人無論在什麼情況下都是最容易獲得開悟的。

那些宗教徒最難獲得開悟，那些信奉彼岸世界的人最難獲得開悟，因為他們投身彼岸世界那個行為本身就說明了他們的自我已經十分強大了，強大到此岸世界已經容納不下他們的自我了，他的自我還要向此岸世界以外的地方擴張。——彼岸世界正是自我對此岸世界向外擴張的部分。

不知道你們有沒有發現，世界上被人類創造出來的神靈，保守一點說吧，至少有一萬個。這一萬個神靈後面，每一個神靈後面，都跟著不下一萬個信仰者。如果你到一位信仰者面前去說一些對他們信奉的神靈不尊敬的話，這些信仰者馬上會和你反目為仇，他們馬上會將你視為他們的敵人，他們會認為你給了他們巨大的傷害。宗教不是慈悲的，所有的宗教只有當你還沒有傷害它們之前，它們才會看起來似乎是慈悲的。當你一旦以某種方式傷害了宗教，甚至你對宗教什麼也沒有做，僅僅是它們認為你傷害了它們，僅僅是它們認為你似乎將要來傷害它們，宗教馬上就會給予你最嚴厲的懲罰——只要看一看被燒死在鮮花廣場上的那位可憐的布魯諾，你就能清楚地看到宗教所謂的慈悲、所謂的博愛是多麼的有限！

為什麼當你對一位信仰者只說了一句對他所信奉的那個神靈不太

崇敬的話，你馬上就會受到他的回報，他的攻擊？為什麼？甚至他所信奉的那個「神靈」都沒有發怒，都沒有對你做出惡意的行為，而那位信奉者卻首先暴跳了起來。

不，你沒有傷害神靈，你事實上傷害的是那位神靈的信奉者。一個神靈不是什麼，它只是那位信神者的自我，所有的信神者的自我都轉化成了他所信奉的神靈。信神者的自我以前是以人的特性存在的，當他成了一位信神者以後，他的自我就開始以他所信奉的那個神的特性存在了：同一個自我，不同的存在形式，不同的存在特性，不同的顯露方式，不同的運作方式。

當一位信仰者深入他的宗教體系之中足夠深的時候，當一位信仰者深入到他的那個神靈之中足夠深的時候，他們就會在夢中、在幻覺中、在直覺中、在冥想之中，發現那個神靈越來越真切，和他有了越來越深入的聯繫。

為什麼一個純屬虛幻的神靈會在它的信奉者們的心目中看起來顯得那麼活生生的存在？不為什麼，就是因為那個信奉者本身，就是因為那個信奉者的自我，那個神靈不是什麼，它只是它的信奉者的自我！

創造神靈的主體是自我，信奉神靈的主體也是自我；創造神靈拯救論的主體是自我，被神靈拯救的主體還是自我。這一切只不過是自我跟它自己玩的一個把戲，是它自己發展自己、自己壯大自己、自己蛻變自己、自己隱藏自己的一種技巧、一種手段！

我們一直被教導說：釋迦牟尼是佛教的創始人，穆罕默德是伊斯蘭教的創始人，耶穌是基督教的創始人，老子是道家的創始人。我的發現是：他們全部不是宗教的創始人，這些人全部是生命文明的開創者，但他們絕對不是宗教文化的開創者。宗教是他們的追隨者所開創

的，宗教是那些自我主義者們以他們的名義開創的。這些人不是宗教的開創者，事情正好相反，他們都是被宗教謀殺了，他們都無一例外地被宗教摧毀了。

有一個故事是這樣的：

老子的確很老了，他已經離開中原足足有好幾百年了，他比當年騎著青牛離開中原西渡函谷關去雲遊的時候，顯得蒼老了很多。他有點想回家，落葉歸根嘛，誰在老年以後不想家呢？於是，老子決定回來看一看，看一看中原的情況，還像他離開的時候那樣國民動盪嗎？老子一路上看到人們都在談論他和他的道，他感覺很高興，他所發現的生命真理、宇宙真理終於得到了弘揚，於是老子很高興地向前走。

很晚了，老子又餓又困，他進到一處供奉著他的塑像的房子裡，對房子裡的幾個人說：我就是你們供奉的那個人，我現在又餓又困，想在這裡借住一宿，明天就走。

可沒有一個人願意相信這個人就是那位失蹤了幾百年的老子，他們無論如何也找不出這位老人與自己心目中的老子有什麼相似之處。因此，沒有人願意收留老子，一直認為他是一個騙子。老子從一個地方走到另一個地方，各地的情況都一樣，各地人對他的態度也都一樣——沒有一個人願意收留他。

在萬般無奈之下，老子只好又騎著他那頭忠實的青牛再次西出函谷關了。

這不僅是老子的待遇，這是所有的生命文明開創者共有的待遇。

信奉一位開悟者是容易的，崇拜一位開悟者是容易的，但如果讓你去跟隨一位開悟者，甚至讓你進入一位開悟者則十分困難，因為選擇跟隨一位開悟者，進入一位開悟者就意味著選擇死亡、進入死亡——自我的死亡，自我怎麼可能去選擇它的死亡呢？自我可以選擇來

讓你的肉體死亡，自我可以選擇來讓你的精神死亡，但自我從來不會選擇來讓它自己死亡。

耶穌必須死亡，他一定要在十字架上消失，因為他的存在令所有的人不安，他的存在會令所有自我深深的不安。對自我來講，這個叫做耶穌的傢伙太可怕了，從他的身上時刻噴射出來的火焰能殺死每個人的自我。自我說：在我沒有被他幹掉之前，我必須先將他幹掉。

耶穌的存在甚至對他最親近的門徒來說也是一個深深的不安，耶穌的存在給他的門徒也造成了深深的恐懼感。因為門徒們與耶穌靠得比其他人更近，所以他們產生的不安和恐懼的感覺也就更強烈，因此想摧毀耶穌的欲望也就最迫切、最強烈。第一個想幹掉耶穌的人就是他的門徒——猶大。

我本人既不屬於此岸世界，也不屬於那個彼岸世界，我兩者都不是。當我說「我不屬於此岸世界」的意思是：我現在的根不在這個此岸世界，你在此岸世界裡找不到我的根，同樣的，你在那個彼岸世界裡也找不到我的根，因為我的根也不在那裡；我的根深深地深入到生命裡！但我不回避此岸世界，我也不回避那個彼岸世界，我可以讓自己在這兩個世界的任何一個領域內暢遊，但我從不使自己屬於任何一個領域。我和生命是一體的，生命是那樣的博大和深幽，我怎麼可能將它縮減入某一個十分有限的領域裡呢！

我是徹底敞開的，我隨時準備讓任何人來分享我的智慧、我的開悟和我對內朝聖的經歷。在我的內心裡沒有恐懼，沒有對抗，所以我不害怕任何人和任何一個世界。我不像那些選擇了此岸世界而去反對彼岸世界，或選擇彼岸世界而去反對此岸世界的人那樣，我沒有理由只喜歡一個世界而又去反對另一個世界。反對這個事物就表明你在懼怕這個事物，因為你懼怕這個事物可能會傷害到你，你此時才會對這

個事物產生抗爭和懼怕。

　　有一個聖人到處向他人聲稱他是一位真正的禁欲主義者，可是他周圍的人沒有一個相信他是一個禁欲主義者，因為他們經常看到這個人出入這個城市最大的一個紅燈區，並時常於半夜裡將一些不三不四的女人帶回來過夜。

　　他身邊的大弟子有一天終於忍不住了，對他說：師父，請你以後再也不要四處宣稱你是一位真正的禁欲主義者了，我聽到有很多人都在你的背後嘲笑你，說你是一個偽君子，不是一位真誠的聖者。求求你了，請你以後再也不要如此宣稱了。

　　聖者說：不，你們沒有一個人能夠理解我，在我看來，天下沒有一個人是真正的禁欲主義者——除了我，我是天下唯一的一位真正的禁欲者。所有的欲望都從我身上和心裡消失了，一種光明和智慧從我的存在深處湧現。這種光明和智慧是那麼地深邃，是那麼地不能干擾它不能玷汙它，倫理道德不能干擾它不能玷汙它，女人和性同樣也不能干擾它不能玷汙它，你說，我算不算是一位真正的禁欲主義者？

　　此岸的紅塵世界占有不了我，干擾不了我；彼岸的天國世界也占有不了我，也干擾不了我。透過我而存在的生命可以穿透一切，它又可以超越一切，沒有什麼東西可以真正地干擾生命，也沒有什麼東西可以真正地摧毀生命，所以我不在乎什麼此岸世界、什麼彼岸世界，我可以十分悠遊地涉入這兩者，但我保持著不受這兩者的迷惑！

　　此岸世界裡的痛苦和煩惱，彼岸世界裡的寧靜和虛幻，它們都只能占據你很淺的一個層次，它們只是你很淺表的一些層次的外在顯化，它們是一些沒有根基的浮萍，它們都是一些紙做的老虎，它們無法深入到你的最深層，它們無法去干擾你的最深層，它們無法玷汙你的最深層。當你只屬於你的最深層而不屬於你的淺表層時，你自然

就不會懼怕此岸世界，也不會懼怕什麼彼岸世界，你穿透這兩者而存在！──此時你就會自然而然地成了一位真正的禁欲主義者了。

一點金錢就把你摧毀了，一點小小的性挑逗、一點小小的紅塵陷阱、一點小小的彼岸誘惑就把你統治了，就把你擊倒了，那說明你也太膚淺了吧！那說明你也太缺少深度和力度了吧！這說明你還在欲望中，你還在你的自我中。你以為你真的是被那些金錢擊倒的嗎？根本不是，你是被你內在的金錢欲望擊倒的。你以為你真的是被那個性挑逗擊倒的嗎？根本不是，你是被你內在的性欲擊倒的。嚴格地說來，外界不可能有任何一個東西能擊中你、擊倒你、擊碎你，包括你的身體的老化和死亡也不能，真正將你擊中、擊倒、擊碎的全部都來自於你的內部：永遠都是自己擊中自己，自己擊倒自己，自己擊碎自己！

天下沒有一個寺廟不聲稱它是一個清淨的道場，這裡的人們是在從事一項十分神聖且偉大的事情──對內朝聖，對內旅行，直到有一個時刻獲得開悟獲得生命的涅槃。

可是有很多寺廟不准許女人進去，即使勉強同意進去，也不准許穿超短裙或低胸上衣進去──僅僅是因為裙子短一點，僅僅是因為上衣的領子低一點！

和尚們說：這樣是對神靈或菩薩們的冒犯，這樣會引起神靈們或菩薩們的反感。這是胡扯！你們怎麼膽敢斷言這樣就是對神靈們的冒犯？反感的是和尚們，但與神靈無關。魯迅先生在什麼地方說過：「一見短袖子，立刻想到臂膀，立刻想到全裸體，立刻想到生殖器，立刻想到性交，立刻想到私生子。中國人的想像唯有在這一層能夠如此躍進。」讓我再補充一句，那些和尚們道士們神父們在這一層裡的想像更加躍進。

超短裙和低胸上衣都指向性和性欲，他們的宗教說：性是醜惡的，

性是魔鬼，性能摧毀那個修行的目標——神性。當他們看到漂亮女人的超短裙或低胸上衣的時候，壓抑在他們心靈深處的那股強烈的性欲就被挑逗起來了，他們因此產生了恐懼，恐懼他們的神性和修行因此被摧毀。對性的恐慌使他們拒絕看到女人，更是讓自己保持著不去看女人的大腿和裸露的胸部——因為這樣容易想到性。

　　僅僅因為一個超短裙，僅僅因為裸露出來的那點乳房，你的整個道整個修行就被動搖了，就被摧毀了，那麼這個道、這個修行一文錢也不值，這個道、這個修行一定是一隻紙老虎。這樣的道貌岸然不值一提，這樣的道不值一修。

是空在對你說話

您說成道的人是對內旅行到達了終點的人，他們只是一個空的存在，他們是一個無我。請問，我們現在在聽誰說話？我們現在和誰在一起？

你們現在在聽空說話，你們現在跟空在一起。你們的耳朵在聽我說話，你們的身體和我在一起，但你們要明白，你們從來就沒有和我在一起過。你們在你們的自我世界裡，我在我的生命世界裡——我們從來就沒有待在一起過！

除非你們也開悟，不然你們永遠也不可能在我的身邊。只要你們開悟了，無論我們之間在空間上相距多遠，無論我們在時間上相距多遠，我們都是在一起的。此時你才能發現，你無論在哪裡，我都在你身邊；無論我在哪裡，你都在我身邊。

請具體地告訴我們獲得開悟的方法，好讓我們可以循此方法來修行。

你這個傻瓜！你知道你現在在問什麼嗎？你知道你現在在幹什麼嗎？你在騎驢找驢！驢哪裡也沒有去，驢就在你身邊，可你卻在四處找驢。

我的哪一句話不是開悟？我的哪一句話不是獲得開悟的方法？可

你還要我再告訴你們什麼「具體的方法」。沒有什麼方法，我的每一句語言本身就是結果，同時也是獲得那個結果的方法，這一點請永遠記住！

你們不是第一位詢問尋找獲得開悟的方法的人，你們也絕對不是最後一位。在你們之前，在你們之前幾千年幾萬年裡，人們一直在詢問尋找如何獲得開悟的方法，所有的人都相信開悟應該有一些方法。

我們要學會走路，必須有一個人來告訴我們走的方法；我們要學會駕駛汽車，必須有一個人來告訴我們駕駛汽車的方法；我們要學會電腦，必須要有一個人來告訴我們操作電腦的方法。你在社會中要想學會任何一件事，都需要學習一些關於這件事的方法。因此，你們就得出了這樣一個結論：要想學會一件事情，必須有個人來傳授你一些關於這件事的方法。所以你們認為獲得開悟也和社會中的這些事情一樣，得有一些方法。

開悟和你以前在社會中遭遇到的任何一件事情都不同，這是不能拿來相互類比的。這個社會基本上由邏輯組成，邏輯本身有一個最大的特點，那就是它有自身的因果鏈條。開悟則不然，開悟不是一個邏輯的結果，你不能透過邏輯的推導來試圖將開悟推導出來。事實的情況正好相反，只有當你的邏輯的推導結束的時候，此時才正是開悟的開始！

因為人們太相信方法了，因為人們太與方法認同了，因為人們太與他們的過去經驗認同了，人們太依戀於方法了，以至於一旦失去了方法，人們就感覺到自己失去了控制，失去了方向，似乎掉進一個未知的深淵之中，下一步的境況就只能聽天由命了，這對每個人來講，都太有點冒險了，都太有點令人恐懼了。所以整個社會、整個人類構架起來的文化知識體系都在力圖邏輯化，力圖將一切置於可控制可操

作之中——這樣人們才能產生一種主人般的感覺，這樣人們才能產生一種安全感。可是所有的事物就在這種「主人感」和「安全感」裡被澈底殺死了，它們內涵的所有的美、所有的深度、所有的幽香、所有的真相都被這種「主人感」和「安全感」摧毀了，都被拋棄了。——看似五彩繽紛的人類世界實則是一潭死水、一片不毛之地的沙漠，沒有水，沒有生機，沒有綠色，沒有活力，成了一個巨大的「廢都」！

著名作家賈平凹先生說：都市相對於人類而言，它是一個廢都；人類相對於地球而言，它是一個廢都；地球相對於宇宙而言，它是一個廢都。因為人們太注重方法了，太注重過程了，所以人們都在尋找方法，所以人們都在創造進入一些事物的方法——人們將關於這個事物的方法看成了能夠將自己帶入這個事物的大門。

我們總是容易犯一個錯誤，那就是整個宇宙、整個生命、整個存在是一個獨立於我們之外的巨大的封閉體，只有用他人或自己創造出來的一些方法才能將這個巨大的封閉體強行地打開，只有將它們強行地打開，我們才能夠走入其中去成為它們，去分享它們。人類的整個科學都是建立在這樣的認識之上的，人類的整個教育都在向我們灌輸這個態度。所以我們在這種氛圍裡，在這種教育宗旨裡產生了對方法的創造的崇拜，對邏輯本身的依賴。我們在這種崇拜和依賴中成為了一名鬥士，成了一名偉大的暴力主義者，對真理、存在、生命時刻準備使用我們的暴力！

暴力是什麼？暴力的意思是說：你必須按照我的意思去做，你只有兩個選擇，要麼老老實實地按照我的意思去做，要麼你就摧毀我，我不讓你有第三種選擇。在你還沒有力量將我摧毀之前，你只能老實地按照我的意思去做。這就是暴力，暴力指向永遠都是摧毀，要麼去摧毀對方，要麼被對方摧毀——暴力不准許自己和對方有第三種選

擇。整個社會都在教導你應該變成一位暴力主義者,因為社會說:如果你不能成為一名暴力主義者,你將無法生存。能在社會中取得一些成就的人,基本上都是那些將暴力使用得較為成功的人,只有極少數的人是透過使用博愛和慈悲的智慧在人間取得成功的。

我們忘了一個最基本的要點,那就是真理、存在、生命從來就沒有對我們封閉什麼,從來就沒有向我們關閉和隱藏什麼。事情正好相反,它們一直都在向我們徹底展現它們的一切,它們一直都在盡它們最大的可能性從所有的角度、從所有的層面、從所有的方位在展現它們自己的一切——只有我們在時刻遠離它們,只有我們時刻在背叛它們。我們太習慣於使用武力了,我們太習慣於運用暴力了,當我們在面對真理、存在、生命的時候,我們還是不願意放下我們的武力和暴力,仍然沒有忘記了對它們說:「你們必須置於我的掌握之中,你們必須按我的意思去做,不然,你們只有一個選擇——摧毀我。但我要對你們說,在你們沒有摧毀我之前,你們必須向我打開你們自己,你們必須讓我進去,你們必須按照我的意思去做!」——難道你不覺得人類(包括我們在內)這麼做太荒唐了嗎?

人類一直都是荒唐的,你之所以覺得人類是正常的,那不是別的,那是因為你本人也是荒唐的。只有一個荒唐者看另一個荒唐者才覺得對方是正常的,對方也這麼對你說:嘿!兄弟,你也和我們一樣,都是正常的。

面對開悟這個事實,我們很難用什麼方法去達成它,所有的開悟者都在告訴我們說:你本來就是開悟的,你本來就是充滿神性的——神性是你唯一的本性!你本來就是一個佛,你本來就是一個基督,你本來就是真理——除此之外沒有任何真理!你本來就是一個先知,你本來就是道(存在)!

據說有一個人去拜見釋迦牟尼說：請傳授我成佛之法。釋迦牟尼說：你本來就是一個和我一樣的佛。此人當下獲得大悟。可在釋迦牟尼身邊的兩位弟子不僅沒有和這位問道者一樣當下大悟，反而他們兩位因為過於震驚，當下驚嚇而死。在這二位弟子看來，成佛太高深了，簡直對我來講高不可及：我們是什麼？我們是一些平凡的人，我們是一些罪人，我們的罪惡有高山那麼大，我們給佛陀擦鞋子都不配，我們怎麼可能本來就是一個佛呢？

整個社會都在教導你說：你是有罪的！你有無量無邊的罪過，你是由一大堆罪過組成的。整個社會都在譴責你，整個社會都在打擊你，整個社會都在以微妙的方式摧殘你征服你！而要想譴責你最好的方法就是讓你產生你是一個有罪過的人的認識，要想打擊你最好的方式就是讓你產生你是有罪過的認識，要想摧殘你、征服你最好的方式就是讓你產生你是有罪過的認識！社會設立了很多陷阱讓你跳進去，而最好的陷阱就是性、發展和開悟，因為這幾個東西都是每個人在人生中時刻都會遭遇到的。

誰不會遇到自己的性的問題呢？誰不會遇到發展的問題呢？誰不會遇到開悟的問題呢？那好，社會就會在每個人必經的地方設一些陷阱：社會一次又一次地告訴你說性是一個罪惡；社會一次又一次地告訴你說不要發展，就待在原地；社會一次又一次地告訴你說不要開悟——因為對你來說這是不可能的，你難道沒有發現開悟是你的一個癡人夢想嗎？不要去想關於開悟的事，不然別人一定會說你是一個白癡的，別人一定會說你是一個神經病，快別想了，這樣不好，這樣不好。

在你的性還沒有成熟之前，社會早已就將「性是醜陋的，性是罪惡的」的觀念灌輸給你了，於是當你於某一日必然地遭遇到性的時候，無一例外地就從你的內部生起了你在從事一件罪惡的事情的認識——

你是有罪的！當你於某一日正式想到開悟的時候，社會就會馬上透過你說：不要妄想，不要去做不可能的事，這樣不好，你在上別人的當，不要當白癡，這樣不好。看，你周圍的人都沒有獲得開悟，你怎麼可能獲得開悟呢？你一定被某個人誤導了，你一定不小心上了某個人的賊船了。

你就是這樣一步一步地陷入了一個「罪惡的深淵」之中的，你就是這樣被一步一步地帶入到一個死寂的沙漠之中的，你就是這樣變得越來越瘋狂，越來越充滿鬥爭，充滿了暴力，充滿了仇恨與挫敗感的。

你本身就是一個佛，佛性從來就沒有離開過你！你本來就是一位基督，神性從來就沒有離開過你！——只是你一直在逃離它，只是你一直在背叛它。

道家幾千年來一直在對你說，它有一些方法可以將你帶入成道之中。佛家幾千年來一直在對你說，它有一些方法可以將你帶入開悟之中。在道家的方法中，最具有代表性的方法是透過煉精化氣、煉氣化神、煉神還虛，最後就可以達到煉虛合道。在佛家的方法中，最具有代表性的方法是四禪八定。除了這幾個最具代表性的方法以外，還有很多方法，在印度有各式各樣的瑜伽術，在中國有各式各樣的煉內丹、煉內功、煉大小周天、煉氣法和煉脈道、煉穴位、煉關竅，在西方有各種煉金術、祈禱法、運用神祕能量術等等，聲稱透過這些方法就可以開發神性，獲得開悟。這些方法在人類的所有宗教中、所有的文化體系中都存在，尤以中國和印度這兩個國家最為豐富，在這兩個國家裡又以佛家和道家最為豐富。

這些方法都是一些未開悟者和已開悟者創造的，但幾乎所有的方法都被披上了一層神祕的面紗，都聲稱這些方法是神靈傳授的——這樣做似乎就可以將這些方法提升到一個神聖不可侵犯的高度，似乎使

人產生「這是上天垂示給芸芸眾生唯一的一條天梯」的認識。這些流傳下來的現在已經十分複雜的方法的來源真相是：這些方法都是一些未開悟者和已開悟者們創造出來的，都是他們給人們設計出來的。

這些方法裡有 90% 左右對人們的身心有很好的調理作用，對充滿顛倒、充滿混亂、充滿病態的身心達到很好的調理和協調的作用，對人們的身體和精神裡的各種毒素可以達到很好的洗滌作用——它們的作用僅此而已。這些方法可以健康生理，也可以健康心理，但它們最大的能力只能是對身心的健康有較大的幫助作用。

如果你僅僅出於求得身心的健康來實踐這些方法，這本身並沒有什麼不對。但如果你想透過這些方法來求得人生的覺悟，求得生命的開悟，這是永遠辦不到的！

所有創造和設計出來的方法，基本上都是嚴格地經過邏輯校驗過的，所以它們都不可能超出邏輯的範圍，它們不可能超出身心的範圍，它們不可能超出自我的範圍。這些方法都是在存在和生命之外建立起來的，它們最多能將你帶領到存在和生命的面前——它們的使命到此也就發揮到了極限。它們不可能將你直接帶入到存在和生命裡面去！所有前人創造和設計出的那些方法都有一個深度，它們自身的深度決定了它們的範圍，它們自身的深度決定了它們的有限性。而存在和生命是如此的廣博深邃，它們本身超越時空，它們本身無限。你可以試著來理解一下：那麼廣博、那麼無限的存在和生命怎麼可能被裝入到一個十分有限的方法系統裡呢？

如果你從佛家的四禪八定這條路子上向前走，如果你從道家的修煉精、氣、神的路子上向前走，你一定會來到一個極限——一個這些方法本身所能達到的最高的極限，再向前走就沒有路了，再向前走就不屬於這些方法本身所能達到的了。如果你太過於相信方法，如果你

太過於依戀方法，你將永遠被束縛在方法裡面——方法就是你最大的監獄，方法就是你最大的枷鎖！

方法只是過程，方法只是橋樑，但方法永遠不是那個結果。一旦你太過信任方法，一旦你太過依戀方法，那麼所有的方法都將成為你的監獄，所有的方法都將成為你的枷鎖。天下不知有多少人被囚困在方法裡，不知有多少人死在方法裡。

開始踏上這條對內旅行的朝聖之路的時候借助一些方法是可以的，但借助方法不是唯一達成開悟的途徑！開始時借助一些方法對達成那個開悟是有一點幫助的，等到了一定程度的時候，你就會發現方法此時失效了，如果再向前邁進，方法反而成了一種阻礙，此時必須放下方法——無論它們在此之前曾給予過你什麼幫助，你都必須拋棄方法。

釋迦牟尼曾對借助於方法來試圖達成開悟的人作過一個有名的比喻。他說：所有的方法都很像過河時的船，在你要過河的時候，你有很多種途徑，一種是直接跨過去，一種是從上游順水漂流到下游的對岸，再有一種是借助船隻過去——方法就是你的船隻。過了河以後，船隻的使命也就到此結束了，上岸以後向前走，就不是舟船所能幫助的了，如果你上了岸以後再把船帶在身上，那一定很愚蠢。你應該在上岸以後棄船而走。

有一個人生和生命的奧祕必須被你們知道，那就是選擇的奧祕。有一個故事說：有一個人十分快樂，無論你什麼時候看到他，你都會發現他神清氣爽、滿面春風。有一次，他周圍的人忍不住問道：先生，為什麼我們每次看到你都是那麼地快樂，你總是神清氣爽，難道你這一生從來都沒有不順心的事嗎？為什麼我們卻感覺到生活得很累，我們發現自己的生活是一副泰山般的重擔，我們每天都在艱難中度日，

我們猶如生活在煉獄裡一樣。你如此快樂，有什麼祕訣嗎？

這個人說：我沒有任何令人快樂的祕訣，我以前也和你們一樣感覺生活得很累，感覺就像生活在煉獄裡一樣。這樣不行，我對自己說，我不能這樣痛苦地向前生活，我應該快樂一點才行。很奇怪，從此以後我就開始越來越快樂了，可我並沒有對快樂做什麼，我只是對自己說：應該快樂起來。我從此就快樂了，而且還是越來越快樂。現在你如果想讓我不快樂都不行了，我的快樂已經形成了一種深沉的慣性力量了，這種力量很強大，連我自己也止不住它，我只能被它帶著向前走。

這就是人生和生命裡最大的奧祕之一──選擇的奧祕！你選擇什麼，你就是什麼。你選擇痛苦，你就是痛苦；你選擇快樂，你就是快樂；你選擇我，你就是我；你選擇生命，你就是生命！──這一切都依你而定，這一切都依你的選擇而定。

這是人類迄今為止所發現的最大的自由──你本來就是自由的，至少對你自己而言，你本來就是自由的！上帝賦予所有的人最大的一個自由就是：你可以不經過任何人的批准──包括不經過上帝的批准──選擇一切事物。你可以選擇信仰上帝，你也可以選擇不信仰上帝；你可以選擇愛，你也可以選擇恨；你可以選擇無知，你也可以選擇智慧；你可以選擇做一個聖人，你也可以選擇做一個惡人；你可以選擇永恆，你也可以選擇死亡；你可以選擇生命，你也可以選擇自我……你可以不經過任何人的許可，選擇你想獲得的那個東西。──這是人類所具有的最大的自由！

可是人們並沒有發現自己被上帝所賦予的自由權利，人們並沒有發現自己的這個人生和生命裡最大的一個奧祕。在我們出生以後，我們幾乎從來就沒有真正發揮過我們這一天賦權利，我們總是讓他人、

讓社會來代替我們選擇這個事物或不選擇這個事物，我們從來就沒有真正信任過自己的自由選擇能力，我們從來就沒有真正發揮過自己的自由選擇能力，以至於我們幾乎遺忘了我們內部還有這麼一個神聖的能力！

在社會來代替你決定你的選擇的時候，它的決定總是錯的，它在絕大部分的時候總是替你決定選擇痛苦和無知，它總是讓你選擇你是無能的、你是無知的、你是有罪的、你是一個混蛋或諸如此類的決定。於是你產生了深深恐懼：為什麼我總是選錯？為什麼我總是決定錯？於是你再也不敢輕易信任你的選擇能力了，即使事情迫使你必須對它們作出選擇，你也顯得總是小心謹慎，你也顯得不那麼澈底。

我曾經不止一次地將「我們可以完全自由地選擇一切情感和事物，一旦你決定選擇了這個事物、這個情感，你馬上就是這個事物、這個情感」的奧祕告訴過別人，過了一段時間，他們總是找上我說：你在欺騙我們，我們試著使用了你所說的這個奧祕的方法，可總是沒有效果。比如說，今天早晨起床後，我決定我應該快樂，不應該苦悶，可沒過幾分鐘，我們又像以前那樣不知不覺地進入到了苦悶的心境裡去了，而且一整天都在這種苦悶的心境籠罩之中。這種方法對我們根本不起作用。

我覺得很奇怪，為什麼這個奧祕在我身上一直都能很好地被實現，而到了別人那裡就沒有效果了呢？最後我發現原因出在全然和澈底上面。當你在選擇快樂的時候，只有你的選擇十分全然和澈底，你的選擇才能是真正的選擇，不然，你的選擇就不能算是一個選擇，它最多只能算是一個試探性的選擇，只能算是試探，不能算是一個真正的選擇。

我和我以前的開悟者在形式上有一點不太相同，那就是以前的開

悟者大多都傳授你一些可操作性很強的方法。他們明白人們都十分信仰方法，都十分依賴手段，這些開悟者為了度人的需要，他們在開始的時候會傳授一些方法給你們，等你的內部調理到一定的程度以後，他們會過來告訴你說：丟掉你以前的方法，這些方法只是我以前順應你們的一個隨意的設計，只是為了使你們留在我身邊的一個隨意的設計。如果我不傳授一些方法給你們，你們會認為我這個人不近人情，因為在你們心目中，師父的職責就是給弟子們傳道、授業、解惑的，而當你們發現在我身邊什麼東西也沒有學到，每天只是傻傻地坐在師父身邊，這樣你們會有一種無法忍受的感覺，你們會相繼離開我。這樣你們會無一例外地錯過我，你們會無一例外地錯過開悟。為了能暫時滿足一下你們那種貪婪的欲望，為了使你們能停駐在我身邊，所以在開始的時候，我會傳授一些所謂的開悟的方法給你們。

釋迦牟尼就時常這麼幹，他會在你剛一到他身邊的時候，傳授一些所謂的方法來讓你練習，他甚至會告訴你說這些方法十分重要，重要到千金萬銀也買不來。很自然地，你就中了釋迦牟尼的圈套了，你會很自然地將你的野心、欲望甚至連你的整個自我、整個身心都投入到這些方法裡。此時這個方法已經不是一個單純的方法了，它成了你的野心的化身，它成了你的欲望的化身，它成了你的自我的住宅。這個時候，釋迦牟尼就會開始設法將你的方法拿走，他會設法將他以前傳授給你的方法澈底摧毀——當然地，他也就摧毀了你的自我。

真正的師父不會給你什麼，相反地，他只是一次又一次地從你身上帶走一些東西，等到將一切粘附在你身上的東西都帶走了，你的那個源頭，你的那個基礎，你的那個真相，你的那個神性和光明就會顯露出來。如果你發現你的師父開始給你一些東西、開始傳授你一些方法了，那就證明他已經開始對你下功夫了，他是在用這些方法將你的

欲望和自我套住，等到了某一個時刻他就會來取走他傳授給你的方法
——自然地，同化在這些方法裡的你的欲望、你的無知、你的自我也
被一同帶走了，摧毀了了。

　　如果你透過釋迦牟尼的經典，《金剛經》《心經》《楞嚴經》或
是《涅槃經》，隨便一本什麼經，你會在開始的時候越看越糊塗。釋
迦牟尼一會兒對你傳授很多方法，並一再聲稱這些方法都是大法，都
是萬金難求的大法。再過一會兒他又對你說：放棄這些方法，丟棄得
越徹底越好。這些方法是地獄，是枷鎖，是臭屎橛，趕緊拋棄它們。
釋迦牟尼在幹什麼？他怎麼一會兒像一個聖人，一會兒又像一個騙
子？他為什麼如此前後矛盾？他為什麼前後如此不一致？

　　釋迦牟尼不可能前後一致。如果他保持是前後一致的，那麼他一
定不是一位生命導師，他一定不是一位教導你開悟的大師，他最多只
能是一位邏輯家，只能是一位學者，一位偉大的教授，一個偉大的自
我。我的方式不同於釋迦牟尼，現在我要告訴你們的是：如果你實踐
了什麼方法，現在請你拋棄它，你現在不需要再待在那些方法裡，待
的時間太長了，它會成為你的枷鎖。

　　僅僅是一個全然的選擇就足夠了，你選擇什麼這是你天賦的自
由，我只能告訴你：無論你選擇什麼，你都將成為你所選擇的那個事
物！你跟一位師父的時候，就是你在調整你自己的時候，師父跟著你
的時候，就是你在調整你自己的時候。以前的你總是愛出錯，以前的
你總是在一個錯誤中前進，你的每一次選擇都會導致一連串的失敗。

　　師父有可能一見到你的時候就會對你談這個談那個，一直喋喋
不休。他在幹什麼？他在向你展現一個你未曾見到過的世界，他在一
直提醒你有一些寶貴的東西被你遺忘了。你開始不相信——因為你距
離那個真實的世界太遙遠了，以至於你對它是否存在產生了疑慮。師

父在你面前一直不停地說，一直不停地活動，他讓那個真實的世界毫無阻礙地透過他的語言、他的行為被展現出來，時間長了，你就能透過師父越來越清楚地看見那個真實的世界、真實的自己。這個時候，師父的使命就算完成了，剩下的就是等待你的選擇了。師父的作用只是將你們帶到那個真實面前，師父的作用只是讓那個真實的世界透過他被顯露出來——師父只能做到這一步，再向前就不是師父所能做的了，剩下的就是你的選擇。在你決定選擇這個真實的同時，你就成了它，你與這個真實之間合二為一了，你成為了它的一個組成部分。

　　師父無法替你選擇什麼，師父的使命只是告訴你的哪個選擇是錯的，哪個選擇是對的，師父只能告訴你你所選擇的結果將會怎樣——但選擇需要你自己來完成，師父無法代你來選擇。

他人是地獄

我很看重親情、友情、愛情和一切人與人之間的情誼，可我的周圍所有的人似乎都將我視為仇敵。他們總是從他人那裡不失時機地爭奪東西──無論這些東西對他們是否有用，哪怕這些東西對他們沒有多少用處，他們還是用盡手段想爭奪過來。弄得每個人都十分緊張，每個人都戴著一副面具，每個人都時刻處於戒備和猜疑之中，每個人都處於患得患失之中，算盡機關，用盡心思。我發現我被攪入到這個惡性的遊戲裡很長時間了，我受夠了，我有一種要發瘋的感覺，為什麼人世間會如此這般呢？我應該怎麼辦？

你不會發現在宇宙中有哪一個星球能比地球還美，只要你到自然中去看一看，聽一聽，感受一下，你一定會發現在宇宙中沒有任何一個星球比地球還美，日出、晚霞、白雲、春風、百花、溪水、群山、森林、百靈鳥、草原……你不會發現有任何一個星球能比地球還美！地球是宇宙裡唯一的天堂，地球是宇宙中唯一的極樂世界，地球是宇宙中唯一的伊甸園。

地球是宇宙中所有真善美的唯一結晶，地球是宇宙中靈魂展現的唯一場所，宇宙將它最寶貴的愛給了地球。──唯有生活在地球上的人類是最醜陋的！如果說宇宙本身就是上帝，那麼我們人類就是唯一的撒旦──魔鬼，人類使所到之處的一切都變得醜陋！

人類是撒旦玩弄出來的一場永恆的遊戲，這個遊戲只有一個最終指向：摧毀所有能摧毀的，並最終連我們自己也將一同摧毀。我們

都是這個遊戲裡的一個組成部分。多麼美麗的地球啊！它是宇宙的一個奇蹟！多麼美麗的人類啊！他是生命的一個奇蹟！可是有一個東西——自我介入了進來，使得一切都被弄得一團糟，使得一切都被弄得滿目瘡痍。

當我們還沒有那個能力和智慧來改變他人、改變地球的時候，我們能怎麼辦呢？我們唯一的辦法只能下功夫來改變我們自己。可是反觀我們自己又怎麼樣呢？我們不僅摧毀了這個天堂般美麗的地球，我們同樣地也摧毀了我們自己。在時間上，我們摧毀自然要晚於摧毀我們自己。我們是首先摧毀自己的，然後才延伸到自然界。自然界的瘡痍是我們自己身心上的瘡痍的外在延伸。

我們用來摧毀自己和他人的時間和功夫要比用在摧毀自然所用的時間和功夫多得多，我們用在摧毀自己和摧毀他人的功夫和精力十分持久而深刻。人類到底在幹什麼？

你以為你的人生遭遇只有你一個人才有的嗎？不，你的遭遇很多人都遭遇過，而且以後還會有很多人將遭遇到。有很多人就是因為實在厭倦了人與人之間那無休無止的爭奪和算計，所以他們避開，跑到山裡去，跑到喜馬拉雅山上去。可結果又能怎麼樣呢？他們並沒有真正地離開這個塵世。

只要你在這個塵世裡生活得足夠長，你就融化在這個塵世裡了，這個塵世也同樣地融進了你的存在。你成了這個塵世的一個有機組成部分，這個塵世也成了你的一個有機組成部分。無論你走到哪裡，你都必然地會帶著這個塵世一起走。你走進山裡，這個塵世就會被你一起帶到山裡；你去喜馬拉雅，這個塵世也會被你帶到喜馬拉雅。因為這個塵世對你而言，它已經不是獨立於你之外的一個客體了，它內化在你的身心裡，它成了你的自我的一個有機組成部分，它成了你的內

在，你是在透過它而生活，它在透過你而存在。這就是釋迦牟尼反覆強調的「業」。

「業」是釋迦牟尼時常使用的一個詞。在釋迦牟尼的語言裡，「業」的意思就是：只要你在一個事物裡生活得太久，這個事物就會內化為你存在的一個有機組成部分，在你還沒有因開悟而引起自發的蛻變（脫胎換骨）之前，無論你走到哪裡，被你內化進來的這些事物都會被你帶到哪裡。這些事物在你的內部不是靜止地存在的，就在它們內化進來的當下，它們就參與進了你的身心活動。它們以它們自己的特性來參與你的身心活動，它們以它們自己的運動特性來左右你的身心運動。這就是釋迦牟尼所說的「業」和「業力」。業力的意思是：被身心內化進來的事物有它們各自的特性和運動軌道，這些特性和運動軌道對你的身心起到干擾和左右的作用，這就叫做「業力」。

你以為你沒有仇恨嗎？你以為你沒有想從他人那裡爭奪一些東西的欲望嗎？你以為你沒有暴力傾向嗎？我告訴你，凡是你周圍有的東西你的內部全部都有，即使你以前沒有，你現在也一定會有──被你內化進來的，只是你被你的道德、被你的倫理、被你的良心等東西暫時壓抑著沒有釋放出來而已。這就是每個人的內部都潛藏著一個邪魔的意思。

弗蘭西斯・培根說過：我發現──我驚奇地發現，所有的那些聖人、紳士和有教養有修養的人的靈魂裡都潛藏著一些自私、仇恨、下流的東西，所有的聖人和看起來有教養的人一生都有可能做過一些只有小人才能做出來的事情。

當代公認的繼愛因斯坦之後最偉大的理論物理學家、思想家霍金先生說：要不是因為他發現了一些重要的物理學定律而不得不使我們時常提起他，我根本不願意提到牛頓這個傢伙，除了他在物理學裡有

一些較大的建樹以外，牛頓這個人簡直是一個無賴，是一個地痞。

這個世界被搞得如此的糟糕，你以為都是那些戰爭狂、暴力狂和地痞們弄的嗎？根本不是，這些人只占 10% 的成分，有大約 90% 都是被那些所謂的聖人、文明人、君子和「好人」們造成的。那些所謂的惡人、小人們根本就沒有我們想像的那麼壞，只是他們在摧毀人類這個星球的時候表現得有點直接而已，而那些所謂的「好人」們在摧毀人類這個星球的時候是以微妙而陰暗的方式進行的。但不要忘了，這些被稱之為好人和君子的人群裡面很可能就有你一名。

我們每個人都有一個錯覺：社會是存在於我們身心以外的一個客觀的事物。根本不是，社會其實存在於每個人的身心內部，所有存在於社會中的東西都是來源於你我的身心內部，你我身心裡沒有的東西，你在社會中永遠也不可能找得到。

社會是一個虛詞，嚴格地講，社會這個東西是不存在的，有的只是一個一個具體的人。只有人是社會中唯一真實的東西，一切存在於社會中的東西說到底都是存在於內部的東西。

無論是社會中比較美好的東西，還是社會中比較醜陋的東西，它們之所以能存在，那是因為它們以人為它們的基礎。如果人類本身不存在了，那麼依附於人類而存在的所有被認為是美好的或是醜惡的東西也必然隨之消失。社會以你的生活和人生為基礎，你的生活和人生以你的身心為基礎，你的身心以你的先天、以你的生命、以你的整體的存在為基礎。要想澈底地解決你所處的社會、你的生活和你的人生中的諸多問題，唯一的辦法就是從你的根基著手。

這就是為什麼我反覆強調你要深入到你的存在的深處，你要深入到你的先天、你的根、你的源頭深處的意思，因為這裡面有一個奧祕。這個奧祕就是：你在你的存在裡到達一個什麼樣的深度，被你內化進

來的一切都會和你一起到達這個深度。如果你還是你的自我，那麼被你內化進來的一切愛恨美醜都將由你的自我來承擔——由自我來承擔只能將一切事情弄得很糟糕；如果你深入到生命之中，那麼你的身心中的一切愛恨美醜和被你內化進來的一切愛恨美醜都將由生命來承擔——生命能自然地將你的一切都全部吸收以後自發地轉化為光明、喜樂和智慧再散發出來。這是生命的一個很大的奧祕！

請不要誤解我的意思，當我在說「生命能自然地將你的一切都全部吸收以後自發地轉化為光明、喜樂和智慧再散發出來」這句話的時候，請不要誤解為：從此以後你不會再痛苦了，從此以後再不煩惱再不發火了。你仍然會有痛苦，你仍然會有煩惱，你仍然會發火發怒，只是現在和以前不同了：以前你痛苦的時候，你不僅有痛苦的形式，你還有痛苦的品質；現在你在痛苦的時候，你只剩下了痛苦的形式——一個空的外殼，痛苦的品質變了。此時當你在痛苦的時候，在別人看來，你的痛苦裡有一種稀有的美在散發，你自己同樣能感受到這一點——因為你此時的痛苦的內部品質被生命改變了。

我不止一次地見過當代的一些開悟者，從表面上來看，他們和一個常人並沒有太大的差別，他們仍然有常人的痛苦和煩惱——和你一樣。可當他們痛苦和煩惱的時候，很不可思議地，你會發現從他們的痛苦裡、煩惱裡、怒火裡散發出來一種十分稀有的美，散發出來一種慈悲和智慧的芬芳！他們自己也能十分清楚地體會感受到這一點。這絕對不是說他們的痛苦和煩惱不是真的，是假裝出來的，不，絕對不是。根本的奧祕在於他們已經獲得了開悟，他們對內的旅行已經到達了一個很深的深度。

那麼我們怎麼來表述這種痛苦和煩惱呢？從形式上來看，這些獲得開悟的人的痛苦和煩惱和我們凡俗者的痛苦和煩惱一樣，可就內涵

上來講，可就性質上來講，開悟者的痛苦和我們凡俗人的痛苦和煩惱又有著質的不同。怎樣用語言來表述這種不可思議的痛苦和煩惱呢？釋迦牟尼不得不創造一個新的詞語來表達這個現象，這個新的詞語就叫「示現」。

釋迦牟尼說：對於那些以痛苦的形式表現出來的痛苦，我們只能還叫它為痛苦；對於那些本來也是痛苦，但被生命澈底地自然而然地吸收了以後，被自發地轉化為光明、智慧、慈悲和美，再以痛苦這種形式表現出來的痛苦，我們就不能再叫它為痛苦了，我們只能叫這種現象為「示現痛苦」，以這種形式表現出來的憤怒，我們只能叫這種現象為「示現憤怒」。

「示現憤怒」的意思不是說我本來沒有一點怒火，我假裝在發怒，不是這樣，這種發怒就是真的在發怒，只是覺悟本身自發地賦予了這種發怒以全新的內涵，並能給發怒者和發怒的對象以一種愛的享受和美的享受，而且這種享受十分的濃郁，十分的深沉。

當你開悟的時候，你會十分驚奇地發現，不僅好的事情裡有一種美感，不僅好的事物能給人以一種美的享受，你還能更深入一層地發現那些痛苦和煩惱，那些看起來似乎很醜陋的事物裡也能散發出一種美的享受——但只有當你是一位開悟者、覺醒者你才能看到這種別具一格的美，你才能享受這種別具一格的美。

這很有點像那些悲劇藝術一樣，悲劇給人的感受應該是痛苦的，可悲劇在那些能夠欣賞它們的人那裡，它能給人們帶來一種與喜劇和鬧劇都不相同的美，甚至有很多人能被從悲劇之中散發出來的那種十分獨特的美感深深地陶醉。

悲劇的美感不是每個人都能輕易就能夠發現的，悲劇之中散發出來的那種十分獨特的美感只能被能夠真正欣賞它們的人所享受。

　　悲劇的美感不是每個人都能輕易就能夠發現的，悲劇的這種獨特的美感不是每個人都能分享的，你必須要有一定的深度才行，你必須要有一定的深度才能夠發現、分享並喜愛上悲劇的美。

　　當代已經很少有悲劇了。一個失去了真正的悲劇的民族，才應該是一個真正的悲劇；一個失去了悲劇的時代，才應該是一個真正的悲劇。只有喜劇的民族是一個悲劇的民族，只有喜劇的時代是一個悲劇的時代！因為這個民族是一個膚淺的民族，這個時代是一個膚淺的時代！

　　生命本來就是一場悲劇，人生本來就是一場悲劇，而最大的悲劇還不在於生活本身，還不在於人生本身，真正的悲劇在於我們是這場悲劇的導演，是這場悲劇中的一個角色，是這場悲劇的一個有機組成部分！這才是我們最大的一個悲劇。

　　清楚地發現並同時能享受生活這場悲劇的人，清楚地發現並同時能享受人生這場悲劇的人，他就是一位開悟者。——這是我對開悟者下的一個定義。開悟者的人生和每個人的人生都是一樣的，都是一場悲劇，所不同的是：開悟者能清楚自然地發現人生這場悲劇的美，並能很好地分享這種獨特的美。開悟者的生活悲劇不是悲劇，準確地講應該叫「示現悲劇」；開悟者的人生悲劇不是悲劇，準確地講應該叫「示現悲劇」。

只是形式不同

　　當今社會上盛行著「生命」和「生命科學」這一說法，請問這種說法對嗎？無論是東方國家還是西方社會，他們都不約而同地將目光聚集在生命科學上面。請問這種現象暗含著什麼樣的資訊？

　　自從有人類以來，生命問題一直是人類的核心問題。我是誰？我從哪裡來？我們的個體和我們的人類這個群體的歸宿在哪裡？怎樣來瞭解我們的靈魂？——這些問題都屬於生命問題。你在一生中似乎能遭遇到很多問題，但所有的問題都指向一個歸宿，那就是生命，一切問題說到底都只是生命問題的延伸和轉化，真正的核心問題只有一個，那就是生命問題。

　　生命是人類關注的一個最恆久最熱門的話題，這種關注在不同的民族、不同的傳統、不同的歷史時代以不同的方式表現出來，如以醫學的方式、哲學的方式、文學的方式、民俗的方式等等，我們還可以例舉出來很多種將生命問題以各自不同的表現方式。在當代，生命問題主要以兩種表現方式作為代表：一種是以神祕學和宗教的方式來質問生命問題，一種是以科學的方式來質問生命問題。

　　以古代的中醫學、養生學來質問生命問題、表現生命問題也好，以哲學、宗教的方式來質問生命問題、表現生命問題也好，以當代的氣功科學、人體科學、生物學等科學或神祕學的方式來質問生命問題表現生命問題也好，這只是形式上的不同，本質上並沒有多少分別。

　　你不能說以中醫學和養生學的方式來質問生命、表現生命的方法

比以哲學和宗教的方式質問生命、表現生命的方法要好一些，或反之要壞一些。用哲學、用宗教、用科學、用文學，這些途徑和形式本身無所謂哪個好哪個不好，都好但又都有其自身的不足。關鍵的問題不在這裡，關鍵的問題在於每個具體的人本身對生命洞察的深度！

釋迦牟尼洞察透了生命以後，他主要以科學和理性的方式來表達生命問題，釋迦牟尼有一整套看起來十分嚴密的理論體系，在他的語言裡表現出了非常深透的辯證法思想，他的辯證法橫跨唯心主義辯證法和唯物主義辯證法這兩者。釋迦牟尼是歷史上唯一一位以生命問題為基石構架起來最宏大的理論體系的人，他的這個宏富的生命理論構架裡單是術語就使用了不下一萬個。就連近代的唯物主義辯證法創始人馬克思都不得不信服地說：辯證法到了佛教徒那裡，被發揮到非常精妙的地步了。

穆罕默德和耶穌洞察透了生命以後，他們主要以宗教和倫理的方式來表達生命問題。莊子、藏區的密勒日巴還有唐宋以來的大禪師們在洞察透了生命以後，主要以文學詩詞歌賦的方式來表達生命問題。這些用來表現生命問題的方式儘管從外觀形式上看來差異很大，但很難說哪種方式高於另外的方式。它們之間各有優點，也各有不足。

所有用來表達生命問題的方式都是一種方便法門，都不是表達生命內涵的唯一方法。那只是開悟者根據對象的不同、傳統的不同和時代特色的不同而應機使用的一種教導手段。因為生命是如此的博大，以至於它不可能被縮減入任何一種方式之中。所有的方式都有一個最終指向，那就是指向那個無法被語言說出來的東西——生命。所有的方式都是指月的手指，你順著手指的方向向前能看到那顆生命的月亮，但手指本身不是月亮！

「方便法門」這個詞的意思是：有一個東西超越於語言和邏輯之

外，由於世人太過於重視語言和邏輯了，在沒有辦法的前提下勉強設立一個辦法，那就是先使用世人所習慣的語言和邏輯，最後將人們帶到語言邏輯之外的地方，讓人們發現比語言和邏輯更加真實的一個屬於每個人真正的家園的世界。

釋迦牟尼的真正弟子——禪宗的弟子們看起來實在有點叛逆的味道，他們居然公開大罵他們的導師釋迦牟尼是笨蛋、是蠢驢，在人類所有文明流派中你不會找到第二個流派的弟子們能如此對待他們的導師，唯有釋迦牟尼的弟子是這樣。這看起來有點太過份了，於是人們質問禪師：為什麼你們如此無情地大罵你們的導師是笨蛋、是蠢驢呢？禪師們說：這個傢伙明知道那個東西不能被說出來，一旦勉強被說出來了以後，馬上就變了味，可是他還要一遍又一遍地去說，不僅在說，而且還構架起了一個人類迄今為止最宏大的知識和邏輯的體系，以至於人們都陷進他構架的那個知識和邏輯的體系本身裡去了，以至於人們都被這個宏大的知識和邏輯的體系迷住了心眼，都在認指為月，而忘記了那個生命的月亮根本不在手指那裡。只有很少的人能從他構架、設計出來的這個看似十分完美、看似十分迷人的知識和體系裡突破出來，而獲得了那個真理的明月。你說這個傢伙不是笨蛋不是蠢驢是什麼？

上帝永遠保持沉默，但它卻讓耶穌喋喋不休地說話；真主永遠保持沉默，但它卻讓穆罕默德喋喋不休地說話；道永遠保持沉默，但它卻讓黃帝、周文王、老子、莊子、列子、韓非子、岐伯等人整天喋喋不休地說話；佛性永遠保持沉默，但它卻讓釋迦牟尼、密勒日巴、噶瑪巴、達摩、玄奘等人整天喋喋不休地說話。今天，到了我這裡，就成了生命永遠保持沉默，而我卻整天在喋喋不休地說話。不僅禪師（開悟者）大罵釋迦牟尼是蠢驢，我也是蠢驢，我明明知道生命本身永遠

不可能被知識和邏輯表達出來，它是超越知識和邏輯的，可我還是每天忙忙碌碌地創造知識、創造邏輯，請問我不是蠢驢是什麼？

你問：生命科學這種提法對嗎？

我們首先看一看什麼叫「科學」。科學的第一個基本要素是這個事物可以被解釋得通，科學的第二個基本要素是這個事物可以透過一定的方式被再次重複出來。具備這兩個基本要素的就應該叫做科學。生命是人類文明中最早被解釋的東西，它早已被以哲學的方式、文學的方式、宗教的方式、邏輯推理的方式解釋得很通了。——但我要告訴你們，能解釋得通的事物不能證明你就擁有了這個事物！

認識生命，獲得生命，成為生命，用我的術語講這叫做「開悟」，是完全可以被重複出來的，它能在我身上發生，同樣它也可能在你身上發生，發生的結果是完全一樣的。開悟發生在別人看來似乎純屬偶然，但對於發生開悟的這個人來講，他之所以能發生開悟那一定是一個必然。

生命可以被解釋得通，開悟完全可以再次在他人身上發生——而且它還是一種必然的發生。這完全具備了科學的兩個基本特徵，所以完全可以將認識生命和獲得生命的手段稱之為「生命科學」。有人說二十一世紀是生命科學的世紀，不僅西方的科學家這麼講，我們東方人也這麼講。我在這裡要強調的是，西方科學家所謂的「生命科學」與我們東方人所謂的生命科學不是一回事，此生命科學非彼生命科學。

西方人將生理學、生物學、解剖學、遺傳學、基因學、腦科學、神經學等與人和生物有關的科學叫做「生命科學」。在西方，生命科學這個詞語就像自然科學和社會科學一樣，它不是一門具體的學科的名稱，而是對與人和生物有關的所有的科學學科的一個概括性稱呼。

西方人所謂的「生命科學」從嚴格的意義上來講，並不能叫生命科學，只能被稱之為「生命體科學」。西方近現代科學將生命和生命體之間的因果關係弄顛倒了，他們將生命體作為生命的因，而將生命看作是生命體誕生以後的表現和反映。

不只是我，我們整個東方人在幾千年前就十分清楚地認識到了一個基本的真理，那就是生命先於所有生命體，所有的生命體都是生命的表現和反映。生命是生命體的因，生命體是從生命這個因裡延伸出來的果。

還有一個小小的重要點需要對你們說，那就是我所說的生命體不單指人和生物的肉體，還包括活動在肉體裡的時刻處於流動狀態的能量和精神。我所說的生命體包括生理、大腦、記憶、精神、潛意識、內部流動的能量等在內。

自古以來，東方人就天才地發現了生命和生命體之間的差別和聯繫，並天才地發現了生命的一些超出生命體的重要特性，如永恆自在，不生不滅而又生生不息，宇宙、萬物、人類的唯一智慧來源，終極的快樂，無邊的博愛等。

整個西方文化和從西方文化裡延伸出來的科技的最終指向是物理和物理世界，整個東方文化和從東方文化裡延伸出來的科技（如中醫學、藏醫學、養生學、內丹修煉學、氣功學、人體潛能學、星象學、地理學、武學、氣化學、易學等）的最終指向是生命和生命世界。由於起點和歸宿的差別，致使東西方文化的內涵和特性產生了根本的不同。現在無論是西方人還是我們東方人，他們都一直咬定東方文明裡沒有科技成分，至少東方文明裡的科技成分非常少，而且即使有一些科技的成分，那也是一些仍然處於幼稚狀態的科技。

這是一個嚴重的錯誤！事實上，東方文化裡的科技十分輝煌，它

的輝煌程度絕不亞於西方科技的輝煌程度，差別只在於：東方的科技是生命科技，西方科技是物理科技；東方科技的核心是生命，西方科技的核心是物質和物理。——這是兩種不同內涵的文明。

生命體科學必然出現在西方——只要你真正看清了西方文明和文化的內涵和特性以後，你就一定會發現生命體科學它不可能誕生於東方，因為東方缺少生長生命體科學這棵大樹的必要土壤。生命科學一定會出現在東方——只要你真正看清楚了東方文化和文明的內涵及其特性，你就一定會發現真正的生命科學不可能誕生於西方，因為西方缺少生長生命科學這棵大樹的必要土壤。

我誕生在東方，這是我的必然。如果我從西方誕生了，那一定是一個偶然！

我的感覺是：我的語言被東方人理解將會容易得多，在較長的一段時間內，西方人將很難理解我——只要這位西方人還仍然攜帶著他的西方頭腦的話。西方人要想很快地理解我，在我看來有兩條捷徑：一是這個西方人有足夠的穿透力，他能夠穿透西方文明和文化，這個時候如果他能走到我的身邊來，那麼他將很快就理解我，他將很快就進入我；另一個捷徑是這位西方人學會了放下的技巧，他掌握了他應該在什麼樣的情況下提起他的大腦，在什麼樣的情況下放棄他的大腦，他知道他應該在什麼樣的情況下成為一名充實的存在，應該在什麼情況下保持內部的空靈狀態。當他在靠近我的時候果斷地放棄了他以前的經歷，處於一種內部空靈的狀態，那麼他也能很快地理解我，他也能很快地進入我。

我所說的東方和西方，不能把它僅僅理解為一個地域概念，它在更多的時候是以文明和文化的內涵來界定的。現在西方正在越來越東方化，東方則越來越西方化。有些走在前沿的西方人已經變得幾乎

是一個東方人了，有些走在前沿的東方人已經變得幾乎是一個西方人了。所以，我說「西方人」，我的意思不是指生活在西方國度裡的人，我的意思是，無論他生長在哪個民族、哪個國度裡，只要這個人擁有西方文明和文化的一切重要特性來作為他的存在特性，那麼，在我看來，這個人就是西方人。我所說的「東方人」也是這個意思。

　　無論走到哪裡，無論接受什麼樣的文明和文化，我將永遠保持是一個東方人。這不是因為我是漢族人或是有中國國籍，而是說，我的存在深處自然保持著東方文明和文化的一切重要特性，即生命的特性，而不是物理或物質的特性！

你本來就是一個佛陀

　　我是師範學院的在讀學生，愛好和專業都使我與教育結下了不解之緣。但我對當代的教育越是深入地思考就越是充滿了困惑，真誠地請求您就教育問題談論一下。

　　提到教育問題，我真是感慨萬千，千萬種情緒、千萬句語言一起湧上心頭，讓我不知從何處說起。我此時只好順應我的心靈之流，我的心靈流向何處，我就說到何處吧！

　　釋迦牟尼在菩提樹下頓悟成佛的時候，他所說的第一句話就是：奇哉，奇哉，沒想到所有的人、所有的生物的內部都有佛性，都可以成佛！

　　你本來就是一個佛陀，每個人本來都是一個佛陀，這是上蒼賦予每個人的權利和能力。不要誤解我的意思，我只是說你本來是一個佛陀，可我並沒有說你現在就是一個現實中的佛陀。你的佛性現在處於潛藏狀態，被你的自我意識嚴密地封鎖住了。只有它被顯化出來了以後，你才是一個現實中的佛陀。

　　你內在的佛性就像一顆花的種子。一顆花種本身就是一束花——但只是一束潛在的花，當春天來臨的時候，這顆花種在其自身內在力量的驅使下和外在春雨的滋潤下顯化成了一束現實中的花朵。

　　教育是什麼？教育就是春雨，它可以幫助百花綻放，但它本身不是花朵，它本身只能幫助花朵綻放。一束花之所以能成為一束花，那個根本原因在於它本來就是一束花——只是以前是一種潛性存在，現

在躍升為了顯性存在。

　　教育應以輔助個體生命潛力的充分發揮為目的，這就如同一粒種子內部蘊含了無限的生命特性，但只有陽光和雨露的充分澤被，它才能得以健康的成長。教育的方向應該是趨於生命型的，而不應該有任何的分裂與殘害在裡面，否則我們的教育就失去了生機，成了一種扼殺生機的自我意識的教育。

　　生命是極其豐富的，也是極其博大的，它含藏一切，又能不被一切所束縛。生命保持著絕對的自在和自由，這也是教育應具備的特徵。

　　成長與成熟就意味著生命特性的日益豐滿與彰顯，在這個過程中，反映出來的生命特性都是她本身就具有的，你不可能也不應該在其中增添或減少任何特性。

　　現代的教育只是在將我們塑造成一個社會型人才，並且不斷因為時代特色的改變而改革著傳統教育，它不斷將每個人從一種空白塑造成一個適合集體利益的人才。我們的教育是一種群體認同教育與專業技能的雙重結合！這一龐大的教育體系卻從來沒有觸及到人的「生命境界」，它對生命的全部理解就只有歷史先哲所遺留下來的語言。社會並不強調人在生命覺醒的基礎上安定本職地搞好各項工作，因為它並沒有開展生命型教育的這種能力，就現在的社會特徵而言，它的運作方式只能適應一種階段性教育，它是由教育與社會現實的相適應性所決定的，它沒有精力與氣魄超出該時期行為規範的系列追求。因此，目前的教育只能是一種局部教育，即國度型教育、行業型教育、信仰型教育等。它不可能達到根植於生命之境上的人生教育。

　　產生現代教育膚淺和片面的根源在於，那些從事教育的工作者們以及整個社會對「人」、對「生命」的瞭解和認識的膚淺和片面。很不可思議的，整個人類的文化和整個人類的教育對「人」和「生命」

的瞭解和認識都是十分的膚淺。可以這麼說，迄今為止，除了歷史上為數不多的開悟者澈底瞭解了「人」和「生命」的真正奧祕以外，整個文明和文化對「人」和「生命」的理解都充滿了嚴重的誤解和曲解，以至於整個文明和文化在人類歷史上所扮演的角色，不是幫助人們去瞭解自己、去認識生命，而是處處在誤導人們對自身的瞭解和認識！我們總是在大肆渲染並鞏固社會價值的光環，而將生命的神性斷然予以禁錮，這使得每個人都處於昏沉與愚昧之中，人人都如同斷了線的風箏，無奈地脫離了生命之境，而走向了分裂、分歧和訣別。

教育是一個十分寬泛的概念，我們給教育所下的定義就是：只要這個事物對你產生了影響，那麼我們就可以據此說這個事物對你施行了教育──無論是好的教育還是壞的教育。

就現有的文明文化和教育而言，它們對「人」和「生命」的理解的膚淺，註定了它們不可能將你的成長帶到一個非常高的高度，它們不可能將你帶到生命的本真那裡去。

教育不可能脫離它所處的那個文明文化範圍，教育只是文明文化向後來者的身心裡滲透時產生的具體行為。有什麼樣的文明文化，就有什麼樣的教育。

整個人類教育的總體目標只有一個，那就是讓你以最快的速度透過最短的路程成為一名社會人，一名文明人。所有的教育都在告訴你，要成為一名社會人，一名文明人。

對於社會教育的功用我們無可厚非，社會的運行以及人類的生活有賴於有組織的運行。這是人類社會協調發展的基本特徵。但是因為我們的教育一起步就紮根於社會的「自我意識場」之中，所以每個人都是一個徹頭徹尾的社會型存在。在這一大環境下，如果誰想接受生命教育的話，那只有從自覺中、從古籍中尋找一些生命思想的精華，

只能靠自己的慧悟來達成了，這也是我們的社會上生命型存在的人很少的原因。

　　我要告訴你們，首先，使自己成為一名社會人、一名文明人是必須的，因為你的身心只有在成為一名純粹的社會人、文明人的時候才能成長到它們應該有的成熟高度。如果你在 20 歲以後還仍然在生理上像一個小孩，如果你在 20 歲以後還仍然處於社會的邊緣，處於文明文化的邊緣，我們就此就可以斷言，你的身心沒有得到應有的成長。你一定是在什麼地方搞錯了，嚴重一點講，此時的你是一位侏儒──身體上的侏儒或精神上的侏儒，你不但沒有生活在生命境界裡，而且連最基本的社會基因都沒有綻放出來。綻放生命理應是社會的本然，而忠誠地服務於社會則應是你的責任、義務和權利。這樣，你才是一個健全的人。

　　成為了一名社會中人、文明中人，那只是說明你的身心成長了，你的身心成熟了。但僅僅將自己停留在這麼一個高度、這麼一個層面上還遠遠不夠，你還需要另外一種成長──生命覺醒的成長！

　　生命覺醒的成長是人的最內在的成長，身心的成長只是人的表層的成長。生命覺醒的成長是人向生命本身的回歸。你來源於生命這個種子，你最終必須綻放出生命那絢麗的花朵。這很像是一棵樹，一棵樹是一顆樹種的化生，它最終也要必須化生出來一顆樹種。生命是每個人的種子──每個人都是從生命這顆種子裡化生出來的，每個人最終也必須化生出一顆生命的種子。

　　你本來是生命，你最終一定還要成為生命。

　　什麼是人生？我們可以給人生下這樣一個定義：生命的一次化現並最後將化現出來的東西帶回到生命自身之中的過程，這就叫「人生」。

　　傳統教育對人生的理解則是人自出生到死亡這一過程的顯化，這是失去生命境界的一種生活觀念，它本身並沒有注意到，更不可能為人類指出人們在經歷了生之階段後最終要成為什麼，要歸到哪裡去，沒有人來指導你如何走向死亡，所以，對人生而言，新生是一場慶賀，而死亡是一場悲傷。是我們自己將最為寶貴的生命推進了沙漠，任意流浪，並且死無歸宿。正因為人類將死亡視為一種永遠的消逝，才導致了他的結局是一場悲劇。我們怎麼能談人生是一場慶賀呢？生命之性將我們萬分珍貴地顯化出來，而我們卻自行斬斷了生命的臍帶，你怎麼可能去享受生命之境不生不死的神聖與偉大呢？

　　身體和精神的集合體，我們稱之為「人」。人的來源不是人本身，人來源於生命。人的過程不是人，人的過程其實是生命的一次顯化，一次開放，一次遊戲。人的歸宿仍然不是人，人的唯一歸宿是生命。人的過程是一次由生命復歸於生命自身的過程！所以從嚴格的意義上來講，「人」只是一個虛詞，「人」不是一個真實事物──必須瞭解這一點！

　　現代教育一個重要的誤區是：將教育的最終歸宿指向了「人」。所有的學校都把人當作了「人」，所有的學校教育都把人試圖教育引導成為一個「人」，而沒有發現所有的人都是一個表象，所有的人的本質都是一個神，一個偉大的無限的生命！

　　現代的教育一直在對人們說：你以為你是誰？你只是一個人！你成長的最高的高度也只能成為一名社會人、一名文明人。而我一直用我的發現對你們說：你以為你是誰？你（人）只是一個虛詞，你根本就不存在，你只是生命暫時顯化出來的一個事物，你必須回到生命之中，你要再次成為生命──而不是僅僅成為一個社會人、一個文明人。

　　在整個人類歷史的主流裡，被突顯出來的教育一直都是社會教

育，教育的核心一直放在如何讓你儘快地成長為一名社會中人、文明中人。只有在為數不多的開悟者那裡，教育才被提升到以生命覺醒為成長歸宿的高度，在開悟者的教導和教育裡，生命覺醒的迅速成長才成了教導和教育的核心和最終目的。

在人類的文明中，事實上有兩種教育，根據這兩種教育的核心、宗旨和目的，可以把這兩種教育分別稱之為：社會文明的教育和生命覺醒的教育。

禪師的教導，先知的教導，開悟者成道者的教導，基本上都屬於生命覺醒的教育；技師的教導，學校的教導，老師的教導，基本上都屬於社會文明和文化的教育。

在我國的主流文化中，能夠較好地將生命教育與社會實踐相結合並且結合得較為成功的要屬儒家。儒家在參天地之化育的過程中，把著重點深沉地放在了社會功用上。它一方面高揚人性與生命，另一方面同時強調要人們將生命中的博愛與多彩運用於社會實踐中，以便在各自擔負的社會功用中率真地實現生命的價值。這是一種可貴的生存精神，這也是儒家思想一直成為中國文化主流的重要原因。

我的教育主要以生命覺醒為核心，我的一切語言和行為都直接指向一個目的：使人們從中獲得開悟，獲得生命的澈底覺醒。你本來就是一個佛陀——只是現在你這個佛陀還處在潛在狀態，我的目的就是以最快的方式讓你這個潛在的佛性顯化出來，讓你以最快的速度由一個原來的社會型存在、文明型存在昇華為一個生命型存在、一個覺醒型存在。

我所處的時代和孔子所處的時代有所不同。在孔子那個時代裡，學者型的老師和生命型的導師都很少，所以孔子不得不身兼兩種身分：學者型的老師和生命型的導師。在我身處的這個時代裡，學校已經十

分普遍了，各式各樣的啟蒙教育、義務教育、專業教育、成人教育都很多，學者型的老師遍及各地，隨處可見。因此我就沒有必要再去充當一個學者型的老師了，所以我的教育就可以在原有社會文明教育的基礎上直接開始生命覺醒型教育。

社會教育和生命教育相比較有一個最大的差別，那就是：社會教育總是引導人們成為一個你本來沒有的，比如說：你本來不是一個政客，社會卻要教導你成為一名政客；你本來不是一個商人，社會卻要教導你成為一名商人……生命教育總是引導人們成為一個你本來就有的，比如說：你本來就是一名佛陀，現在就引導你成為一名佛陀；你本來就是一個無我（無自我），現在就教導你成為一個無我；你本來就是無限的生命，現在就教導你成為一個無限的生命……

人生是由諸多悖論組成的。比如說：你本來就是一個生命，你本來不屬於社會，不屬於人類的文明文化，但為了能保存你的身心，你必須在社會中學會生存；要學會在社會中生存，你必須首先涉入社會、涉入文明，並成為其中的一個有機組成部分；雖然這樣做，你的身心得到了很好的保存，你的身心得到了成長，可你卻在此過程中變成了另外一個東西——一個政客、一個商人或一個別的什麼人；然後你還必須得從社會中、文明中再脫離出來，再改變回來，再次成為一個生命。

一位太認同於學者型教育的人來到一位生命型的師父這裡，他會受不了，他難以理解這位師父在幹什麼，他會對著這位師父說：請給予我一些知識吧！請給予我一些學問吧！請給予我一個體系！這不奇怪，因為他以前就是這樣被教育的，因為他以前跟隨的人就是這樣對待他的——不斷給予他一些知識、一些學問、一些體系，他以為這一次這位師父也一定會像以前一樣給他一個什麼。可是他這一次一定想錯了，一位生命型的師父肯定不會給你一個什麼學問、一個什麼

體系，情況正好相反，真正的師父會從你身上帶走本來不屬於你的東西。所以，當你靠近一位師父的時候，在最初的一段時間裡，你會被弄得手足無措，你會被弄得有點混亂，你會發現你正在掉進一個說不清的懸崖下面，你不知道你應該怎麼辦。

這很好理解，因為你以前已經被社會定型了，你已經被文明澈底地規範了。長時間以來，你都生活在社會和文明給你的那個僵死的模式裡，你已經認同你的模式了，你已經將那個模式錯誤地認為那就是你的存在的全部了——可是這一切都是在你沒有清醒地意識到的情況下發生的。

你不瞭解你自己，你甚至都不知道你已經被社會和文明嚴重地塑造了一遍。可一位真正的師父知道，他不僅透澈地瞭解他自己，他還能透過生命賦予他的高深智慧瞭解到你的全部。在一位開悟者眼裡，你是一個透明的人。師父不會在你的身心裡再建設什麼，你的內部已經充滿了世俗的一切，你的身心裡充滿了垃圾。師父的工作不是向你那個已經十分沉重的身心裡再塞進一些什麼東西，他對你的幫助是：要從你的身心裡帶走一些東西。師父會用一些辦法將你帶出你以前生活的那個模式，師父會將你從你涉入的那個社會和文明裡帶出來，帶到一個本來屬於你的、後來又被你全部遺忘了的地方——一個真實的地方。

你的小學，你的中學、大學，整個社會，你所能接收進來的一切文明和文化，這一切的一切都試圖在你的身心裡建設起來一個大廈、一個模式，其目的就是要把你裝進去。我這裡所說的「你」指的是你的選擇，指那個能選擇的你。

你以前接受的那些來自社會、來自學校的整個教育，都在試圖否定你，它們總是一遍又一遍地告訴你：你以前只是一張空白的畫布，

你以前什麼也沒有，你必須由一張空白的畫布變成一張豐富多彩的畫。

如果你靠近了一位師父，他則會一再地告訴你：你本身什麼都有，整個宇宙的過去、現在和未來所能化生出來的一切都是你的，你擁有的還遠遠不止這些，真正的你比擁有一個宇宙還要富有；你的存在不是再在你的身心裡建立什麼，你所有在內部的建設都是膚淺的，也是極其有限的，你的存在就是去享受你本來就有的這一切！

社會中所有的教育都是在試圖將人們帶入到大腦中、邏輯中、自我中去，社會中所有的教育都是試圖在人們的大腦中、邏輯中、自我中重新塑建出一個你來。

一位師父的所有工作則是努力地要將人們帶出大腦，帶出邏輯，帶出自我，努力地要將人們內部那個在後天裡塑造起來的「你」摧毀，讓你回到你的真實之中去生活。

這就是老子反覆強調的「復歸於嬰兒」。老子所說的讓你再次回到嬰兒狀態，不是讓你的身體回到嬰兒狀態，也不是讓你的精神回到嬰兒狀態，他的意思是在告訴你：要將你的整個存在恢復到你以前的狀態。以前你不是你的大腦，以前你是你的整體；以前你不是你的邏輯，以前你是你的整個心靈；以前你不是你的自我，以前你是一個「無我」──生命或曰存在：這才是你真正的狀態，這才是你的「嬰兒」狀態。

老子說你必須從哪裡來，還回到哪裡去，你必須回家！大腦不是你的家，邏輯不是你的家，自我不是你的家，社會和文明重塑的你不是你，社會和文明給予你的那些模式更不是你的家園。你必須回去，你必須從哪裡來還要回到那裡去。老子說：你的起點就是你的終點，除此之外，你沒有第二個終點；除此之外，所有終點都是你的誤區，

都將是你的地獄！

　　據說有一天釋迦牟尼的一名弟子去拜見當時印度的另外一位聖者，聖者對著佛陀的弟子說：你們的導師釋迦牟尼那個傢伙目光太短淺了，他只發現了十八個地獄，請你回去代我轉告你的師父，就說我已經發現了人間至少有八百個地獄——而且裡面都人滿為患，還有很多人，幾乎是所有活著的人都在門外排著長隊，急不可耐地要進去。回去告訴釋迦牟尼，世間至少有地獄八百個，而且這八百個地獄無一例外地都是此世間延伸出來的。——這個人的話沒錯。

　　老子說你哪裡也去不了，你唯一正確的歸宿就是你的起點，你必須穿越社會和文明的層層包圍進入到你的本真裡來，在那裡的你才是真的你，除此之外，社會的你、文明的你、邏輯的你、自我的你、想像中的你，等等這一切的「我」都不是真我，都是假我！

　　我們的社會教育就局限在它努力地幫助你、引導你成為一個假我。——因為它也沒有發現人的真我在哪裡！

人生時刻需要警覺

尊敬的先生，我從歷史書中瞭解到，在中國以及在整個東方，當然也包括西方，過去有很多很多的帝王、國王、太子、公主、宰相大臣和社會名士們最後都因自身的原因或不知不覺地或自知自覺地轉入到修道和求悟的行列中來，請問這是什麼原因？

一個人，他無論處於人生的何種境地，保持人生警覺都是萬分可貴的。一個人一旦在人生裡、在生活裡失去了應有的警覺，我們就可以說這個人已經死了，至少他的心靈已經僵死了。

保持對自己的高度警覺是深入自己、深入社會的一把金鑰匙，是一扇通向未知領域的大門。一個人應該永遠開放自己，一旦一個人在人生的某個階段裡開始將自己封閉起來，這個人一定就是釋迦牟尼所說的掉進地獄之中的人。地獄本來是沒有的，它是人們在沒有的基礎上強行樹立起一個屏障畫分出來的。

人生是一次深入尋找自己的過程。有的人一生也沒有完成這個過程，那麼他還要繼續下去，直到他在某一天將真實的自己尋找到為止。有的人在一生之內就尋找到了真實的自己，我們就將這種人叫做「成道者」或叫做「開悟者」。開悟者就在獲得開悟的那一刻起，他的人生就結束了。

耶穌說：除非你死，然後再被生出來，否則你將無法進入天堂的王國。

開悟者就在獲得開悟的那一刻起，他就死了──作為人的一切、

自我的一切都死了，一種全新的充滿神性的品質就被再生出來，一種被澈底粉碎後的重構出現了。此時這個人就不應該再叫做人了，他應該被稱作佛陀、基督、先知、聖者，或你給他一個隨便什麼樣的稱呼。

文明不是什麼，文明只是人類在覺醒中所遺留下的殘骸，它已失去了生命。文化不是什麼，它是自我意識在它自身發展過程中的沉澱，當然也是一種自我意識的殘骸，是一堆沒有生命靈光的存在物！或許我們的覺悟能使我們在徘徊於這片古戰場的過程中發現幾顆血色舍利，我們會因此而照亮自己的生命，而成為當代的生命型存在。社會與文化帶給我們的不是一種解脫，而是一種永遠也沖不破的沉重與壓抑。

你占有的越多你就會越重。你占有了土地，土地就是你的重；你占有了知識和文明，知識和文明就是你的重；你占有了他人，他人就是你的重；你占有了地球，地球就是你的重……你向外占有了什麼，什麼就是你的重。你說你不向外占有什麼，你只占有你自己，那麼此時你自己就是你的重。

你太沉重了，你越來越沉重。總有一天，你會承受不了你的重，你占有的一切都會令你身心憔悴，都會令你有一個無法承受的重。每個人都會有這麼一天，無論在時間上是遲還是早，你一定會有這麼一天，這一天遲早會降臨到你的身上。

你占有的速度越快，你的重感來臨得也就越快。那些占有速度較慢的人，他的沉重感來得也就越慢，但無論有多麼緩慢，他遲早會走到一個點上———一個再也承受不了的重壓的點上。

是啊！我們總是無法體會到一種輕鬆，無法體會到融入生命之境中的那種新型的社會倫理以及工作、責任與義務的榮尚與輕鬆。我們總是不能在生命之境中，透過安定的盡職盡責來昇華自己的生命，並

最終收穫一朵璀璨的生命之花。

飛躍就從這個臨界點上開始。當人們來到了他自身承受不了之重的臨界點上的時候，他有兩個選擇：一個是身體上的自殺或是心靈的自殺——催眠自己；一個是斷然地掙脫出來，躍升到一個全新的層面。

很可惜，很遺憾，有90%以上的人來到了他自身無法再進一步承受之重的臨界點上的時候，選擇的不是身體上的自殺，就是心靈的自我催眠，再或是瘋狂——一個最常見的也是最愚蠢的選擇。精神病和瘋狂也是心靈為了擺脫那個無法承受之重的一個選擇，你的精神病、你的瘋狂也是你的一個微妙的選擇。

著名心理分析學家榮格說：所有的神經病和精神病患者都不是澈底的心理紊亂者，他們的心理紊亂到一定的深度就停止了，再向深處看去，那裡就屬於健康正常的部分。——所有的精神病都是患者心理最深處的那些正常部分的一個選擇：它們選擇了瘋狂，透過瘋狂去維持自己的繼續存在。

過去那些帝王們、國王們和社會名士們都是占有速度比較快的人，他們在身體未死之前就來到了自身承受之重的那個臨界點上，很令人欣慰的是，他們一貫的高度警覺挽救了他們。如果他們以前沒有達到一定高度的警覺，他們很可能像別人一樣在自身無法承受之重的重壓下選擇身體的自殺或心理上的自殺——自我催眠，或去選擇心理上的瘋狂發洩——發瘋。或是在別人的啟迪下或是在自己的直覺裡，他們發現還有另外一種途徑可以化解掉自己身上的那個無法承受之重——修道和求悟！

在歷史上，所有自覺或不自覺地將自己的人生轉入到修道和求悟的人們，從他們的行為裡都透露出來一個偉大的真理：你占有得越多，你就越沉重，你越沉重，你就越痛苦越煩惱。但是作為一個有責

任、有義務的社會中人，該如何解決這一問題呢？那只有澈底地打開身心，在智慧之光的普照中來承擔起我們應盡的責任與義務，這樣才會使以前工作中的困惑與不安轉而成為解脫之境上的自然操作。這才是一種全然的不為物累的生活方式。前幾天，從你們師範大學來了一位多年的好友，他是一名青年書法家和思想家，他不僅書畫方面非常棒，在思想方面也很棒。他的筆名叫微末，我和他有很多年的友誼了。我們在聊天的時候，他十分認真地告訴我，他這幾年來一直在感悟一個東西，這個東西的核心可以用一個字來概括，那就是「輕」這個字。他說我已經對這個「輕」感悟了很長時間了，我越來越發現這個「輕」字裡面包含了無限的人生玄機。

微末的感悟是深刻的，他透視到了常人難以透視到的人生更深的一個層面。他是對的。

唯有到了一個自己無法承受之重的臨界點上，你才有可能突然悟到你以前的一切向外占有都是愚蠢的，只有此時，你才能真正地發現追求地位、權力、名望、金錢等都是十分荒唐的，只有此時，你才能發現你以前是多麼的無聊。一種深深的無聊會占據你的所有存在。

此時你會毫不猶豫地放下你以前的一切。——這是那些仍然有強烈的占有欲的人最無法理解的，這些人無法理解為什麼你會放下國王的寶座，你會放下已經取得的那些財富和名位，因為這些人還沒有來到他們自身無法承受之重的這個臨界點，他們沒有你的那個深深的無聊感受。這些人甚至會過來勸阻你，他們會說你是傻子。但是你知道你在幹什麼，你非常清楚你此時的行為，只有你知道你此時很清醒——一點也沒有發瘋，因為你此時突然覺悟到幸福是「輕」，智慧是「輕」，解脫是「輕」，永恆是「輕」！

永遠都要記住：生命是輕，智慧是輕，真正的愛是輕，幸福是輕，

永恆是輕！

　　當你發現自己越來越重的時候，你必須馬上警覺到，你一定在哪個地方搞錯了，你一定在哪個地方出了問題。

　　所有的神都可以自由自在地飛翔——這不是一個事實，但這是人世間可能有的最偉大的啟迪：神都是非常輕的！或者反過來說：只有當你變得越來越輕的時候，你就在向神的方向成長，你就在向神的方向靠近！

　　神是輕的——多麼偉大的一個寓言啊！神是輕的！只有人是沉重的，只有人是越來越重的！每個人的死亡都是一個夭折，科學家說每個人都可以很輕鬆地活到至少一百二十歲以上，可有99％的人不到一百歲就死亡了，怎麼回事？這是被自己的沉重壓死的！

　　神是不死的，為什麼？因為所有的神都是輕的。神太輕了，輕得像一陣春風，像一個浮在水面上的月影，所以死神找不到神，神就像一個不含一絲重量的風，死神看不見神在哪裡。

　　所有的開悟者都發現了一個生命真理：甘願讓所有的人和事物來分享自己的人才能獲得當下的開悟，只有甘願讓所有的人來分享自己的人才是天下最富有的人，只有甘願讓所有的人來分享自己的人才是天下最幸福的人。

　　幾乎所有的人都有一個錯誤的認識，那就是總是認為自己的所有都是有限的，自己的愛、自己的智慧、自己的人生、自己的能量、自己的榮譽等一切都是有限的，將這些東西奉獻出來被別人分享了以後自己就再也沒有了。這是一個巨大的錯誤。你不瞭解你自己，你不瞭解生命，你不瞭解生命的神性和無限。

　　你只是生命的一個顯化器，你顯化出來得越多，你就擁有得越多，因為你有一條根深深地紮在存在的深處，你有一條根深深地紮在

生命的深處：你向外奉獻出來的愛越多，生命給你的愛也就越多；你向外奉獻出來的智慧越多，生命給你的智慧也就越多。只有你不斷地坦然放下，生命境界的全部就會充滿你。強行掠奪得不到任何有益的結果，得到的只能是雙方的共同損失。生命對每一個事物都是公平的，不增不減，不垢不淨，當推開生命之門的時候，一切都面對著同一的境界，這就是生命的智慧與神聖！——因為生命是無限的！

人生的過程不是向外占有的過程，人生的過程是向外給予的過程；人生的過程不是向外索取的過程，人生的過程是一次被他人分享的過程。你放下得越多，你就會越輕；你被他人分享得越多，你就會越輕。你越輕，你就越是向神性、向永恆靠近，直至最後的徹底融合。

有兩種相反的人生：一種是越來越沉重的人生，一種是越來越輕的人生。逐漸沉重的人生是墮落的人生，逐漸輕盈的人生是昇華的人生！

如果一個人有足夠的警覺，他會很快發現變沉重的人生後果不堪設想，他會主動地調整他自己，他會以最快的速度將自己的人生移到日益輕盈的軌道上來。這就是為什麼社會上有兩種人的原因：一種人在瘋狂地向外索取、向外盡可能占有更多的東西；一種人則努力地向外拋棄、向外盡可能地找到更多的人來分享自己。

一心想占有的人，他會找尋很多很多理由來證明自己一無所有，自己必須去占有才能生活；一心想被分享的人，他會發現他有越來越多的東西可以拿出來供他人分享，他會發現自己怎麼越來越豐富。

如果你想去占有你的身體，你將會馬上失去它，如果你打算隨時放棄你的身體，你會擁有你的身體，而且比以前更豐富地擁有它；如果你想去占有你的心靈，你會馬上失去它，如果你準備隨時放棄你的心靈，你會擁有你的心靈，而且比以前更豐富地擁有它；如果你準備

去占有你的愛，你會馬上殺死你的愛，如果你準備隨時給予他人愛，你會擁有你的愛，而且比以前更深刻地擁有它。——這是生命的法則，這是人生的奧祕。

現代人已經越來越不能去愛了，現代人正在失去愛人的能力，現代人正在失去歡笑的能力。一個失去了愛的人生一定是一個病態的人生，一個失去了歡笑的人生一定是一個病態的人生。為什麼會是這樣？為什麼人們變得失去了愛和歡笑的能力？就是因為我們太沉重了，我們實在是太沉重了，我們的占有欲太強烈了，所以我們失去了生命中一切美好的東西，包括生命中最珍貴的愛和歡笑！

我們將自己變成了一個欲望的倉庫，我們將自己這個倉庫塞得太滿了，我們已經像一駕超載的老牛車一樣艱難而又沉重地向前爬行。只有輕巧的人生才有能力去愛，去歡笑，你越是變得輕盈，你就越是擁有愛的能力，你就越是擁有歡笑的能力。

愛和愛情已經成了世紀末裡僅存的最後一個神話了。有充足的理由相信，在下一個世紀裡，人們將無法理解他們的前人所追求的「願意用整個人生和生命去捍衛的愛和愛情」，在他們的心目中，愛和愛情只是一個美麗的神話——就像我們在給孩子們講述的嫦娥奔月這個神話一樣。

祕密之門

　　近幾年來全國乃至全世界的很多地方都掀起了藏學熱，藏學的主要構成部分是藏傳佛教的密宗。藏密數千年來一直聲稱自己有祕密迅速成佛的法門。聽說您對藏密和藏學挺精通的。我想就藏密和藏密中的一種現象，即一男一女裸體相抱的塑像「歡喜佛」，向您請教一下。

　　藏傳佛法的密宗儘管在數千年的歷史流傳中對釋迦牟尼的心法有了諸多的謬傳和誤解，但它畢竟完整地保留了釋迦牟尼的一些非常重要的洞見，故藏傳佛教之中歷代都出現了一大批生命覺醒者。正是由於歷代這一大批生命覺醒者的緣故，使釋迦牟尼清純的法脈才得以傳承下來。這是人類生命文明中難得一見的一顆明珠。

　　在藏密中隨處可見由兩位成道者一男一女裸體相互擁抱的塑像和畫像，世人常稱此像為「歡喜佛」。

　　歡喜佛的象徵意義有很多，可以這麼說，歡喜佛這種象徵集中反映了藏密的幾個可以迅速獲得覺醒的真實洞見，給那些想獲得開悟的人以無限的啟迪。你在人類所有的文明流派中再也不會見到比歡喜佛這種象徵更能啟迪人們開悟的東西了。

　　性和愛是同一個東西的兩個不同的層面。歡喜佛的第一個象徵就是告訴人們性和愛不是一對矛盾的東西，性和愛是同一個東西的兩個不同的層面。性是生命中淺表的層面；愛是生命中的核心層面。性和愛都是生命的兩個真實反映，差別只在於這兩者在生命中所處的層面不同，所產生的結果不同。

性是一種生命的力量，愛也是生命中的力量。生命中只有兩種力量，或者說存在只有兩種力量：一種力量是斥力，是離心力，我們就將從存在中、從生命中表現出來的這種斥力、這種離心力叫做「性」；生命中還有一種同化力和向心力，我們就將這種力量稱作「愛」。

有力量就有能量，因為力量不是憑空產生的，力是能量的體現，力是能量在流動、運動和轉化的時候的體現。既然性是一種力，那麼性就是一種能量；愛是一種力，那麼愛也必然是一種能量。

性能量和愛能量是一個能量，性力和愛力是一個力，所不同的就是：當性能量處於較高層次的時候，表現出來的就是愛；愛能量處於較低層次的時候，表現出來的就是性。

當你的全部能量都處在愛的層面的時候，此時你的性也就不是性了，它此時也成了愛的一種表現了；當你的全部能量都處在性的層面的時候，此時你的愛也就不是愛了，此時它成了性的一種表現了。

性的特性是將生命降格為自我，愛的特性是將自我吸收掉提升到生命的高度。性屬於自我，愛屬於生命。性的特點是進攻是破壞，愛的特點是同化、是創造、是分享。

每個人都源於性，我們都是在父母的性行為中出生的，我們都是在父母的性能量中化生的。我們的整個身體和整個心理都是性的產物，都是性能量的化現。

因為性的特性決定了我們身心的特性，所以每個人的特性都和性的特性一樣，充滿自我，充滿進攻，充滿破壞，熱戀死亡。

以提出泛性論而著稱於世的瑞士精神分析學之父佛洛伊德看到了在每個人的身心深處都充滿了一種基本的力量、一種基本的能量，佛洛伊德發現這種力量這種能量就是「性」。在某一天，佛洛伊德震驚地發現人是在兩種巨大的動力下活動的，他的一切行為都是來源於這

兩種力量：一種力量就是求生之力，每個人都是在這種力量下充分地展示著自己的個性、價值與輝煌，這種力量鼓舞著我們去戰勝強大的悲傷、痛苦與挫折，一次次奮勇地在社會的舞臺上實現著自己；但是還有一種力量，它是極其隱蔽與可怕的，它是一股時刻準備摧毀奮進、激昂、鬥志、希望的力量，它使你現有的一切澈底失去意義和價值。佛洛伊德將求生的信念稱之為求生意志，而將第二種本能力量稱之為趨死意志。並且佛洛伊德深刻地發現求生意志只存在於人身心的表層，求死意志則處於人們身心的深層。求死意志才是每個人的根本意志，而求生意志只是求死意志的一個延伸，是求死意志反映給人們的一個假相。

佛洛伊德至死也不明白為什麼每個人都是在努力掙脫死亡之網時走向了死亡。他曾多次試圖否定自己的這一發現，他曾多次告訴自己：一定是我在哪個地方弄錯了，不然這怎麼可能呢？可是他無法否定自己，因為他一次又一次地看到了同樣的一個事實：每個人的內部都有一種愈加強烈的死亡氣息，直到將每個人的身心澈底吞沒為止。

這要是讓我來解釋則一點都不困難，原因很簡單：因為每個人都是被從生命之樹上摘下來的花朵，在失去了生命之境的情況下，每個人就失去了真實的性與愛，人人都成了一個墮落的化身。每個人都是一個性能量性力量的化現，而被社會視為奮鬥與拚搏的性力也變成了一種自我、破壞、進攻、離心和死亡。這就是人性中將身心的一切活動、一切行為都自覺不自覺地趨於自我，趨於破壞、進攻和死亡的根源。

釋迦牟尼和他後來的藏密弟子們，從生命中顯化出來的無邊智慧清楚地透視出了性和愛的關係以及性和愛各自的特性。他們看到了人性有一種可怕的力量，一切趨於自我，向外無休無止地破壞、進攻，直至將自身和他物都帶入死亡陷阱的力量！同時他們又看到了愛有一

種偉大的力量，將一切昇華入生命之中，同化外在的一切，創造一切、滋潤一切，直至將自身和他物都帶入生生不息永恆的境界的力量！

歡喜佛的象徵意味在於：將性昇華為愛！

性是死亡。有很多昆蟲在性交以後馬上自然死亡，有很多海洋和淡水湖中的生物在性交或排卵以後馬上自然死亡，每個人在經歷性高潮的時候都會出現一種「瀕臨死亡」的體驗，一次性高潮過後，又會有一種「再生」的體驗。這就充分地說明了一個道理：性是死亡。

愛是生命。每當一對男女相愛的時候，這對男女都能同時感受到自己的內部有一種生生不息的生命活力在生起，每當你處於愛的狀態的時候，你一定會產生一種光明和向上升騰的力量，有一種永恆和無限的衝動從你的內部生起。

一位處於熱戀中的人會不自覺地說：我對你的愛永永遠遠，天地有盡，我愛無盡。如果你真正愛著一個人，如果你真正處於愛的狀態裡，你一定不會說這個人在撒謊。的確，當你處於深深的愛的狀態裡的時候，你十分真切地感受到有一種永恆和無限從你的存在的最深處生起，這種感受能令每一個體驗到的人陶醉，這種感受能令每一個體驗到的人產生一種十分輕盈的感覺——愛能令你變得越來越「輕」！

基督說：上帝就是愛！釋迦牟尼說：慈悲就是佛！

當你不知在什麼時候將你的愛丟失了以後，你需要外界的一些幫助，一座山、一朵花、一個知音朋友、一個師父、一對父母都可以幫助你重新找到你的愛，都可以讓你重新進入到愛的狀態，而最好的幫助是一位異性情侶！一個男人或一個女人最容易進入愛的狀態的時候就是他（或她）在遇到讓自己心動的異性的時候。所以藏密用一男一女相擁抱來暗示人們進入愛的狀態最容易的是遇到一位心動的異性。僅僅依靠外界的一個事物或一個人的刺激來使自己進入到愛的狀態還

遠遠不夠，此時你的愛是不完全的、不澈底的，如果那個刺激你的愛的外在源泉消失了呢？那麼你又會再次跌落到無愛的狀態，你會再度失去愛。你的愛必須進一步成長，你必須進一步深入到你的愛中，你必須學會保存你的愛。

有兩種愛的來源：一種是在遇到了外界可愛的事物以後，臨時出現的愛；一種是潛入生命以後，從生命裡湧現出來的愛。前一種愛叫做情愛，後一種愛叫做博愛。

前一種愛的意思是：我本來沒有愛，我現在之所以有愛，那是因為我遇到了外界一些可愛的事物以後作出的一個反應。後一種愛的意思是：我就是愛，無論我處於何時何地，我都在深深的博愛狀態，因為我的愛不是一個對外界事物的反應，我的愛來自於我的內部，我的內部有一個愛的噴泉！

由男女相互赤身擁抱獲得的歡喜是性，而佛是愛。歡喜再加上佛，它的象徵意思就是由性進入到愛，由愛進入到佛性而獲得開悟。因為佛性就是生命，佛性就是神性，佛性就是涅槃，就是開悟。

愛是自然的同化。在這裡我要突出「自然」這兩個字，「自然」的意思就是，它不是人為的造作，它是法則的必然。愛的法則就是同化！愛是宇宙中最深的同化。愛是生命的同化。

一旦你處於深深的愛中，就在當下你就被愛同化了，你愛上什麼，你就被什麼同化。如果你愛上了一位師父，你在當下就被這位師父同化了；如果你愛上了生命，你在當下就被生命同化了。如果你就是愛本身，那麼你就是上帝，你就是生命，你就是涅槃！一切分裂的雙方都會在愛裡被統一、被提升，這是生命中最基本的法則之一。

一對男女同時處於深深的愛之中，此時男人就不存在了，此時女人也不存在了，此時男人和女人都不存在了，一種全新的品質就會在

這一對男女之間出現，一種全新的高度就會在這一對男女之中出現。

　　一對師徒同時處於深深的愛之中，此時師父不存在了，此時弟子也不存在了，此時這一對師徒就會被生命、被涅槃所融化——他們雙雙都處於涅槃之中！

　　在藏密裡有沒有將性提升到愛的方法？

　　性在人體上的對應部位在下半身，主要集中對應在小腹和生殖器部位。愛在人體的對應部位在上半身，主要集中對應在腦部和頭頂部位。我這裡所說的只是對應的生理部位，我不是說性就在小腹和生殖器這個生理位置上，也不是說愛就在大腦和頭頂這個生理位置上。事實上，性和愛遍佈於人的整個身心的所有部位，甚至超越於身心，它們是作為身心的基礎而存在的。身心的基礎大於現在的身心，身心的基礎是身心的整體，身心只是身心的基礎這一整體的一個部分、一個表現形式。性在生理上對應於小腹和生殖器，不是說性就在小腹和生殖器上；愛也是如此，愛在生理上對應於大腦和頭頂（百會穴）部位，不是說愛就在大腦和頭頂部位。

　　印度的瑜伽術和中國的瑜伽術——道家內功修煉法以及藏密裡的身心修煉術都發現了性和愛在生理上的對應部位，它們都有一套將性轉化為愛的生理修煉方法。

　　其實這些方法是不需要的。將性提升為愛根本不需要什麼方法，根本不需要什麼修煉。當你選擇了愛的時候，你就是愛；當你選擇性的時候，你就是性。所有的奧祕就是一個：選擇。當你選擇愛的時候，你的性力量、性能量馬上就會被愛力量、愛能量同化並吸收掉，此時你的一切與性和性行為有關的活動都不再是性的了，此時它完全成了

一種愛的表現、愛的反映；當你選擇性的時候，你的愛力量愛能量馬上就會被性力量、性能量同化並吸收掉，此時你的一切與愛和愛的行為有關的活動都不再是愛的了，此時它成了一種性的表現、一種性的反映。

當你選擇性的時候，在生理上你的能量就會自然地向下半身流淌，就會自然地向小腹和生殖器部位聚積，你會感覺到你的身心越來越沉重；當你選擇愛的時候，在生理上你的能量就會自然地向上半身流淌，就會自然地向大腦和頭頂部位聚積，你會感覺到你的身心越來越輕盈。

在道家和印度以及藏密中都有雙修這個修煉方法，據他們說這種方法可以在男女進行性行為的時候將性能量提升上去，提升到大腦部位，這樣就可以將男女之間的性行為轉變為一種獲得智慧、獲得成道的修煉。這種方法只能提高性行為的品質，只能達到一定的性生理和性心理的保健作用，這種方法不可能達到開悟。

愛的確是進入生命的一個十分重要的門，耶穌和孔子以及釋迦牟尼他們都十分重視「愛」這個生命之門。但愛的獲得不需要等到性能量被轉化以後才有，你只要去選擇你的愛，你就擁有了愛，你想讓你的愛有多深，你的愛馬上就有多深。當你的愛深到一定程度的時候，你所有的性都會自然自發地被愛所吸收，同時你的性的一切品質——如自我、破壞、進攻和死亡意志等也一同被全部吸收。

一位師父對他的弟子具體地說些什麼並不重要，重要的是從師父那裡流淌出來的博愛，重要的是師父能否激發出弟子的愛。只要這位師父的愛足夠的深沉和博大，他的愛就可以馬上吸收掉弟子的性和自我，弟子就可以迅速進入生命而獲得開悟。

釋迦牟尼在世的時候，有相當多的人都獲得了徹底開悟，在這些

人中有很多人並沒有長時間地聆聽釋迦牟尼傳法。當弟子在接近釋迦牟尼的時候，他們能強烈地感受到他的愛，他從生命深處散發出來的無比強大的愛的能量，只要弟子們能放鬆地掉進他的愛——慈悲之海裡去，弟子就會在瞬間被釋迦牟尼同化，被生命同化，獲得生命的徹底覺醒。耶穌和釋迦牟尼都曾用愛在人世間創造過一個又一個偉大的奇蹟。

歡喜佛還是你內在的象徵。現代心理分析學家們普遍發現：每個人的內部都有一個男人的特性和女人的特性。男人特化了男人的特性，但他隱藏了他內部的女人的特性；女人特化了女人的特性，但她隱藏了她內部男人的特性。

整個社會時時都在告訴你：你是一個男人嗎？那麼你必須要像一個男人；你是一個女人嗎？那麼你必須要像一個女人。整個社會都在使男人更像男人，使女人更像女人。

男人屬於性，女人屬於愛。在歡喜佛裡，男性佛代表力量和勇氣，女性佛代表智慧和方便。

歡喜佛象徵著愛，愛可以平衡你內在的男女這兩種屬性。如果你內在的男性特性和女性特性得不到溝通和平衡，你就會處於內在的分裂狀態，你就會處於內在的持續鬥爭狀態，這種內在的鬥爭會令你一直處於跟自己戰爭的緊張狀態。愛可以自然平息你內在的分裂和爭鬥，愛可以溝通你內在的男人和女人，愛能使你處於和諧狀態。

你是你父母結合的產物，因此你的內部深深地烙印著你的父親和母親，你的內部必然遺傳了你的父親——男人，也必然遺傳了你的母親——女人。

如果你是一個女人，你只發展了你內部的女人這一部分，那麼你內部潛藏的那個男人部分呢？他也要求被表現呀。如果你是一個男

人，你只表現了你內部潛藏的男人部分，那麼你內部的女人部分呢？她也要求被表現呀。

因此你必須要找出一種溝通你內部的男性特性和女性特性的方法，這個方法就是愛——除了愛沒有第二種更有效的方法。不僅外在的一男一女可以透過愛達成溝通，達成統一，達成昇華，你內在潛藏的男女也可以透過愛達成溝通，達成統一，達成昇華。

讓我來告訴你們一個生命的奧祕：愛才是真正的性高潮！性高潮不是發生在生理上，一對男女透過性行為所達到的那個性高潮不是真正的性高潮，它最多是在接近那個真正的性高潮。這就是為什麼生理上的性高潮總是十分短暫的原因，因為生理上的性高潮不是真正的性高潮，它只是性能量被激發提升的時候出現的一個現象。生理上發生性行為的時候，性能量開始上升，當它上升到接近於愛的時候它就停止了，就在接近於愛的那一瞬間，生理上就出現了性的高潮。

真正的性高潮是永恆的，或者反過來說，只有永恆的性高潮才是真正的性高潮。

如果你真正的愛過，你就能體驗到你在愛的時候的那種身心的反應，那種反應一定和性高潮的反應一樣，唯一不同的是，當你進入生理上的性高潮的時候你會有一種接近死亡的感受，當你進入愛裡的時候，你會發現你在消失——你在光明中消失，你在存在中消失。你在消失的時候不僅不會產生恐懼，反而有一種更大的狂喜生起，反而有一種你從未發現過的東西生起，一種被人們稱之為佛性或叫神性的東西生起。而生理上的性高潮則不同，在生理上的性高潮裡，會有一種死亡的恐懼生起，會有一種試圖吞噬掉你的一切的黑暗生起。這就是愛的性高潮和生理上的性高潮之間的差別。

深沉的愛是光明，生理的性是黑暗。

春天是一種性高潮，花朵是一種性高潮，青春是一種性高潮，射精是一種性高潮，但這些性高潮都是十分短暫的；唯有從愛裡面自發生起的性高潮才是永恆的性高潮，因為愛屬於生命，因為生命屬於永恆。

釋迦牟尼在世的時候，他反覆告訴人們說開悟者和那些處於很深的愛心之中的人有一種快樂，這種快樂無法用言語來形容，它比你在人世間所能得到的任何一種快樂還要快樂千萬倍，這種快樂是那麼的深沉和持久，這種快樂無論被他人分享去多少它都不會枯竭。

釋迦牟尼一次又一次地說：我太快樂了，我快樂到了極限，我看不到我的快樂的終結處，我看不到我的快樂的中斷處。這就叫極樂！

因為當時在釋迦牟尼那個時候還沒有出現「永恆的性高潮」這個詞，所以他只能用「極樂」這個詞來形容那個東西。如果將「釋迦牟尼時刻處於永恆的自發的極樂之中」翻譯為現代語言，最準確的翻譯就是：釋迦牟尼時刻處於永恆的自發的性高潮之中。

愛是進入生命的一個大門，生命是一個宇宙級的性高潮。所以當你不斷深入到愛裡去的時候，生命這個宇宙級的性高潮就會透過愛湧現出來。

藏密說，與人體對應的有兩種快樂：一種在人體的生殖區，一種在人體的頭頂（百會穴區）。在生殖區的快樂是一種淫樂，一種極為短暫的快樂，這就是生理上的性高潮的快樂；在頭頂百會穴中獲得的快樂是一種聖樂，一種持久的永恆的大樂，這就是愛的性高潮的快樂。

藏密說，進入極樂世界在生理上只有一道門，這個門就是頂門。在道家和藏密裡，都將頭頂百會穴區叫做「天門」或叫做「解脫門」。藏密說的是對的，但需要用現代語言注解一下，那就是天門只是愛的象徵，只是愛在生理上集中對應的一個部位。它的整個意思就是說，

唯有進入到愛裡去，你才能獲得極樂——永恆的性高潮，你才能獲得解脫，即進入涅槃之中。

歡喜佛都是赤身裸體的，但你千萬不要將這看成是什麼黃色宣傳，這和下流和黃色沒有任何關係。赤身裸體是一種象徵，象徵著清純，象徵著樸素，象徵著蓮花——出污泥而不染。

愛必須赤裸裸，反過來講，只有赤裸裸的愛才是真正的愛。你的愛必須是全然的、超塵俗的，你的愛必須像一朵盛開的蓮花——出污泥而不染。如果你帶著世俗的功利動機去愛，那麼你此時的愛不是愛，它只是你的一個欲望，一個醜陋的乞求。只有不帶上功利、不帶上金錢、地位、名譽等東西的時候，愛才是愛。

你的愛不是金錢，當金錢一旦介入到你的愛裡去的時候，你的愛就發生了本質上的變化，變成了一個金錢欲望；你的愛不是地位，當地位這個東西介入到你的愛裡去的時候，你的愛就發生了本質上的變化，變成了一個獲得地位的欲望了。愛就像你的眼睛，無論是一顆沙粒還是一顆黃金碎屑進入你的眼睛，都是對你的眼睛的破壞！

愛是最純潔的東西，愛是最超越世俗的東西！

為什麼這個世界裡一直缺少愛？這並不能就此說明生活於這個世界裡的人內部沒有愛，每個人的內部都有一個愛的海洋，每個人的內部都有一個不竭的愛的源泉。根本原因是，我們沒有清楚地看到愛的本質，我們一直在將不屬於愛的東西放入愛裡去，致使愛一再一再地發生變質。

歡喜佛的提示是：愛必須一絲不掛！愛必須不帶任何世俗的東西！愛必須在你全然——而不是有所保留地投入的時候，那個真正的持久的性高潮——一個宇宙級的狂喜，一個宇宙級的覺醒，一個宇宙級的快樂——才能出現！

那個最神聖的

在您的法中，愛似乎是一個核心。剛才您在回答藏傳佛教密宗裡的「歡喜佛」又叫「雙身佛」的內涵及其象徵意義的時候，也重點談論了其在性和愛中的象徵意義，但我感覺到您在前面關於愛的談論中似乎還有很多關於愛的深廣內涵沒有談出來，懇請您就愛的問題再作一次較為深入的談論。

當我看書時，看到前人在追求真理的時候所表現出來的那種對真理的執著的愛，總是被感動得流淚。我承認我不是那種好情感用事的人，我也不是那種動不動就流淚的人，也就是說，我必須在遇到真正感人的事情的時候，才能自然地為之動容，為之流淚。

眼淚比歡笑還要深刻，至少眼淚比那些膚淺的虛假的歡笑要深刻得多。禮貌式的笑容容易假裝出來，但眼淚卻很難被假裝出來，特別是自發流出來的眼淚更是不能被假裝出來。我想一位真誠的人既不會輕易發出歡笑，更不會輕易流下熱淚。

獲得真理需要付出的代價真是太大了，大得足以使那些心靈弱小的人不敢去看，不敢去想，不敢去再次實踐。這不是真理本身的錯，真理本身沒有錯，它時刻都在顯露它自己，它透過任何一件事在顯露它自己，真理從來沒有對我們隱瞞什麼，是我們自己出了問題，是我們自己將自己壓縮在黑暗的牢籠裡，這樣就必然使得我們在看見真理前需要付出昂貴的代價。

獲得真理的代價越大，就越是說明我們此時距離真理的路程有多

麼的遙遠，就越是說明了我們此時顛倒和愚蠢到了什麼地步！

我們總是被教導說如果我們能去學習人類遺留下來的文明文化，學習得越多，我們距離真理就會越近。我的發現則不然，我發現在很多情況下，我們學習的文明文化越多，距離那個神聖的（指真理）就會越遠，而不是越近。之所以會產生這樣的觀點，是來自於我們的錯覺，我們在錯覺中認為，只要我們在文明文化的武裝下，我們就會很豐富，我們就會很強大，因此我們也就越接近真理。

我們的錯誤在於無論我們向他人學到了多少知識、多少邏輯、多少觀念，這都不屬於我們所有，這些都是借貸而來的——而真理本身無法被借貸！真理無法作為物品在人世間被交換！真理只能被你單獨地實踐。

真理是每個人人生的終點站，你必須獨自一個人走著去，你必須以你自己的力量走到真理那裡去，你無法讓他人來代替你完成抵達真理的旅程。

真理很像是一次情人的幽會——你不能帶著另外一個人一起去赴會，你也不能讓別人代表你去跟你的心上人幽會，你必須一個人單獨去參加你和你的心上人的這場幽會。——可是我們總希望有人代替我們去赴我們自己與人生終極的這場幽會。

你必須愛上真理，你必須深深地愛上真理！不然，你將永遠也得不到真理——真理只有在你對它深深的愛中才對你顯露它的靈魂。

永遠記住這一點，真理只有當你深深地愛上它的時候，它才對你顯露出它的靈魂！

我還要告訴你們：愛就是真理，真理就隱居在愛中。——這句話本身就是真理。

有兩種說話方式，一種是解釋這個事物，一種是表現這個事物。

第一種語言——解釋的語言無法反映出事物的本質，它永遠無法照亮事物的本質；第二種語言——表現的語言本身就是這個事物的本質的反映，是這個事物的直接顯現。

如果我在和一個人談話，開始的時候我對我的語言作一些解釋是可以的，用我的下一句話來解釋我的上一句話是需要的。如果一場長時間的談話一直這樣下去，事情就不妙了，這很可能要發展為一場無休止的辯論。解釋事物不是我的目的，解釋事物無法呈現出事物的深刻內涵，要想使我的談話對你們有所助益、有所啟迪，我的語言就必須由解釋事物上升到表現事物和反映事物上來。

表現和反映的意思就是事物本來就是這樣的。既然我們發現了事物本來就是這個樣子的，那麼圍繞它的一切解釋就會顯得很多餘。水就是水，火就是火，生命就是生命，愛就是愛，真理就是真理，至於它們為什麼會是這樣，而不是那樣，我們無法對此作出任何解釋，我們唯一的解釋只能是：它們本來就是這個樣子的。這種解釋等於沒有解釋。除了「它們本來就是這個樣子」的解釋以外還有沒有其他更好的解釋呢？沒有，永遠也不會有比這句話更好的解釋，另外，再創造出來的什麼解釋很可能是對這個事物的破壞和扭曲。在語言中要想使事物盡可能地保持它們的原樣，最好的方式就是真實地表現它，真實地反映它，而不是竭盡思慮地去解釋它。所有對事物的竭盡思慮的解釋都是在對這一事物實行微妙的暴力。

比如說「生命就是愛，愛就是生命」。愛是生命的一個固有的屬性，生命是愛的一個固有的屬性。當你在趨向愛的時候，你其實就是在趨向生命；當你在趨向生命的時候，你就在趨向愛。我在說這幾句話的時候，所用的是表現和反映的語言，而不是使用解釋的語言。我無法對此再說些什麼了，如果你硬逼著我對此作出一個什麼解釋的

話，我只能解釋說事情本來就是這個樣子的。——跟沒有解釋有什麼分別呢？

愛真的很美，愛是生命所能開出來的最美麗的一朵花，愛能賦予你迅速覺悟的成長，愛能賦予你迅速的心靈成長，愛能賦予你生命中的神性的迅速顯化，愛能賦予你的身心、生活、人生以無比的莊嚴和神聖。至於為什麼會如此，請不要讓我作出解釋，事實上我也作不出任何的解釋，我只能說：事情本來就是這樣的！

佛洛伊德發現了人的兩大與生俱來的本能，他將其命名為「生本能」和「死本能」，並將「生本能」又叫做「愛本能」。他所說的「愛本能」指的並不是愛本身，在他的思想裡，愛本能其實是指戀生本能，這個本能仍然屬於性欲本能的範疇。

人的確有一個基本的本能，就是愛的本能，這個本能超越一切本能之上，當然也超越佛洛伊德所發現的「求生本能」和「趨死本能」。戀生和趨死這兩種本能只屬於生理和自我的本能，而愛本能則屬於生命的本能。生命的本能之一就是博愛！

真理的本能是生命，生命的本能是愛，愛本能是生命和真理的直接表現。

上帝是什麼本身並不重要，真理、生命、真主、道是什麼並不重要，過去的那些覺悟者之所以提出一個東西、提出一個概念給人們，那並不是讓人們去思維這個東西，其根本目的在於讓人們能進入到純粹的愛之中，只要你能深深地進入到愛之中，一切都解決了。關於那個引發你進入到深深的愛之中的對象是什麼，一點也不重要！

上帝並不能直接使你獲得解脫，真主並不能使你獲得解脫，一切被設計出來的概念都不能使你直接獲得解脫。既然這些東西不能使人們獲得直接的解脫，為什麼那些覺醒者還要一次又一次地設計出這麼

多概念？為的就是要引發你的愛本能，就是要讓你進入到深深的愛之中。將你引入到你的愛之中才是真正的目的！

愛不是一個思維，你不能去思維愛，你只能進入愛，你只能成為愛，這就是愛的奧妙。愛是反思維的，具體地講，愛是反大腦思維的。愛能馬上將你帶出大腦，這是愛能使你獲得覺悟和解脫的重要原因。愛能馬上將你帶出自我，這是愛能使你獲得覺悟和解脫的根本原因。

是什麼在阻礙你獲得覺悟？是什麼在阻礙你獲得解脫？是你的大腦和從大腦中延伸出來的邏輯和思維，是你的自我。愛是將你自然地帶出大腦，帶出自我最有效的途徑之一！

知識為大腦服務，邏輯、思維為大腦服務。愛不為大腦服務，愛超越大腦，當你進入愛裡的時候，此時的大腦則反過來為愛服務。

死亡屬於身體，死亡屬於大腦和思維，超出身體和大腦以外，死亡也就消失了。死亡不屬於愛的範疇，反過來說也是一樣，愛不屬於死亡的範疇。

這就是為什麼愛從不畏懼死亡的原因。一個進入到深深的愛之中的人從來不畏懼死亡，相反，他隨時準備進入死亡，他隨時敢於面對死亡，他隨時可以穿透死亡。

一位進入自我之中的人看到自己隨時在死亡：昨天的我死了，今天的我正在死去，明天的我也必將會死掉。這只是每天必須經歷的小死，還有一個大死——醫學和法律意義上的死亡正等待在每個人的前方。自我只能看見死亡，它只能看見人生黑暗的一個側面。當你進入愛之中的時候，你不會看見死亡，你所看見的死亡都自然轉化成了生，生之後還是生，永遠是無休無止的生，生生不息。

這就是中國《易經》所看到的世界：沒有一個東西在死亡，包括我們在內的所有事物都是在不斷地生。常人所看到的死亡在《易經》

看來都不是死亡，都是永遠不息的生機——生機無限，無限生機。

《易經》是對的，這個世界根本沒有死亡，這個世界隨時是生，隨處是生，這個世界充滿的都是無限的生機，而不是死亡。大腦看見的一切都是死亡，都正在趨向死亡；自我所看見的都是死亡，都正在趨向死亡。——不，這絕對不是真相！生命和宇宙的真相是生，是生生不息的生，沒有死亡。死神只是人們幻想出來的東西，它根本就不存在。

你們很可能一下子無法接受《易經》的洞見，怎麼可能呢？你們會追問：怎麼可能沒有死亡呢？太平間裡的屍體是什麼，枯樹是什麼，瓦解了的星球是什麼，這些不都是死亡嗎？怎麼可能會沒有死亡呢？

是的，你們現在無法理解沒有死亡這個洞見，因為你們還沒有透過進入愛而跳出大腦和自我，你們當然看不到生命和宇宙的本相，你們甚至都想像不出那個沒有任何死亡，只有生生不息的世界是一個什麼樣的世界——但這個世界就在大腦和自我所在的這個世界裡。

爭論這個世界是一個死亡的世界還是一個充滿無限生機的、一個不死的世界是沒有任何意義的，不死的世界只能被你發現，不能被用來作為開辦辯論會時的一個爭論主題。

我在很多年前看《易經》的時候，也不相信我們的生命和宇宙是永遠不知死亡為何物的，是生生不息的，可我後來的發現的確吻合了《易經》的發現：這個世界在深層次裡的確沒有死亡。

死亡是一個看似十分真實的假相——這需要你進入到深深的愛裡才能發現，愛能將你帶出死亡所給你的一切假相，你會發現所有的死亡都是大腦和自我製造出來的一個迷人的幻覺。

我曾經點化過一個弟子，我給他的點化就是一句話：靜心冥想死亡，不帶一點對抗，抱著一顆深沉的愛心進入死亡裡，看一看死亡到

底是什麼。有幾個月我沒有再看到過這位弟子，有一天他興奮地來找我說：這幾個月我排除一切雜念，盡量保持不被工作、生活和社會交往所打擾，在吃飯、上班、講話、睡覺等一切時候都不忘將自己沉入到愛之中，認真（但不是緊張地）冥想死亡是什麼，並在您的指導下試著進入死亡。剛開始在試著進入死亡的時候，我感到一種巨大的恐懼向我籠罩下來，可我轉念一想，我無法回避死亡，它無論有多麼可怕，我遲早都要正面與它相遇，事實上，我每天都在遭遇它，逃避它還不如進入它，看一看它究竟是什麼。我走路的時候就冥想在我的前方就是死亡，我此時正在一步一步地走進它；我睡覺的時候就冥想我不是在進入夢鄉，而是在進入死亡。時間就是死亡，當我面臨下一小時的時候，我就冥想我在進入死亡。

十幾天過去了，我還是僅僅停留在冥想中，並沒有什麼東西發生，十幾天過後，我發現我的內部有什麼東西在掙扎，在爆炸，在破碎，我能清楚地直覺到我正在經歷死亡，我能分辨出我的這種接近死亡和那些老年人真的在死亡是不一樣的。真的死亡是生理上的各項功能開始衰竭並伴隨著精神的消失，而我發現我此時的生理各項功能比以前還要協調、還要旺盛，我的精神和思維比以前更加敏捷、更加清晰——但我能十分清楚地感受到我正在進入死亡。

隨著時間的推移，我不斷潛入到死亡的深處，我的內部的那種掙扎、爆炸和破碎越來越深刻，就這樣大約經歷了兩個月的時間。

兩個多月以後，有一天我閉目靜坐在沙發裡，繼續放鬆了讓自己潛入到死亡裡去，突然之間，不知道從哪裡出來一股力量，使我的整個身心猛地收縮，大約有十幾分鐘的時間，我失去了任何知覺，在失去知覺之前的那一瞬間，我唯一的一個念頭就是：我真的死了。「醒」來以後，我不知道過去了多長時間，我只感覺到我似乎超越了時空，

有一種我從來未曾體驗過的東西——一種狂喜，一種甘露般的幸福，一種真實的永恆，一種無法比喻的光明從我的內部生起。正如您所說的那樣，我蛻變了！一個全新的世界出現在我的眼前，但這個全新的世界還是我以前看到的那個世界。

開始進入自己的愛的人，無一例外地會真實地產生一種進入死亡的感受，無一例外地產生我正在死亡的感受，這就是為什麼世人都不敢全然地、澈底地去進入愛的原因，這並不是人們懼怕愛本身，而是懼怕進入愛以後自發地生起瀕死經歷。

只有勇氣足夠的人才敢進入到很深的愛裡去，只有勇氣足夠的人才敢去面對伴隨著愛而來的死亡經歷。這不是說愛等於死亡，正好相反，愛的目的是讓你穿越死亡，帶你進入生命和宇宙的真相——生生不息充滿無限生機的真實世界裡去。

沒有死亡就沒有佛陀們的誕生，沒有死亡就沒有基督們的誕生，沒有死亡就沒有開悟者們的誕生。所有的這些人都是從死亡中誕生出來的，具體地說，他們都是穿越死亡才進入到永恆——充滿無限生機的世界之中的。

進入到大腦的死亡是一場人生的悲劇，絕大多數人的人生都是以這種悲劇的死亡結束的。進入到愛的死亡是一種再生——永恆的再生。死亡有多麼深刻，再生就有多麼深刻。如果你僅僅是身體和大腦的死亡，那麼這種死亡是十分膚淺的，是悲劇的，是沒有意義的；如果你在愛中全然地經歷了死亡，只有這種死亡才是澈底的、最深刻的——這種死亡只有一次，它不可能有第二次，因為這種死亡是終極的死亡，以後就再也沒有什麼可死的了。

釋迦牟尼臨去世時，有很多人在哭，於是釋迦牟尼就說了一句十分難懂的話：如果後世人以為我沒有死，他們是在誹謗我；如果後世

的人以為我死了，那更是在誹謗我。

天下再也沒有比生命更充滿悖論的事物了，仔細地注視一下生命和生命現象，一定會發現它到處都充滿了悖論——矛盾、對立，生命是一個辯證的存在。愛本來是光明的，充滿生機的，可在開始的時候，它偏偏又會將你帶到黑暗的死亡裡去，當你在開始掉進愛之中的時候，你同時也就掉進了死亡。愛和死亡靠得是那麼的近，近得幾乎難以分辨出彼此，致使很少有人敢於將自己全然地掉進愛之中。

死亡畢竟是一個看似十分真實的幻覺，愛畢竟等同於真實的生命，無論我們在開始的時候感覺到愛多麼地像死亡，但愛畢竟不等同於死亡。愛可以摧毀一切關於死亡的幻覺。

我們在社會中看到的愛都是膚淺的，都是被大腦同化過的，這就必然使社會中那些所謂的愛帶上一層厚厚的虛假面具，只要一點小小的力量就可以摧毀世間那些所謂的愛。真正的愛是超越時空的，無法被世間的任何一種東西所摧毀；相反，真正的愛可以自然地摧毀世間一切虛假的東西，包括死亡這個深深的幻覺。

被死亡籠罩的人生必然是黑暗的人生，被死亡籠罩的人生不會發現任何東西，能看見的唯一的東西只能是死亡。真理不能被討論，上帝不能被信仰，當然也不能被否定，對真理、對上帝、對生命的任何一種肯定和否定都是荒唐的。真理是一個超越死亡之後的洞見！上帝是超越死亡之後的一個發現！而愛是進入洞見、發現上帝重要的大門之一！

井底之蛙永遠不知道大海的事情，兩個井底之蛙對大海的任何談論都是荒唐的，大海就在那裡，大海從來沒有隱藏它自己——但它對井底之蛙而言是一個非常大的祕密。解開這個祕密唯一的辦法就是井底之蛙跳出井底，來到大海裡，關於大海的一切祕密馬上就會消失。

對於生活在死亡之井中的我們來講，上帝、真理、生命、存在等都是一個祕密，發現這個祕密唯一的辦法就是穿透死亡之井，跳出來，一切祕密就在你跳出死亡之井的那一瞬間消失。

人生是一場舞會

開悟以後的人將怎樣處理他的日常生活？他會不屬於工作、不屬於世間的人情世故嗎？

有很多人到我這裡來問過我這個問題，你不是第一個問我這個問題的人，也不會是最後一個問這個問題的人。我不知道人們為何對這個問題如此感興趣。

你是什麼，你的生活就是什麼，你的生活是什麼，你的人生就是什麼，每個人的生活和人生都是這個人內在的東西的外化。你怎樣生活和怎樣度過人生並不重要，重要的是你是一個什麼樣的人。

人們總愛寄希望於未來，人們心中總是有一個對未來的生活和人生的憧憬，就是因為有了太多太美麗的希望和憧憬才使得每個人都錯失掉對當下生活的體驗和感悟，我們總是被未來的設計和欲望占據。

古老的東方人的那種田園式生活早已一去不復返了，工業和商業把人們帶到一個緊張和窒息的生活之中，越來越細的社會分工把人們恆久地固定在一片小小的天地裡，科技和科技的生活方式使人機械化，使人像一個機器人一樣地運作著……生活失去了歡笑，一切都顯得那麼的造作、虛偽和冷酷。

虛偽已經成為了這個時代的一種流行病，恐懼時刻籠罩著這個時代，沒有任何一個時代像這個時代一樣難以生存，難以放鬆。你在歷史上不會發現任何一個時代像現在這樣到處充滿疾病——生理病和心理病。佛說「眾生皆在病中」，這一點在這個時代裡尤其顯得突出！

人口變得稠密，可人與人之間的隔閡卻越來越深。生活中充滿了商業和物質的誘惑，可空虛和無聊卻時刻伴隨著我們！膚淺和浮躁是這個時代的特性。無家可歸感和世界之大卻無立錐之地之感，是生活在跨越二十世紀，進入新紀元的人們的共同感受，每個人都無所適從地生存著，每個人都在心中吶喊：這個世界到底怎麼了？

　　偉大的非暴力之父，被公認為二十世紀少有的幾位偉大的人物之一，印度解放運動的領導人之一聖雄甘地先生，以無比敏銳的洞察力發現在工業社會中有七個大的痼疾恆久地存在著：

　　一、在前人的實踐和啟示下，人們都很清楚什麼是對我們的生活和人生真正有益的，但我們卻沒有在此認識的基礎上實踐它們的能力。——這是「靈魂瘓疾症（又叫做心靈軟骨病）」的直接表現。在科技和物質短暫的享受下把人生的勇氣和恆心都放棄了，只求今日歡樂，不問明天之事，久而久之，我們都在犧牲生命中恆久的極樂，用來滿足當下的物欲和感官之樂。

　　二、每個人都認為生產、消費和國界比人、比地球更重要，並以此認識來對待我們生存的這個星球和我們自己。——這是將自己存在的意義和價值轉移到我們以外的事物上去，以外界的事物來衡量我們存在的意義和價值，這是一種十分危險的趨勢，這種趨勢的結果是失去自己，扭曲自己，摧殘自己。

　　三、時代沒能給青年人指出一個值得追求的真理，使很多有才華的青年人吸毒、賣淫、盲目掙錢。——在這個時代裡，真理和生命已經被貶低到最悲慘的地步了，人生不是一種感恩，不是一場慶賀，而是成了一場背石頭上山的重負，而是一種扔垃圾式的揮霍。末日感和虛無感充滿了這個時代的所有角落。

　　四、狂熱的經濟行為不以人類對環境的需求為基礎，為追求利潤

而捨棄一切。——人類的價值觀出現了嚴重的危機，我們已經失去了對行為反省的能力，行為本身成了行為的唯一目的。人人都在追求虛假的自我，於是一切能娛樂自我、滿足自我、擴充自我的行為都不放棄。清醒和冷靜成了最奢侈的東西。尼采所說的「酒神精神」和「日神精神」被曲解以後四處蔓延著。

五、當今的政治缺乏對人性的尊重與應有的信念。——自由和民主需要用智慧來實行。一群充滿野心、暴力和愚蠢的人占據著政治的舞臺，人遂成了一個政治的工具，而不是那個偉大的造物主的傑作，對人的尊嚴的踐踏和對人內部那個神聖的神性的摧殘成了這個時代最重的一個音符！

六、我們的娛樂作風，是沒有信念的具有毀滅性的娛樂行為。——心靈已經被物質嚴重地污染了，我們已經被物質所同化，庸俗的物質崇尚和享樂主義流行著，偉大的藝術——人生之美的反映被墮落成了庸俗的商業，在貞潔、繪畫、舞藝、音樂都成了金錢動機的時候，像豬肉一樣放在市場上被買賣的時候，那麼這個世界還有什麼美可言呢？

七、整個人類失去了最珍貴的對理想、對他人遭遇、對生命的敏感和關切。

聖雄甘地關於當代這個工商業時代的洞見最有力的一個發現就是第七個命題。第七個存在於工商業時代的這個痼疾是對前六個痼疾的總結概括，它一針見血地指出了當代社會和人生的病根：失落和自我催眠！

無疑，健康的社會來自健康的人類，健康的人類來自健康的心靈，健康的心靈來自健康的愛和覺悟，知識的堆積不能給我們帶來任何幸福，幸福是生命的一個固有屬性——它就在每個人的內部，需要每個

人去發現去顯化。

開悟者沒有夢，這並不是說開悟者晚上不做夢，開悟者沒有夢的意思是說他從人生和社會這場大夢中醒來了。《莊子》說：「真人無夢。」

「真人」就是指開悟的人。開悟的人的生活從表面上看來和常人沒有任何不同，所不同的在內部。開悟者將人生當作一場歡快而率真的嬉戲來過，而不是當作一場苦力的工作來過。

隨緣度日和度日隨緣，是開悟者在人情世故中表現出來的一個主要特色。得失聚散無非都是緣，緣來則來，緣去則去。當緣來的時候，就讓它來吧；當緣去的時候，就讓它去吧！緣來不拒，緣去不留——能做到這一步，你必須對「你從來就沒有被生下來過」這句話有著超乎尋常的理解。

開悟者永遠對他自己真誠。當他哭的時候，他就是哭，他從來不在他想哭的時候不哭，也從來不在他不想哭的時候裝哭；當他笑的時候，他也是如此。一言以蔽之，他對他的一切都是真誠的。

開悟者的生活和人生隨時隨處充滿了無限的虔誠和神聖。當他哭的時候，他會以無比虔誠的心態來對待他的哭；當他歡笑的時候，他會以無比神聖的心態來對待他的歡笑。因為開悟者明白，人生是一場生命的舞蹈，失去虔誠和神聖的心態就是對生活和人生的不敬。

我所說的虔誠和神聖的態度不等於緊張和嚴肅的態度，緊張裡充滿了毒素，嚴肅是一種心靈的病態。虔誠的意思是，無論生活和人生是什麼，我都會接受它們，我本人不加以選擇——對生活、對人生不選擇就是我的唯一選擇。如果我的生活和人生是艱難的，很好，接受它；如果有一天我的人生和生活變得輝煌和充滿榮耀，很好，接受它。

我們無法對生活和人生要求什麼，我們不能對生活說你只給我們

快樂，不要給我們痛苦。只有歡樂沒有痛苦僅作為希望存在是可以的，但現實中我們找不到這樣的生活和人生。

生活和人生不是我們要求它應該是什麼它就是什麼的，而是我們賦予它是什麼它就是什麼。這種賦予是你內在的真實流露，你所表現出來的生活和人生是十分忠實你的內在存在的，它從不對你撒謊，你內在是什麼，不需要向內看，只要來看一看你以前的人生和現在的生活就明白了。

對生活忠誠就是對生命忠誠，對人生忠誠就是對存在忠誠。遊戲的人生不等於輕視人生，不等於放蕩人生，情況正好相反，遊戲人生是對生命的絕對虔誠的具體表現──因為生命就是以遊戲的態度從我們的身心裡顯化生活和人生的。

宗教的自私

曾有人說：「宗教是人類自私史上最重要的一章。」您怎樣理解這句話？

這句話的確概括了宗教的很多特徵，它是對複雜的宗教行為進行洞察後的歸納。

的確如此，你不會找到比宗教更自私更充滿暴力的事情了。有很多次大型的戰爭都發端於對宗教的不同信仰。人類有時候真的是很醜惡的，僅僅因為你不信仰我所信仰的宗教，你就成了我的敵人，在找到藉口和機會的情況下，一定要把對方消滅掉。消滅對方純屬野蠻和暴力行為，可宗教徒卻會對他們的野蠻行為辯護說：我是在遵照神的旨意行事！

什麼神的旨意，神智稍微清醒一點的人都會明白，這完全就是人的旨意，是你將你的內在神性拋棄了以後，從自我中顯化出來的獸性和人性的驅使下的行動。無論你為你的野蠻行為貼上多麼神聖和好聽的標籤，你都逃脫不了智慧之光的籠罩。

宗教不僅熱衷於暴力行為，它還特別熱衷於推卸責任。無論它和它的信徒們都幹了些什麼，一律將責任推卸給那個設計出來的神身上，他們會四處宣揚說我們之所以這樣做，那是因為神靈喜歡我們這樣做，是神靈讓我們這樣做的。

宗教最大的自私表現在它的「無私」上，這句話表面上看來似乎很矛盾，自私就是自私，無私就是無私，自私和無私怎麼能相提並論

呢？宗教假借神靈能十分巧妙地將自私和無私統一起來，它能將自私
以看起來絕對「無私」的形式表達出來，它同時也能將無私打上自私
的深刻烙印。

自私，是人類自我意識的產物。人性中的自私是明朗的、清晰的，
這就使它具有很容易的被識破性，並且極易得到糾正，它是陽光下的
陰暗。但是，作為人類心目中信仰的宗教而言，它卻並沒有對世人真
正達到無私與博愛的開示，透過它的宗教行為我們更多窺見的是它自
私的一面。這種高揚博愛、無私與生命的幌子的宗教，以其神聖的光
環死死地塵封了它的自私，以至於你一直只是虔誠地信仰竟沒有產生
過絲毫的懷疑，以至於數十億的信徒終日頂禮膜拜而很少有人能產生
一絲疑惑。這就是宗教最大的自私所在，它的自私深深地隱藏在它的
「無私」裡面！以至於它的任何言行都被視為合理與合法！

從宗教最根本的自私性上講，宗教本身就是一種虛偽，它以為自
己是為繼承聖者的慧命而存在的。他們終日宣講的或是佛性，或是真
主，或是上帝，但是他們遺忘了一點：神性是無法被任何形式，包括
語言、文字或其他任何形式所能記錄下來、保留下來的。神性不染一
塵，神性是活潑的、生動的，而不是僵死與教條！當釋迦牟尼涅槃以
後，他所證悟的生命境界亦隨他而去；當耶穌被釘上十字架時，他所
深深融入的神性境界亦隨他而去。人類不能因為有了這些開悟者的智
慧，就以為自己可以坐享其成，來毫不覺悟地分享智慧的喜樂。只要
你不覺悟，無智慧，即使你將聖者的言論記憶得再精確，那都不會有
任何開悟發生，對你來講，那只是一種身心的重負！宗教無法使一個
不自覺的人成佛。神性是陽光，它可以照耀釋迦牟尼，也可以照耀你，
陽光是一種外明，而神性則屬於一種內明，一個自行覺悟的人無須宗
教亦可內明！宗教總是試圖用仁慈的語言、勸善的言論來磨滅你的覺

性，來消滅你的洞察，它將你死死地釘在依賴宗教的信仰上，只要你依賴，那麼你就如同得到了一張進入天堂的門票，從此你就可以無所事事，靜靜等待升天的到來，這是何等的荒唐與荒誕！

你以為在宗教的驅使下，那些信徒們真的在愛他們的敵人嗎？你以為他們真的是在幫助別人嗎？你以為他們真的在奉獻嗎？不，他們是在為他們自己，是他們祈求得到神靈更大的恩賜才對人們做出這些事情的，如果他們不是肯定了他們這樣做可以得到神靈更大的恩賜，他們斷然不會去愛他們的敵人，他們斷然不會去幫助別人。

愛、奉獻和幫助他人，本身是非常美的一種行為，本身是一種無私的行為，可在很多宗教信徒那裡，這一切都改變了它們原來的品質，一種深層的醜陋充滿了這些行為，玷汙了這些本屬聖潔的行為。

在寺廟，在道觀，在修道院，你能隨處見到一群不思勞動的自稱是修道的人士，他們整天待在前人為他們建好的華麗大廈之中，心安理得地接受人們的供奉。你如果問他們，你們為什麼如此心安理得地接受著他人的財物供奉呢？他們一般會告訴你兩條理由：一是我們要集中精力修行，無暇去勞動工作，為了活命，我們必須接受他人的供奉；第二個理由是，如果我修行成道了，我會來度化他們一起成道，成道是世間所有的財物都無法比擬的，與度化他們成道相比，他們現在對我供奉的這一點財物真是微不足道。

太荒謬了！太詭辯了！神智稍微清醒一點的人永遠也接受不了這種謬論。你修道就修道，這是你個人的事，你沒有理由讓一個從不相識的人來供奉你的衣食住行，你的衣食住行應該由自己的勞動去解決。你成道了以後，度不度他人是你自己的事，即使你願意去度他人，這是你的自然慈悲的使然，它不能作為一種交易，你無權對他人說：因為我將來成道後也要度你成道，所以你現在應該供奉我。

一切都成了商業的交易，連度人和成道這樣一件聖潔的事情也成了交易，在這個世間，我們已經很難再找到真正神聖的事物了。

讓我們來給「自私」下一個定義吧！自私就是一切行為，包括一切精神行為，都以自我為中心，這就叫做「自私」。

宗教是最難以聽取不同意見、不同世界觀、人生觀和價值觀的一個東西，它最難容忍異議的聲音，它最難以容忍異己者。宗教很多時候使人封閉，所有的信仰體系都必然以排除異己為基礎，這就必然導致了宗教在先天裡就是以自我為中心的。這就是宗教最為醜陋與黑暗的地方，也是其自私性的最大表現！這也是為什麼一代又一代的宗教教徒只是清一色的馴服與頹廢，而很難從他們身上看出半點覺悟與覺醒的昇華氣象！

釋迦牟尼從來沒有想到神聖的佛性到今天卻已成了敗落的佛教！

耶穌從來沒有想到自己的天國到今天卻成了基督教！

智慧在湮沒，聖人在流淚……

究竟指什麼

請問，輪迴轉世究竟指什麼？

很多人問過我這個問題。以前我不愛正面回答這個問題，但是追問的人多了，看來我不得不對這個問題談幾句了。

一般人包括很多宗教人士都一致認為輪迴轉世的確存在，並認為輪迴轉世的主體是人的靈魂，又叫「神識」，道家叫做「陰神」或叫做「元神」。

現代西方的一些科學家也對靈魂十分感興趣，並用種種推導和研究來試圖證明人的靈魂是存在的。

「輪迴轉世」字面上的意思是：靈魂從一個身體裡轉移到另外一個新生的身體的過程。

目前流行的所有關於靈魂輪迴轉世的思想都是從事物的外觀上看到的一些生命現象。從最根本上來講，輪迴轉世是不能被解釋的，也是不能被愚昧地信仰的。

必須明白一個基本的道理：你是什麼，在你沒有從內在真正地被改變之前，你將永遠都是這個。除非你的內在被改變了，你才是一個全新的你。

很多的生命修煉者認為，一個人在經過一定的修煉後，他的靈魂就具有一種控制力，當肉體死亡後，他的靈魂就會隨著他的主觀願望進入到一個新的生命體內。而且，西方的某些科學家也曾拍攝過一些有關靈魂轉世的照片。人們對靈魂轉世的瞭解僅此而已。

　　不可否認，你觀察到了一些轉世的現象，並對其做了很多玄祕的猜測與假想，但儘管你已掌握了很多輪迴的事實，你還是不懂什麼是輪迴。輪迴概念緣起於人類心中的生與滅，只有以死亡的觀念為前提，才有可能產生輪迴的意識。但對於生命境界本身而言，生命是不生不死、不增不減、無處不在、處處充盈的。生命之境圓滿，生命的展現豐富多彩，這是生命的基本特徵。讓我們放開眼界來看這個世界，種子→樹木→果實→種子，這永不停息的生發特性是不是一種植物的輪迴？土壤→花草→羊→狼→屍體→泥土，是不是也是一種輪迴？……輪迴現象何止只存在於人的生滅過程中呢，輪迴是事物間生生不已的一種自然現象。就如同我們的社會，雖然時代不同了，身處的歷史階段不同了，但社會的基本問題──衣食住行依然如故，人類的基本情感──喜怒哀樂依然如故，人所面臨的問題──生老病死依然如故。這種問題並不會因社會結構的不同而改變，這就是一場人性的輪迴，生活的輪迴，社會的輪迴。

　　我們之所以對輪迴感興趣，是因為我們的目光停留在了現象的層面，並沒有深入到事物的本質中去。一切的輪迴都是外在形式的變化，而內在的實質永遠不會增減、變動！這就是社會所有悖論產生的源頭。

　　在你還沒有成為生命的時候，你永遠都是你的自我；在你是生命的時候，你永遠是生命。

　　整個的輪迴轉世都是一個看似十分真實的幻覺，所有關於死後下地獄，或升天堂，或進入西方極樂世界，都是一個看似十分真實的幻覺。──這是人生中可能存在的最難理解的一個事物。

　　所有的輪迴轉世都是基於肉體死亡而存在的，所有下地獄升天堂都是基於肉體死亡而存在的。因為肉體死亡本身是人生中最大也是最

深的一個幻覺，所以基於死亡而出現的輪迴轉世和升天堂下地獄等學說也就必然是虛幻的。

既然死亡和關於死亡以後的去處的學說都是建立在虛幻之上的，那麼，關於肯定輪迴轉世是存在或不存在的一切爭論都是毫無意義的，都是無聊的。

我有兩種關於輪迴轉世的回答。第一種回答是肯定它有，即宇宙、生命的現象永遠處於輪迴中，這是生命個性生生不已地得以展現的必然。第二種回答是否定，因為生命之境是恆常的，生命的個性不增不減、永無變異，所變異的只是物質表象，況且物質表象的屬性亦是永不變異的，世間本無輪迴。我們應該拋開這些語言的戲論，多一些沉思，少一些辯論。

人生的根本問題在於我們能不能獲得開悟，而不是讓他人來告訴你有沒有輪迴轉世。話又說回來了，有了又能怎麼樣？沒有又能怎麼樣？也有也沒有又能怎麼樣？是幻是真又能怎麼樣？開悟去！只有等你開悟了以後，你的一切疑團都將得以澈底化解。

究竟想說什麼

　　老子的《道德經》在談什麼？有人說它是唯求自保的陰謀哲學，它教人守愚為智，處弱為強；有人說它在講如何節省精力而延年益壽；有人說它是一個消極避世者的無可奈何之語。透過《道德經》，老子究竟想說什麼？

　　有人不止一次問我：你洋洋灑灑地談論這個、談論那個，可你到底想說些什麼呢？你總不至於是在賣弄你那些不成熟的知識吧？

　　是啊！我到底想說什麼呢？我在給事物一個又一個定義，可我又明確地告訴人們，所有的定義都是荒謬的；我在給予事物一個又一個解釋，可我又明確地告訴人們，所有的語言和解釋都是戲論。我究竟在幹什麼呢？

　　我一直在努力告訴人們那個無法告訴別人的東西，我一直努力讓人們看見那個人們看不見的生命，這就必然導致我的整個努力都是荒唐的──可我還要繼續努力下去！

　　老子和我一樣看起來很像個傻瓜，他明明知道「道可道，非常道；名可名，非常名。無名天地之始」的道理，他還是喋喋不休地說出了五千言的《道德經》。

　　馬祖大師在岩洞裡打坐，他只有一個目的，想透過打坐來成為佛陀（大覺悟者）。有一天，偉大的生命導師懷讓禪師從其岩洞邊經過，問馬祖：「你在幹什麼？」「我在打坐。」馬祖回答說。懷讓禪師說：「打坐幹什麼？」馬祖回答說：「為了成佛。」

於是懷讓大師就拿了一塊青磚在馬祖身邊的地上磨，噪聲很大，使馬祖不能安心打坐。終於，馬祖忍不住地問：「你在這裡磨青磚幹什麼？」「為了製作一面鏡子。」懷讓回答。馬祖覺得太荒唐了，便告訴懷讓說：「青磚怎麼可能磨成鏡子呢？」懷讓說：「磨磚不能成鏡，那麼你打坐怎麼可能成佛呢？」

老子就是這樣的人，他明明知道磨磚不能成鏡，他也知道打坐不能成道，他更知道蒼白的文字與生命之境毫無聯繫，可是他還是在做這些荒唐的事。

每一個開悟者都十分明白自己的行動能對這個世界產生多大的意義，他們只是一位個體解脫者，獨自抵達生命聖境的人，當他們面對著無法將這一境界向旁人表達的時候，他們只有伸出他們的手指，指向了月亮。他們充分地利用人的各種崇拜心理，牽引著他們，乃至於欺騙著他們，迫使你一路前行，直到將你帶到生命之境的大門。他們竭盡全力，連推帶拉，將你追趕至險峻的山頂，剩下的工作就是你的了，因為他們面對生命的聖境，如同一個啞巴，滿腔的喜樂無從表達，無盡的喜悅只期待著你心眼的打開。

你說《道德經》是什麼書，它就是什麼書。你認為它是一部哲學書，它就是哲學書；你認為它是一部養生書，它就是養生書；你認為它是一部處世之書，它就是處世之書。總之，你認為它是一部什麼書，它就是什麼書。

你認為老子是一名哲學家，他的確是一名偉大的哲學家；你認為老子是一名養生家，他的確是一名偉大的養生家；你認為老子是一名陰謀家、政治家，他的確是一位偉大的陰謀家、政治家。

但老子什麼「家」都不是，老子是一位佛陀，是一位生命的大開悟者，老子是一名成道者——但他不是什麼「家」！

　　我的發現是：要想理解老子，最好的方式是首先理解了釋迦牟尼和耶穌，再把孔子和莊子一併理解了，然後再來理解老子就會十分容易。第二種理解老子最佳的方式就是：你獲得開悟。

　　《道德經》是一部什麼樣的書本身並不重要，重要的是要弄清老子是一個什麼樣的人。以其人來理解其言，基本上不會出現大的偏差，如果以其言來理解其人，幾乎沒有不出現重大錯誤的。人是本質，是全部，而文字只是零落的表達。

　　開悟者的存在是超越時間和空間的，也是超越知識與理性的。開悟者的語言可能打上了深厚的時代烙印，但開悟者不帶有任何時代性。

　　所以透過瞭解老子所生活的那個戰火連天的戰國時代，只能幫助我們理解《道德經》中的語言特色和成書年代，但並不能幫助我們瞭解老子，因為老子的存在超越了所有的時代和他所處的那個文化與歷史的背景。

　　老子有一個深不可測的深度，他和生命一樣幽深。對包括老子在內的所有大覺悟者的理解，完全取決於我們對自己、對生命的理解，不是僅僅從語言這個高度就可以理解的。與老子的溝通不能透過語言，而應透過心靈。老子不屬於大腦，不屬於自我，不屬於在大腦裡的邏輯，而我們正相反，我們屬於大腦，屬於自我，屬於大腦裡的邏輯，我們和老子不在一個世界裡生活，我們無法與他有很深刻的溝通。

　　只有在同一水準上才能從根本上產生共鳴和溝通，只有處於相同的層次才能相互理解。《道德經》不是學術論文，不是大腦的產物，它是生命（道）透過老子這管空笛吹奏出來的智慧之曲，老子沒有寫下《道德經》，《道德經》是生命假借老子之手的自然湧現！

　　至於「道」是什麼本身並不重要，就像耶穌的「上帝」是什麼並

不重要一樣，一切都是空論，老子真正的目的是要達到啟迪人們獲得生命的覺悟，這才是最重要的。

幾千年了，人們一直在激烈地爭論「道」是什麼，「德」是什麼，「有」是什麼，「無」是什麼。老子是在倡導積極的人生呢，還是在宣揚消極的人生呢，人們把整個大好時光都浪費在了口舌的爭論上了，這種爭論沒有一點意義——你之所以認為其很有意義，那只是你的錯覺而已，事實上它一點意義也沒有。這些爭論只能打擾你的身心，只能使你遠離生命之境。當你第一次接觸到《道德經》的時候，你會發現《道德經》內涵十分博大而豐富；當你對內旅行到一定程度再來看《道德經》時，你會發現一個開悟的啟迪，你會從中得到十分深刻的啟迪；當你開悟了以後再來看《道德經》的時候，你會發現整部《道德經》什麼也沒說，滿紙文字卻一個字沒說，整部《道德經》都會從你眼前消失，連一個字一張紙都沒有留下來。老子亙古地坐在那裡，他一句話也沒有說出來。

一切試圖對《道德經》的注解和辯論都是徒勞無益的。一切都以它們本然的樣子運動著，風還是原來的風，太陽還是原來的太陽，真理還是原來的真理，青年還是原來的青年，你還是你，我還是我……一切都在變化，一切都沒有一點變化。事物沒有在爭論中得到任何改變，大道如斯！生命如斯！宇宙如斯！當語言和文字還有思維消失了以後，萬物才能將它們本然的樣子呈現在我們面前。這是一個無語的世界，這是一個不需要文字的世界。亙古的沉默中充滿了無限的生機，一股浩浩蕩蕩的生生不息在天地間湧動著，我們所能做的唯一的一件事就是澈底打碎自己，毫無保留地融入到這個宇宙的不息的生機之中。語言在這裡顯得是那麼的多餘，文字在這裡顯得是那麼的多餘！機械的靜止不動和無意義的東奔西跑都無情地超越了，吃飯、睡覺、

愛恨得失、生兒育女、社會變遷，等等一切都將融入那個永恆之中，都需要融入那個永恆之中。這就是老子所說的「大道自然」！

這就是帝洛巴、梅紀巴、密勒日巴他們所說的「大手印」，這就是蓮花生所說的「大圓滿」，這就是「拈花微笑」的公案，這就是在少林寺旁邊的少室山上面壁九年卻未曾一語的菩提達摩。

老子亙古不語，《道德經》亙古不語，生命和存在亙古不語。但一切又都在不語中被說出，被展現，看！看──！你只要成為看，但不要成為一名看者。聽！聽！你只要傾聽，但不要成為一名聽者。看者消失了，你只留下了看。聽者消失了，你只留下了聽。

聖人不死　大盜不止

　　尼采把蘇格拉底看作歐洲最大的魔頭。莊子曾說：「聖人不死，大盜不止。」蘇格拉底在尼采眼中為什麼那麼壞？莊子又為什麼如此說聖人呢？

　　理性的思維就是以自我為中心的思維，理性起源於自我，它最終的歸宿也必將是自我。理性思維的一切努力都是為了一個目的：使事物和思維本身保持前後始終的一致性。理性思維不准許有悖論存在，A 就是 A，B 就是 B。A 不能一會兒是 A，過一會兒它又變成了 B，這是理性思維不能容忍的。

　　整個自然界是一組悖論的集合體，整個人生是一組悖論的集合體，整個存在、整個生命是一組悖論的集合體，唯有理性觀照下的邏輯思維不能容忍它自身和它所思維的對象有悖論存在。

　　尼采是歷史上最具有穿透力的思想家之一，但很可惜他沒有最終將自己澈底穿透，但他已經走到了即將穿透自己的邊緣。

　　人生有兩個核心，一個是自我，一個是生命。越是進入到自我這個人生核心的人，他的言行、思維越是趨於理性，趨於一致化的邏輯；越是進入到生命這個人生核心的人，他的言行越是趨於智慧。——尼采正好站在自我和生命這兩個人生核心的交界線上。

　　蘇格拉底站在自我的核心裡，他試圖使一切都被邏輯解釋清楚，他試圖使一切都被理性化的邏輯照亮。

　　邏輯思維強求了事物和精神必須前後一致的特點，必然導致思維

在一條直線上運動，久而久之，思維本身就會變得十分膚淺。在西方的歷史裡，由於人們選擇了理性的邏輯思維，導致了整個西方的文明之路越來越狹窄，越走越膚淺，最後膚淺到失去了一切生機，變得一片死寂，變得十分機械。

極度敏銳的尼采當然會沉思西方文明之所以會有今天這樣一種結局的原因，最後他在蘇格拉底那裡發現了源頭。為了能把西方文明從狹窄中、從死寂和機械中拯救出來，尼采對蘇格拉底毫不留情地展開了攻擊和批判。

蘇格拉底只追求事物能否被合理地解釋，而尼采的追求則是我們現在和未來將會成為什麼，他對於給事物作出合理化的解釋不感興趣。一個關心的是解釋，一個關心的是我們已經成為了什麼和將來將會成為什麼。

尼采直覺地看到蘇格拉底是愚蠢的，因為生命是無法被邏輯解釋的，人生是一種擁有，生命先於大腦和邏輯，人生和生命只能不帶任何注解地去進入，而不是站在人生和生命之外對其指手畫腳地評論！

尼采是對的，你對人生評論得越多，你就越是在遠離人生；你對人生用理性思考得越深，你就越是在失去它。

尼采十分鍾愛幾乎與蘇格拉底同時代的赫拉克利特，赫拉克利特的整個思想都充滿了一種聲音：人生、生命、自然、存在，無論它們看起來顯得多麼的荒謬，多麼的不合邏輯，但我們別無選擇，我們只能放開身心擁抱它們——因為我們別無選擇。

赫拉克利特的思想正吻合尼采的洞見，尼采發現對事物作出任何看似合乎邏輯、合乎理性的解釋都是徒勞無益的，無論人生和生命看起來有多麼荒謬，我們只能無條件地接受——因為我們別無選擇。

而蘇格拉底則強調，自然也好，人生也好，生命也好，它們都必

須被理性嚴格檢驗一下，必須被理性「過濾」一下以後，才能有條件地選擇我們應該接受哪些，應該拋棄哪些。

包括我們自己在內的一切事物都需要用理性來澈底「過濾」一下，只有理性認為是好的、對的方可接受，而那些被理性認為是不好的、不對的則應被拋棄，這樣的話，在我們的人生中什麼東西都留不下來，所得到的唯一的東西就只有僵死的理性了。

尼采敏銳地發現，人生絕對不是理性的，人生比理性要深廣得多，只有走出理性才能活出真實的人生。人生不能硬性地被理性所檢驗，正好相反，理性應該被人生本身所檢驗，理性應該被納入到人生這個大範疇裡去。

如果把人生和生命比喻為大海，那麼理性只是帆船駛過海面的一道難以長存的劃痕，把人生和生命這個大海用一些不實際的印跡來規範顯然是錯誤的。人有一種內在的無形的光芒，你對某個東西有所認同，你的光芒就會馬上照亮你所認同的這個部分，那麼還沒有被你認同的你的其他組成部分就處於黑暗之中。心理學和哲學所發現的在人的內部深處有一個隱祕的世界，這個世界是那麼的豐富多彩，可惜它處於沒有光亮的黑暗之中。這不是偶然的，那個隱祕在人的內部較深的美妙世界並不是先天就處於黑暗之中的，它完全是我們後天造成的，因為我們太與理性和邏輯認同，以至於我們天然的光芒只照到了我們存在的很淺的一小部分，致使我們深處的一個十分廣闊的存在——包括那個最重要的超越生死的涅槃部分都處於幽暗之中。這讓人們產生了一個很大的錯覺，認為我們的全部都只是我們現在所看到的這些東西，其實這些東西不是我們存在的全部，它只是被我們內在光芒照亮的那一部分，還有更大更廣更美的部分在深處，在急切地等待著我們的智慧去照亮。

　　思想不能直接被傳遞，但思想可以被感染給他人。在西方，人們被蘇格拉底的思想感染了以後，紛紛掉入進了理性和邏輯的泥潭裡，在理性和邏輯的指引下，科學技術和工業得到了迅速發展，可人的真實存在卻不斷地被拋棄了，已逐漸喪失了他自己，淪為了理性和物質的附庸！這是一種再向前發展下去，就必然會將整個社會毀滅的可怕趨勢。

　　尼采天才地看到了這一點，所以他大聲疾呼：不要忘了你自己！不要丟失你自己！

　　理性和邏輯是人的存在的最表層部分，就在整個人類都將這一最表層部分當作我們的全部的時候，尼采卻獨自地下潛到了人的存在的深處。你下潛多深，你的光芒就能照亮多深！尼采驚奇地發現，在蘇格拉底沒有探尋到的深處有一個對每個人而言都十分重要的世界。於是尼采就追問為什麼繼蘇格拉底之後的幾千年裡很少有人發現這個更美妙的世界，進入這個世界一點也不困難呀──只要下潛一下就可以，就可以清楚地照亮這個人人都有，但對每個人來講卻是隱祕的世界。後來他終於發現了原因，原因出在後人被蘇格拉底的思想籠罩得太嚴重了，以至於人們早已將這個隱祕在人的深處的世界遺忘了。這個世界被理性的追求和致命的邏輯壓抑著。

　　這就是尼采一生都是反理性主義的哲學家的原因。其實尼采本人並不徹底地反對理性，他只是告訴人們理性並不是人們的全部，在理性下面還有一個比理性美妙很多的世界。他警告人們不要被理性和邏輯在這個世界上取得的科學和技術以及工業的巨大成就所迷惑，應該馬上從這個成就感裡走出來，去發現人的深處那些更能賦予人生以更高、更恆久、更美妙的意義和價值的部分，去發現現有的人生以外更廣闊的人生層面。尼采將這個現有人生以外的更有意義更美妙的人生

叫做「超人」人生。

尼采一生最著名的名言之一，就是「重估一切價值」。為什麼他會提出這樣一句口號？就是因為他看到了常人沒有看到的人的更深的一個層面。以前建立在人的理性和邏輯的基礎上的價值觀念十分狹小，人有無限的潛力和潛能有待於發現，有待於彰顯，人不應該就此停止，只要人們能超越一下蘇格拉底奠定的那個理性和邏輯的體系，一個全新的自己就會顯露出來，一個建立在更深更廣的我的存在基礎上的全新世界就可以被開創出來！

很巧合的，尼采和莊子一樣對常人眼中所說的聖人持有很深的懷疑。尼采發現西方以前被人們百倍尊崇的那些聖人們並不很偉大，有很多所謂的聖人甚至很虛偽，這些聖人以常人還沒有察覺到的方式將這個世界帶入到了水深火熱之中。

莊子說：「聖人不死，大盜不止。」——這是世間所能出現的最偉大的一句話！

只要這個世間出現一個聖人——首先不用管他是不是真的聖人，很快，我所說的「很快」和「馬上」幾乎是一對同義詞，很快，就會有千百萬個騙子站出來模仿這個聖人。人的模仿能力是不可思議的，人甚至能把上帝都模仿出來，模仿出來的上帝可能比真的上帝看起來更像上帝。

每一個真聖人的身邊都會很快出現千百萬個假聖人，每個開悟者身後都有千百萬個假開悟者緊緊地跟隨著。

一位真開悟者在世間所開創的那些偉大的事業很快就會被緊跟其後的騙子們摧毀殆盡，假聖人將一切神聖的事物和神聖的事業搞得十分醜陋！

開悟者的誕生是偉大的，他的誕生本身就可以把整個社會的眼光

吸引到他的身上來，開悟者的身上有著一種巨大的磁力，這種磁力能把人們的心一下子抓到他的手中，他的存在本身就可以使另外一些人獲得開悟，他同時也能使別人為他而瘋狂。因為大開悟者的力量太大了，使得一些心量小的人陷入到深深的混亂狀態，他能使那些承受能力脆弱的人的神經很快崩潰！

釋迦牟尼說，我講法的時候就像雄獅在震吼，那些淺智之人，那些心量太小的人，那些心理承受能力太脆弱的人不能來聽我的大法，不然，我的大法一經說出，他們就會因承受不了而瘋狂！

還有一個致使釋迦牟尼不能輕易說出大法的原因，那就是如果這些大法被小智小慧、心術不正的人聽去，他們不僅理解不透，他們還會馬上扭曲大法，使大法來為自己的私欲服務。

請不要誤會我和莊子的意思，莊子肯定是真正的聖者，莊子本人就是一個真正的大開悟者——這一點莊子本人是十分清楚的。在莊子看來一位真正的大開悟者一定是一位聖者，但一位被社會公認的「聖人」未必是一位真正的聖者，因為人們普遍缺少發現聖者的慧眼。

在自我意識籠罩下的眼光總是十分容易出錯的。人們沒有足夠的智慧去發現一個人，去認清一個人——連自己都沒有發現，你都沒有認清，你怎麼可能發現他人，認清他人呢？在這種情況下看錯一個人是很容易的。

天下再也沒有比對聖人的追隨更危險的事情了。只要一個人有足夠的知識再加上十分雄辯的口才，幾乎沒有人不認為他是一個聖人，人們心目中的聖人大多都是這一類的人。

追隨這一類的人十分危險，他隨時都有可能將人們帶領到混亂和黑暗之中，這種人在人類歷史上從來就沒有消失過！

莊子所說的「聖人不死，大盜不止」，主要指的就是這一類的聖

人。我將這一類的聖人定名為「世俗聖人」，而我將那些真正獲得生命的大覺醒者才直接稱呼為「聖者」。

惰性似乎是人的一個天性，每個人都想付出最小的代價獲得最大的收益。這種功利主義和懶惰情結，即使是在人們追求生命覺悟和人生解脫的時候依然存在。有很多人到我這裡來對我說：你有沒有一種不要我們付出任何代價而能讓我們獲得開悟的方法？你有沒有一種直接將你的開悟傳輸給我們的辦法？如果有，那麼趕快在我身上用一用。

這不是賊是什麼？這不是盜是什麼？每當我遇到這種小市民式的發問，我總是想到莊子的這句話：「聖人不死，大盜不止！」

哪一個人不是盜？有盜名的，有盜財的，有盜色的，有盜國的，有盜人的，當然，也有人試圖盜智慧。可歎的是還有盜天地、盜日月的——在當代的氣功裡就隨處可見，他們美其名曰「採天地之氣，採日月之氣」，說白了，就是盜天地之氣，盜日月之氣。

故莊子說：道者，盜也。

世俗中人盜名、盜利、盜色，修道中人盜天、盜地、盜道、盜聖，每個人都在盜中，這真是：「盜」也者，不可須臾離也，可離，非「盜」也。讓我在這句話的後面再補充說明一句：可離，即道也，即真道也。

從某種角度上來看，地球文明是一個聖人文明，構成人類文明的每一個文化體系都有過聖人的身影。可以這麼說，聖人貫穿於每一個文明傳統之中，一個人對另一個人的崇拜可能是只有人類才有的奇觀。

聖人極容易造成他人和後世對他的崇拜，反過來講也能成立，凡是被很多人狂熱地崇拜和信仰的人都可以叫做聖人。在狂熱的崇拜和信仰下，極容易使人們丟失自己，極容易使人們的心智馳離自己的存

在，極容易使人們變得十分膚淺和浮躁。莊子正是看清了這一點，他才警告人們說：聖人不死，大盜不止。

儘管在古代，特別是中國的古代，已經有了十分高超的星相學和天體思想，儘管在現代有了偉大的天文學、宇宙學和航空航太學，但就人類文明文化的內涵來講，它仍然沒有超出地球的範圍之外。因為人們在沒有獲得很高的覺悟之前，他們當然無法超脫出人類文明文化的涵蓋範圍之外，在相當大的程度上，文明本身的存在決定了其籠罩下的人們的存在。

人類現有的文明文化只是人的存在的一個十分淺表的外在反映，在這之下和之外，人還有著十分廣闊和深刻的存在領域有待開發，有待發現，更有待於每個人去成為它。

你是否生活在地球上並不重要，你是否生活在人類的文明文化裡並不重要，重要的是你能否以你的全部存在來生活。你的存在和宇宙一樣深廣，你的存在超越宇宙一切時空又擁有宇宙一切時空，你同時屬於這個宇宙又同時超越這個宇宙，這才是你的全部，你能否以你的全部來生活！

人類的文明文化只是人的存在的一小部分的顯化，文明文化是在特定的一個時空區域內的顯化，它只屬於特定的一個時空區域。文明文化自身先天的有限性和後天所有的局限性，導致人類文明文化不可能照亮人的存在的全部內涵。如果我們不小心將自己壓縮進了人類的文明文化之中，這本身就等於是將一個無限的蒼穹壓縮進一個芥子之中。故禪宗說：誰縛汝？無人縛，是汝自縛也！莊子所要告訴人們的就是：你的存在太大了，大到擁有整個宇宙並同時又超越整個宇宙，你的自由，你的智慧，你的永恆必須從這裡悟入進去，你可以擁有整個人類的文明和文化，你可以擁有你能想像出來的所有的美好生活和

人生，但你不能屬於它們——因為你的存在遠遠高於它們，遠遠大於它們。

莊子說：你試圖將整個宇宙都納入到你的生活之中、人生之中是不可能的，你試圖將整個存在納入到文明文化或某個聖人的內部是不可能的。常人的生活和人生是非常有限的，文明文化和聖人所占有的時空是非常有限的，試圖將你的存在，將整個生命強行納入到一個十分有限的時空裡來，這是一種非法行為。非法行為名之曰：盜！

何為「盜」？非法行為即為「盜」！何為「非法」？不合事物本身的規律和特性而強行為之，名之為「非法」。注意：我所說的法不是指世間的人為制定出來旨在維持社會安定的律法，而是指生命和宇宙本身固有的法則。

你們可能缺少親身的體會，只要稍微精通一點後世道家那些亂七八糟的符咒、風水、看相、內丹術、房中採戰術，及各種邪門法術和各種偽經邪說，你就明白了莊子所說的「大盜不止」為何意。這些烏七八糟的東西現在仍然在百姓中廣為流傳，惑亂人們久矣！但他們都標榜說這是太上老君（即老子）親口所傳，這是大道之物。自古至今，不知有多少人身陷其中，輕則一生庸俗，重則當下喪身失命。

在老子的聖名下，千載以來，不知滋生出了多少邪惡之徒，在釋迦牟尼和耶穌的聖名下，不知滋生出了多少不能對人言的險惡勾當。難怪唐宗時期有一位大禪師說：地獄之中袈裟多！難怪西方有一位智者說：依我看來，上帝並不討厭酒鬼、小偷、流浪漢和妓女，上帝最討厭的應該是那些神父和牧師以及修道院中的聖人們！

博學之士

　　我是一所重點大學的博士生，知識上可謂淵博。可每當我在忙忙碌碌地收集材料並苦心冥想地做文章的同時，我總想吶喊一聲：我想走出知識的海洋！因為與知識相伴，我感到的是饑渴，饑渴以後是滿足，然後又是更大的饑渴……身心的自在於我遙遙無期。我想放棄知識的追尋，可是我又如何立身於世？

　　有一個朋友和我聊天的時候對我說：不要以為我掌握了很多知識就成為一名了不起的人了，我明白我自己，我除了學會了維護自己那虛假的自尊以外，我所能剩下的就是一套能辯倒一切人的能力，除了這些，我什麼也沒有，一種空虛感時時向我襲來。

　　饑渴是什麼？它就是每個人都能感受到的內在的空虛。但我們有一個錯覺說：只要我再多吸收一些知識，我可能就不空虛了。可事實呢？正如你自己所說的然後又是更大的空虛……

　　我們所處的時代是一個激烈變化的時代，雖說我們擁有幾千年的知識積澱，並且與各國文化有著廣泛的交流，但是，當我們這些龐大的知識體系面對日益巨增且艱澀的問題時，它依然顯得那樣貧乏而無奈。在專業知識貧乏的歷史階段，社會中的諸多矛盾也是泛泛的、宏觀的，但是隨著知識專業化程度的不斷加大，社會問題的深度和廣度也在超速加大，可見，知識的精確度與矛盾的廣度和力度是同向發展的，是成正比例的。社會要求你成為一個解決問題的人才，社會將解決問題的這一行為稱之為「發展」，但往往情況是這樣的：當你滿懷

一腔知識與熱血投入問題之堆時，你卻發現了知識的力量是那麼軟弱與蒼白，你根本就無法解決一個問題。這是使你空虛的根本原因。

社會的知識是在解決問題中發展的，但人類的發展卻永遠走不出矛盾之海，而是如同身陷沼澤，愈陷愈深。這是知識在發展過程中的必然結果，可你卻將解決一切問題的途徑停在了不懈鑽研專業知識上，那麼，你的空虛與無助肯定是一種必然。

就知識與問題而言，問題永遠是新的，知識永遠是舊的。以問題來推動知識的發展，這是知識前進的根本動力，這也是知識在發展中失去了主動性、失去了生命之根的必然表現，這種知識的被動性所造成的人類社會各種行為的失控觸目皆是，這是社會面臨的最大難題，它是整個社會處於混亂無知狀態的總根源。一切問題或矛盾的澈底解決，只有當你認識到了智慧的恆常性以後才可能解決。

每個人都有一個錯覺說：只要我向外占有了更多的東西，我就會變成富有的；只要我向外占有更多的知識，我就會變得智慧和幸福。其結果只能如你所說「身心的自在於我遙遙無期」。

在人生中證明什麼東西是對的、什麼東西是錯的，很容易。當你擁有或成為這個東西以後，你是越來越輕鬆自在呢，還是越來越沉重和痛苦呢？如果是前者，那麼它一定是對的，如果是後者，它一定是錯的。我很少看到那些擁有很多東西、很多知識的人沒有沉重感和痛苦感的，他們外表上看起來可能很神聖很高大，他們的內在真實感受只有他們自己最清楚。

知識是一把刀，它既可以幫助你探尋真理，它也可以束縛你對真理的探尋，其中的關鍵在於你如何去把握知識。知識可以救你，知識也可以害你。這一點，古人早有發現，「盡信書不如無書」，就是古人對書本、對知識最好的評價。

我想放棄知識的追尋，可我又如何來立身處世？

　　這證明你對知識還有欲望，你對知識還有嚴重的依賴情結。這說明知識給你帶來的空虛感和沉重感還不夠深刻，你對知識本身還缺少足夠的反省和體悟。放下需要成熟，如果這個東西在你身上還沒有成熟，妄言我已經放棄它了是自欺同時也是欺人的言論。道家有一個詞叫做「火候」，這個詞裡有很多深意！有很多事都是要講火候的，火候未到就像瓜果未熟一樣，強行為之只能適得其反。

　　自古以來，所有的大智者和開悟者都經歷了肉體或心靈的巨大痛苦。我們在生活中、在工作中不也經歷了很多痛苦嗎？為什麼我們不是一位真正的智者或開悟者呢？在我看來是因為火候未到所致。沒有人可以否定每個人在其生活和人生中都有這樣或那樣的痛苦經歷，但都沒有達到足夠的深度，強度也沒有足夠的大，只有到了足夠強大的時候，只有到了自己不堪忍受的時候，你自然而然地就會拋棄它，你自然而然地就會脫胎換骨。此時你再也不會問：如果我拋棄了它，我蛻變了以後，我該怎麼生活呢？

　　放棄對知識的追求與強烈地渴求知識都是一種誤解知識的極端做法。這種放棄的做法沒有必要，也沒有任何意義，它是一種推卸責任與義務的逃避行為。只有當我們認識到知識的本質與矛盾產生的根源時，我們才能找到解決內心空虛的唯一辦法。因此，我希望你能進入深深的無我中，去很好地沉思一下知識的產生、作用等問題，這樣你將一直追溯到人的本性——生命之境，這時你才能放下你一切的愚蠢想法，在處理生活與工作的過程中永立於生命之境！

　　你的心靈成長還要再繼續，你在生活中、在人生中、在心靈中、在知識中的成長還要再繼續，你在生活中、在社會中、在人生中、在

知識中所經歷的痛苦還要再聚積。只有你的痛苦聚積到了一個足夠的點上，只有你的成長到了一個很高的高度的時候，你很自然地就會發生質的蛻變！

人們有一個錯覺：知識是通向開悟的入口。這句話說對了一部分，知識的確是通向開悟的入口，但知識不是通向開悟的唯一入口。事實上開悟的入口隨時隨處都有，並不是你先要達到了一個高度以後才能尋找到那個開悟的入口，開悟的入口存在於包括殺人犯、惡人、酒鬼、知識分子、妓女、聖人在內的所有的人的所有地方和所有時間裡，開悟之門隨時隨地向每個人敞開著！

個人的蛻變需要一個火候，需要一個能引發身心蛻變的點的出現。從開悟中獲得蛻變則不需要火候，只要你能進入到開悟之中，蛻變馬上發生在你的身心裡！

任何一個時代都是開悟的時代，任何一個人生階段都是開悟的階段，任何一個生活的境遇都是開悟的機緣。這個世界沒有什麼末法時代，也沒有什麼正法、正道的時代。不要把自己不能獲得開悟的原因推卸給這個時代。時代沒有問題，問題出在我們每個人的內部。

每一個時代都是黃金時代，同時也是黑暗時代，歷史永遠不會出現純粹的黃金時代，也不會出現純粹的黑暗時代！任何一個時代裡都有鮮花，同時也有毒草，既有陽光，也有烏雲。善與惡的鬥爭，美與醜的對峙，正義與非正義的較量是每個時代共有的旋律。與其有時間去感歎時代的變遷和對未來的淒迷，不如將這些時間拿來作生命的覺醒之用！

《易經》說：「天」時刻垂相於人間，示真理於眾生。

上帝說：我從來沒有離開人們半步，我將自己作為每個人存在的根基。我在世間的一個重要使命就是傳播生命的天籟之音……

鳳凰食百毒之蟲，不僅不會死亡，反而羽毛會更加豔麗……

麒麟降世的時候，人間將是大同之國……

昆侖大山的瑤池之水時刻從天而降……

一股浩蕩天風時刻吹拂每個人的心田……

洪鐘大呂在天地間早已奏響……

宇宙的子宮正在孕育出新的你、新的我、新的他……

一個小生命體此時正在降臨人間，他努力地試圖說出那無法被說出的，急得他「哇！哇！」大哭……

開悟如是說

我們對您不久前發生的開悟——生命的全面覺醒現象非常感興趣，能慈悲開示一二嗎？

開悟對於一個人的人生來講，真是太重要了。開悟就是認清自己是什麼。認清了自己是什麼，自然也就知道自己的人生應該怎麼過。開悟了不僅明白自己是什麼，自己的人生應該怎麼走，開悟者還會明白自然和宇宙的真相是什麼。

開悟有一個前提，就是肯定我們先天就有理解一切、明瞭一切的智慧。這個智慧對我們來講太珍貴了，可以說沒有任何一個東西比自己擁有先天智慧更重要的了。

去圖書館，去新華書店，你們會看到很多書。這些書都是用來幹什麼的呢？這些書都是試圖告訴我們人生是什麼，生命是什麼，天地自然宇宙是什麼。可是這些書對我們有作用嗎？如果有作用，那又是些什麼作用呢？這一點，我想很少有人去認真地思考過。

這些書只是一些知識，知識是大腦造作出來的。知識裡含的真理量並不多，如果要是我們的先天智慧被打開了，那麼一切問題都將迎刃而解。一個人可能沒有知識，只要有智慧就行。有很多人有很多知識，但未必有智慧。甚至還有一些人很有知識，但一點智慧也沒有。在很多時候，知識是智慧的最大障礙，這一點人們很難發現到。在生活中，有相當大的一部分人錯把知識當智慧，以為只要此人有一些知識，我們就認定此人一定有智慧。其實知識和智慧是沒有必然關係的。

　　獲得知識的途徑是謙虛好學、多請教、多看書、多思考。獲得智慧的唯一途徑是生命修煉，用心去超越一切，不要使心有所掛礙，讓心自然地回歸，把心延伸到無限無極的邊緣，把心延伸到父母未生我之前。

　　知識越多，人的腦子就越是複雜，智慧越多，越是使人寧靜和豐富。「複雜」和「豐富」絕對不是一個概念，這兩個詞從表面上來理解似乎很接近，實則相距很遠。有些人是複雜但不豐富，有些人是豐富但並不複雜。開悟的人是豐富，練達的人是複雜。

　　人們都去相信知識，而不願相信自己的智慧。知識起源於對自己心靈的懷疑而對大腦的肯定。要想獲得智慧就必須懷疑大腦，重新信任自己的心靈。

　　知識學習得越多，就越是遠離心靈和智慧。知識是把自己放棄後的產物，智慧則是對心靈能力肯定後的產物。一位拚命追逐知識的人必然是丟失了自己的人，一位追求智慧的人必然是擁抱自己的人。

　　本世紀——二十世紀，是人們充滿痛苦的世紀，二十世紀的人類經歷了太多的人生苦難。這些悲痛大多來自我們人類自身，很少有來自自然的。依我看來，這些苦難都是把真我丟失了以後的產物。如果我們人類再不覺醒，知識還是同以前一樣成倍地爆炸，那麼生活在以後的人們絕對不會比本世紀的人們的苦難少多少。知識對我們造成的是壓迫和心靈的流放，智慧給我們的是生命的覺醒和解脫。

　　有些人把本世紀人類的諸多苦難歸咎於經濟原因、政治原因、戰爭原因等，我不這麼認為，以我的觀點看，它的本源來自人們在知識面前丟失了自己，在知識面前流放了心靈所致。

　　我們在知識面前成了一個經濟動物、政治動物、戰爭動物，可從來就沒有成為自己。在這裡我需要明確地強調一點，我所說的「成為

你自己」不是指萬事必自私，萬事必以自我為中心，這樣理解將是一個非常嚴重的錯誤！「成為你自己」指的是生命修煉以後開顯了無比可貴的智慧並信任之，是開悟以後對心靈聲音的絕對遵從。

　　生活在這個二十世紀的末期裡，我看到的人生苦難太多了。我本人就是在世紀末的苦難中成長起來的，無需張大眼睛看世界，只要閉目對自己所走過的人生道路稍加回憶一下，就很令人不寒而慄了。

　　我曾經艱苦地從各門學科中去尋求解決我們痛苦和煩惱的答案，可是我失望了。如果書本裡有很好地解決我們人生痛苦和煩惱的答案，那麼現在的我們的痛苦和煩惱不是早就消失了嗎？最低限度也會大大比幾十年前、幾百年前少得多才是呀。看來尋找能解決我們痛苦和煩惱的方法還得另闢蹊徑才行。

　　等我開悟了以後才發現，原來人們的痛苦和煩惱絕大部分是來自我們的內部。痛苦和煩惱是嚴重丟失了真我後的必然產物。因此我得出了兩個完全不同的答案來：解決人類的痛苦和煩惱非常非常難，解決人類的痛苦和煩惱也非常非常容易。

　　難的原因是當代人在知識的迷路上走得太遠了，當代人在遠離自己生命（心靈）的道路上走得太遠了，以至於早已忘記了回家的路，甚至認為現狀的一切才是理所當然的，讓他去尋找回到心靈深處的路反而被他看成是虛假的東西了。

　　容易的原因是只要每個人放下現在被認為是理所當然的東西，回來，回到自己心靈的深處去，回到生命的中心去，用淨心和誠心去打開生命的智慧之門，這樣才能使我們生活和人生中的痛苦和煩惱不解自開。痛苦和煩惱本空，因造作才有！造作來自大腦，知識製造迷惘，迷惘製造顛倒，顛倒製造妄為，妄為製造痛苦，痛苦又製造人類的各種瘋狂行為，這是一個難解的惡性循環，惡性循環摧毀一切生命、生

活和人生中美好的東西。

佛說：眾生皆在病中。

沒有人能給另外一個人從根本上解除痛苦和煩惱，就是父母也沒有辦法給子女解除根本上的痛苦和煩惱。因為我們的病來自內部。幾乎每個人從出生以後就踏上了一條茫茫不歸路，天下沒有可以回頭的路，所有的路都是不歸路。我們要不就走向痛苦的惡性循環之中，要不就走向生命的昇華和解脫。我們只能從一條路跨入到另一條路上去。一條路通向死亡，一條路通向宇宙深處的永恆——本體生命，但這兩條路都是不歸路，都不可能使我們再回歸到娘胎裡。

佛說人生有輪迴，其實有很多人都沒有真正理解佛陀所說的輪迴的真實含義。輪迴的真實意思是人們從一出生就踏上了一條丟失真我的不歸路，如果我們能從這條丟失了真我的不歸路上跨入到生命的昇華和解脫的路上來，我們就不會再有輪迴了。

輪迴就是人生的惡性循環，惡性循環就是一條丟失了真我的人生不歸路。佛陀所說的六道輪迴不在宇宙中，就在每個人的內部。可惜有很多佛教徒把六道輪迴理解成了宇宙中的一個事件。

地獄是痛苦的象徵，畜生是愚癡的象徵，餓鬼是貪欲的象徵，人是偏執的象徵，阿修羅是嗔怒的象徵，天人是迷惘的前提下極為短暫的快樂的象徵。

六道輪迴就是痛苦—愚癡—貪欲—偏執—嗔怒—迷惘下的短暫快樂這六者之間的相互轉換。六道時刻都在我們內部不停地輪迴（轉換）著。佛教徒懼怕死後流入六道中，如果不開悟的話，他現在就在六道之中流轉呢！何須等死後？

生命之路有兩條：一條向下，向六道中走去；一條向上，向返本還源處走去。兩條路都是不歸路。向下走的人他想不痛苦、不煩惱也

不行，向上走的人他想不覺悟、想不解脫也不行。

　　天下沒有人能給你解決痛苦和煩惱，只有擁抱生命徹悟生命的人才能解決痛苦和煩惱。

　　有人來找我時，我經常聽到他問我，他這件事應該怎麼辦，每一件事我都可以回答很多解決的辦法，但這些辦法都是靠不住的，不長久的。對於一位沒有開悟的人，你就是告訴他一萬種解決問題的方法也無濟於事，他還有第一萬零一個痛苦在等著你為他解決。對於一位真正開了悟的人來講，他不會有任何問題，因為在這件事情的開始和結束的全部過程中，他的心靈中的智慧都在時刻告訴他應該怎麼辦，所以他不會去向任何人尋問此事應該怎麼辦。

　　天下沒有任何人能真正告訴你，我們所遭遇到的事情應該怎麼辦，我們最根本也是最正確的辦法是問自己心靈中的智慧。

　　每當你走在馬路上，你所看到的每個人都是行色匆匆的，如果你拉住一個人，問一下他為什麼行色如此匆忙，他一定會告訴你有很多理由讓他這麼行色匆匆。

　　道家說得好，要想人不死，除非死個人。「要想人不死」的意思是說要想找到自己生命的永恆歸宿處，那麼怎麼辦呢？除非死個人！每個人要想達到覺悟，第一步必須在心裡把自己死掉！不進行一番如鳳凰涅槃一樣的再生是無法達到生命頓悟的，故先祖說開悟乃大丈夫之事，必須有如雄獅一般的大氣魄，說死就死，說生就生，說放下就放下，說提起就提起，這樣的人才有望達到生命的究竟頓悟。

　　這第一步很關鍵，它是凡聖兩界的分水嶺。智慧的人在生前就在心裡把自己「殺死」，愚蠢的人是在等著肉體自然的規律來把自己推向死亡。一個人能在生前就「死」一次甚至數次，他一定會成為一個智慧和解脫的人，一個時時小心翼翼地苟且偷生的人肯定是一個愚蠢

的和怯懦的人。

我們每天干的事和說的話細思起來有 90％都是一點意義也沒有的，可是我們每天又總是尋找了九十九個理由來支持我們去幹這 90％的無意義的事情。我們把自己弄得很忙，非常非常的繁忙，所以我們每天總是感到沒有時間，一天二十四小時不夠用。我常常思考一個問題，就是我們生活的這個表象的世界裡，一切的一切都是虛幻的，是沒有任何意義的，可是生活在這個表象世界裡的人們為什麼還要「寧可好死也不如賴活著」呢？支持我們活下去的到底是個什麼東西呢？後來我才知道，這個支持我們「賴活著」下去的不是別的，就是人們大腦中的意志。這個意志是生活在表象世界的人們賴以生存下去的根！意志為了讓肉體在這個苦難的世界裡得以繼續生存下去，它為我們編造了很多很多不是理由的理由，欺騙著我們，讓我們能得以繼續生活下去。而一個真正想開悟的人首先必須去澈底揭穿和打破意志為我們的生活和生存而編造出來的幻境。我所說的「死去」就是讓意志永遠死去，這樣才能把被意志壓制掩蓋的生命啟動起來。

我們在生前必須「死去」，只有死去的人才能永遠活在生裡，不要等自然的規律把我們逐步地推向死亡。

愚蠢的人總是在生活中死去，智慧的人總是「死去」以後再生活。

愚蠢的人總是在活著的時候，就把心靈殺死了；智慧的人總是把心靈殺死再復蘇以後，讓心靈永遠活著。令人不可思議的是，我們有別於他物的最大標誌就是我們有一個「心」，但是每個人的一生又都不是生活在心中的，他生活在物質堆裡。

我從來不把信奉馬列主義的人稱之為唯物主義者，也不把信奉各種宗教的人稱之為唯心主義者。我只把那些貪戀物質的人稱之為唯物主義者，我只把那些生活在意志編造的夢幻之中的人稱之為唯心主義

者。

　　我認為生活和人生不能要唯物主義，也不能要唯心主義，我們需要的是真實主義──用真實的生命活出真實的生活。

　　生不是生命的開始，生只是生命體的開始；死不是生命的終結，死只是生命體的終結。生命本身無生無死，生命體有生必有死。生活不需對生命體負責，生活應該時刻觀照的是生命！

　　當代人太注重對生命體的觀照了，而忘記了對生命的觀照，這是人生中最大的一個顛倒！這當然是一個無比巨大的錯誤，這個錯誤使我們背上了肉體這個無比沉重的十字架艱苦地生活了一輩子！就是肉體死亡了以後，仍然沒有讓生命感到有絲毫的輕鬆，這個人在死亡了以後，他的肉體還要轉變成一個無形的概念繼續給我們後人的身心帶來沉重的包袱！是誰讓我們的生命有了巨大的壓力？原因是我們錯誤地把肉體的重量讓生命來背負！

　　是誰把沉重的肉體讓生命來背負？是我們的知識！

　　我們可以這樣給智慧下定義：凡是能讓生命減少重負的心靈就是智慧。你們剛才問我智慧是什麼，我們可以從不同的角度給智慧下定義，但智慧是一個比較難下準確定義的東西。

　　你們可以從我的談話之中發現一個核心，就是我始終將生命的修煉放在第一位。情況的確如此，如果沒有修煉，那麼有關生命和人生的事就不能談，因為輕飄飄地談什麼都不會有多大的意義。我們看到很多書本上的關於談生命和人生的問題，給人的總體印象都是輕飄飄的，甚至有不少的著名思想家談到關於生命和人生的問題時都是如此，總是觸及不到問題的實質上去。什麼原因？就是他們沒有經過生命的認真修煉。他們都是從社會中成長起來的，沒有從他們的生命中成長起來。所以他們在談到關於生命和人生問題時有一種隔靴搔癢的

感覺。

我們一生對我們有重大影響的那些人都是些什麼人呢？都是不懂生命之道的人。他們只能把我們引導到一個沒有生命氣息的荒漠裡去。他們不可能把我們引導到生命的真相之中，所以我們越是生活得長久，越是離開真實的生命，這將是必然的結果。

當代什麼樣的「家」都有了，物理學家、政治家、教育家，甚至宇宙學家都有了，可是人生和生活總是那麼的糟糕，每個人總是感覺到如生活在煉獄之中一樣，我們的感覺總是很糟糕。有的人從懂事起一直到去世，可能從來就沒有真心快樂地笑過一次。

對於開了悟的人來講，他的愛心總是很悲切的，同時他的愛心也是不帶一點自私的性質的。他們在悲心的驅使下總是在不停地對我們開示些什麼，用我們的術語來講，這叫傳法或叫傳道。可是世間的一切都弄亂掉了。傳法或傳道本來的意思已經早已走了味兒，當代人一聽說傳道，馬上就聯想到了些什麼呢，可能會馬上聯想到一個精瘦的老者，搖頭晃腦地裝出一副聖人的樣子。其中實際情況當然不是那樣子的。一位開了悟的人，可以說不僅不腐朽，而且還特現代、特平常。如果這個人是一位真正開了悟的人，他絕對不會動不動就擺出一副聖人嘴臉，把自己弄得陰陽怪氣的，他會平常得令人吃驚，甚至會使一些人剛見到他時可能大加懷疑這個人是不是真的開悟了。

悲心對這些開了悟的人來說是必不可少的東西，這個大悲之心不是從哪裡硬學來的，它是從打開的生命之門中自然噴湧出來的東西。悲心大時，總是能使人不能自已，當他們發現人們的痛苦、煩惱和迷惘時總是忍不住要說上幾句。

可是人們——也就是佛家所說的眾生吧，是非常難度的，他們總是太「聰明」了，每個人都是聰明過了頭的人，自古以來，眾生從來

就不明白應該把自己的聰明用在何處。

你這一句話說了出去對他人有沒有造成作用——人們在很多時候是不看你說話的具體內容是否合理，而是看說話的這個人。如果這個人是政治上的某某「長」或者是經濟領域裡的某某「亨」，再者可能是科學領域的某某「家」，如果這些人又正好是聽話的這個人所崇拜的、所敬仰的人，在聽話者的心目中，對方說出的話也就幾近於真理了。

所以說呀，眾生很難度的。這個人能不能得度，首先要看這個人能不能做到從眼、耳、口、鼻、身每一處進來的資訊都要經過心靈的嚴格把關，也就是說要看這個人的心有沒有丟失。

每個人的能量都是有限的，也就是說每個人的精力都是有限的。幾乎所有人都不會合理運用自己的精力。心靈之門就是生命之門，生命之門就是宇宙之門，宇宙之門就是解脫之門，解脫之門就是智慧之門，智慧之門就是生命的淨土之門。只要能把心靈之門打開，後面說的這些門都會隨之打開。

打開心靈之門的所有奧祕只有一個，把自己的能量和精力向心靈深處推去，或者說向心之源頭處投射而去。一切的祕訣都在這一句話裡。

可常人的一生為什麼連一次心靈之門都沒有開啟過呢？主要是常人把自己那一點難能可貴的能量、力量和精力都給泄散掉了，透過眼、耳、口、鼻、身、意向外投射，沒有向內收，沒有向內聚，沒有向自己的心靈深處投射。

本來人們開悟是非常容易的，結果把能量、力量、精力都白白耗散掉了。人還不到四十歲就變得身心脆弱，讓他去做一點事他都連呼「不行了、不行了。」為什麼不行了呢？向外耗散太多之故！

你們看一下印度的釋迦牟尼、猶太民族的基督、中國的老子等

在未開悟之前，他們都是透過了認真靜心的，現在有人把這個靜心叫做「內求法」，把近現代科學方法叫做「外求法」。所謂「外求法」就是把心智透過眼、耳、口、鼻、身、意向外投射，向外去尋找事物的答案。「內求法」是盡可能停掉眼、耳、口、鼻、身、意，把心靈向內投射，一直把心靈向深處推，直到推到心之源頭處，此時心靈之門必然洞開，隨之而來的就是生命之門洞開，再緊接著宇宙之門洞開……

開悟之路由此前進！

靜心分為靜處靜心和動處靜心。一位真正靜心的人，他無論在靜處或動處都能做到心不動、神不亂、意不散。如果心不靜，縱使此人身處靜室也不行，心還是照樣狂飛亂舞、瞬間千里。身體靜不靜無關緊要，環境靜不靜無關緊要，貴在心靜，貴在神靜。

內投也不能理解成閉眼塞耳，內投是指盡可能地不受五官和已有的陳腐觀念的左右。超越這些，把心靈推廣到時空的無限深處，把心靈無限地沉下去，沉到無邊深處。

傳法，到底傳什麼法呢？古人說：法無定法。宇宙是流動的，心靈是流動的，社會是流動的，人生是流動的。西方有一個思想家說：人不能兩次踏入同一條河流裡。這句話很對，當你第二次進入這條河時，這條河早已改變了，絕對不是第一次進入的這條河了。——一切都在川流不息地流動。

法無定法，我在此時此地對著此人講的是這樣的，但在彼時彼地面對著另一些人講的又是那樣的。傳法者就是醫王，是醫治生命的良醫，是人生的良醫。眾生的病不同，開的藥方自然也不同。天下沒有一種藥方包治百病的，所以天下也就沒有一個法是包治人生和生命百病的。

佛說：眾生都在病中。

眾生的病都是千變萬化的，對一位開悟者來說要有入木三分透視一切的慧眼才行。一個人到你目前來，張目一看就要明白此人此時命患何病。是生理病，是心理病，是人生病？馬上就要知道，馬上就要不加思維造作地從智慧海洋中流顯出對方此時此地此病的對治藥方出來。因此只有真正開悟了的人才能勘為大醫王，才能應病與藥地接引眾生。不然就會惡口一張，活埋天下蒼生。

在當代沽名釣譽之徒甚多，被他們活埋的眾生也不計其數，能勝任萬世師表者，吾未見也。芸芸蒼生，何處是彼岸？天地回音，一片渺茫矣。

自古對開悟者皆呼之為「大雄」，或呼之為「聖雄」，此言不謬。但凡真開悟者，因其心無掛礙，無掛礙故無有恐怖。如若傳法開示，必為雄獅震吼，令天下蒼生靈魂顫動，一切假醜惡現形，令其無遁身之地。

故所有的開悟者，如以常心俗眼看之，他在任何時代裡都是一位不合時宜者。你不可能給開悟者找到一個完全適合他的位置，就像我們不能給一陣輕風、一朵白雲找到一個完全適合它們的位置一樣。以常心看之，開悟者是一切時代的叛逆者。非他叛逆了時代，實乃時代叛逆了他。

一個開悟者，他只能以他生命的真境作為他的位置，所有的時代都不能作為他生命的安置地，他的存在是超越一切時代的。

愚蠢和無知也是社會和歷史中的一種真實存在。只要是存在，它就會顯示出它存在的力量。所有的力量都是朝著對它自身有利的方向運動的。開悟者的言語和追隨開悟的人們自然也是社會和歷史的一種真實存在，這種存在也必然向外散發出一種力量。

　　因此愚蠢和覺悟——這兩種在社會中、在歷史中最大的對立力量，會在可能的任何地方交鋒。可眾生的愚蠢和無知是那麼的深厚而又堅固，以至於鋒利的智慧之劍也不能奈之何。所以自古以來的那些開悟者和智慧大師們大多都是在敗中取勝的，蘇格拉底被毒死，基督被上十字架釘死，釋迦牟尼險些被外道從山上推下的石頭壓死，老子被迫從他所處的時代裡走出來，獨步青牛西出函谷關不知所終，孔子遊說困於荒郊差點餓死，睡仙老祖道家的真人陳搏在華山五百年不出山，直至睡死……這些人能在當今世人的心目中燦爛地活著，與他們當初以死作為代價來從事他們偉大的事業是分不開的。歷史中，聖人的種種死法足可以寫出一本厚厚的《聖人之死》，他們的種種死法真是對千古眾生的嘲笑。這真是——千古皆在笑談中！

【代後記】「見聞解脫」大成就者潘麟先生的開示

蔣佩佩

蔣佩佩：尊敬的先生，什麼叫「見聞解脫」？

潘麟先生：「見聞解脫」是「見解脫」和「聞解脫」的合稱，這個詞源自古老的印度，是我們修行界的一個專用術語，在社會上不常使用，多數人一生也未必聽到過這個詞。印度文化以宗教文化和生命文化為中心，這個文化十分注重身心的修行和生命的證悟。「見聞解脫」這個詞在印度歷史中出現得非常早，一直作為印度文明的核心與基本精神相延至今。

圍繞著「見聞解脫」，印度文化中很早就發展出一些相關的傳統，如 Darshan 傳統（即以各種方式與當世聖賢結緣的傳統），Upanishad 傳統（即來到聖賢身邊並聆聽其教導），念誦某大成就者的名號即可實現消業與獲得解脫之傳統（如印度奉愛瑜伽裡的念誦「哈瑞克瑞詩那」或佛教裡的念誦「阿彌陀佛」）等等，這些印度社會和文化中的重要傳統，都與「見聞解脫」直接相關。在印度歷史中，時常可以看到「我發願，當世與後世眾生，凡有緣得聞我名號或讀寫我的言教者，除一切無明，消一切業，永出輪迴，得大自在」等等諸如此類的記載。

「見聞解脫」這個概念隨著佛教和瑜伽學一起傳入我國，但在我國歷史上並沒有像在印度那樣婦孺皆知，以及形成一些重要的文化傳統和社會習俗。在我國歷史上，那些已獲「見聞解脫」的大成就者們通常只在他的弟子們中間，或極小的範圍內公開這一成就和消息，就一般社會大眾而言，絕大多數人是沒有機會知曉誰是「見聞解脫」之

大成就者而創造機緣以親近之。雖然圓滿地獲此「見聞解脫」之殊勝成就的大修行人，在我國歷代都是十分稀有的，但歷代還是有不多的幾位大修行人，曾獲得過此無比殊勝的大成就。數千年來，「見聞解脫」在我國一直是一個隱形傳統，一個主要流傳於山林間的小眾文化。

「見解脫」的意思是有緣見到某大成就者（包括見到此成就者的照片，閱讀此成就者的著作），即獲得解脫。「聞解脫」的意思是有緣聽到某大成就者的名號，即獲得解脫。

「見聞解脫」分為「非究竟解脫」和「究竟解脫」兩類。

「非究竟解脫」意思是：這類解脫是人生和生命的階段性和部分性的解脫，不是生命和人生的終極解脫。比如說，你有疾病，此時正陷於病苦之中難以自拔，有緣見聞到已經獲得「見聞解脫」的大成就者，自聽聞其名號、目睹其照片或閱讀其著作開始，即在此大成就者的加持力作用下，各類疾病迅速地獲得好轉和痊癒。再比如，你有一些心結和煩惱，受困於此很久了，有緣見聞到已經獲得「見聞解脫」的大成就者，自聽聞其名號、目睹其照片或閱讀其著作開始，在此大成就者的加持力作用下，各類心結和煩惱得到很快的化除和超越。這類透過見聞大成就者，並以此因緣獲得此大成就者的加持，而令見聞者迅速從各種病苦和煩惱中解脫出來，即屬「非究竟解脫」。因見聞大成就者而獲得內心喜樂、化除業障、消解困厄、益智開慧、激發潛能、淨化身心等等不可思議之效果，皆屬「非究竟解脫」的範疇。

「究竟解脫」意思是：獲得終極解脫，即獲得如釋迦牟尼、老子、孔子等聖賢在大徹大悟時證得的大自在之境。此境地為人生之終極境界，萬善皆備之聖賢境界，是所有眾生最終必有之歸宿，一切生命最初之源頭。此境佛家名之為「大涅槃之境」，儒家名之為「聖人之化境」。這個「大涅槃之境」，這個「聖人之化境」，就是「究竟的解脫」

之境。

　　「見聞解脫」的法理是建立於「瑜伽（Yoga）」一詞之上的。「瑜伽」一詞的基本含義即是「連接」「相應」「結合」等。整個印度文化都是建立於「瑜伽」這一生命哲學基礎上的，印度文化就是大瑜伽文化，即是一個以探索和實踐人與人之間、人與本體之間、人與宇宙之間等的連接與相應的文化。無論是「見」還是「聞」，無非是與修行已獲此類之大成就者之間建立某種關聯。以此關聯為前提，透過雙方生命之間的「連接」「相應」，而實現一個生命對另一個生命全面而正向的影響和作用。這就是印度的瑜伽哲學，也是印度的生命哲學。這個哲學體系，這個瑜伽修證體系，裡面至今仍然潛含著大量的奧妙，等待著我們去進一步地發現和學習。

　　蔣佩佩：尊敬的先生，什麼人可以有幸獲得「見聞解脫」呢？

　　潘麟先生：獲得「見聞解脫」之大成就者是沒有分別心的，所以不存在一部分人可以從此大成就者那裡獲得見聞解脫，另一些人不能從此大成就者那裡獲得見聞解脫。不僅人類，包括一切眾生，一旦見聞此大成就者，在聞或見的當下，在此大成就者的強大加持力（具體即為慈悲力、禪定力、攝受力、般若力和功德力等）的作用下，即開始踏上了非究竟解脫或究竟解脫之路，一切眾生蓋無例外。

　　蔣佩佩：尊敬的先生，具備什麼樣的證量或修行，才能成為一名偉大的「見聞解脫」成就者呢？

　　潘麟先生：獲得「見聞解脫」之大成就者，必須是一名已得明心見性之大徹大悟者，這是首要的。其次，這名證悟者還必須要有極深的慈悲心和極強的入世度人之願力。這個慈悲之心和濟世之宏願，不

是憑空抒發一下即可以的，必須經過生生世世無數次磨難之試煉後，不僅沒有退失，反而愈加勇猛精進，愈加雄沉精固。除此之外，欲獲得「見聞解脫」之大成就，還需有一系列師徒之間心傳口授的有針對性的密修法門，當這些深奧的修行法門皆獲修證圓滿後，方可成就為一名罕見的「見聞解脫」之大成就者，成為一名能圓滿一切眾生所願的偉大導師，即成就眾生「非究竟解脫」和「究竟解脫」兩類不可思議之心願。因為「見聞解脫」大成就者所有的言行舉止，所有的身、口、意的一切活動全部源於佛性（生命最終極之存在，又名神性或自性），全部源自無上正覺之清淨心，「見聞解脫」大成就者的一切言行舉止，皆為佛性之全然顯化，故有緣見聞此大成就者的言行，即是見聞佛性，實乃佛性不可思議之加持力作用於見聞者之故也。

蔣佩佩：尊敬的先生，您身邊每天都出現大量的奇蹟，凡是有緣走近您身邊的人，他們在見到您的那一刻起，疾病即開始好轉（如多年神經性耳聾患者，在與您閒聊時，很快恢復了聽力；多年的乳腺增生在您身邊靜靜地坐上一會兒，即發現明顯縮小或軟化等），各類亞健康症狀開始消除，心智獲得開啟，悟性獲得飛躍，情緒開始和順，各類修行者的證量被大大提升，等等不可思議之事時時刻刻發生著，令所有見到此現象的人們，無不感到震撼和驚訝。這是不是您所說的「見聞即解脫」？

潘麟先生：是的，但這只是「見聞解脫」的一小部分事例，歷代都有大量類似的事例——如人們僅僅聽聞大成就者們的名號、目睹他們的照片，或閱讀他們的書籍著作等，即出現很多不可思議的「非究竟解脫」和「究竟解脫」現象。這種現象不僅在我的身邊大量出現，在歷代「見聞解脫」大成就者們那裡，同樣有數不勝數的類似事例。

在我們出版的《皇冠瑜伽——從身心健康到生命覺醒》一書裡，提到幾個「見聞解脫」的案例。但那只是恆河中的幾粒沙，還有大量更為神奇的現象沒有公開呢。

　　蔣佩佩：尊敬的先生，您作為一名「見聞解脫」之大成就者，有沒有一些方法讓我們更好地提高「見聞解脫」的效果呢？

　　潘麟先生：有的。「見聞解脫」的奧妙，無非是與我們這些已獲此成就的修行者們建立關係與連接。因為只有與我們建立了關係與連接，我們的加持力才可以過去，在對方身心上發揮出相應的正向影響與深刻作用。這些力量和能量要想發揮出很好的效果，前提必須是與我們以某種方式建立關係與連接，這種關係連接得越持久越深刻，則越能在對方身心上實現出更好和更澈底的功效。

　　我們皇冠瑜伽和我們的生命學裡有一個與此相關的六字箴言，即「開放、虔誠、接收」。這六個字精確地表達了提高和加深「見聞解脫」功效的方法。另外，多讀幾次我們的文章和著作，多看幾眼我們的照片，或創造機緣多參加我們的講學等，總之，無論透過什麼方式，只要加深和加強與我們的關係和連接，都可以提高「見聞解脫」的功效。

　　蔣佩佩：尊敬的先生，哪些修行人已獲「見聞解脫」大成就了呢？

　　潘麟先生：過去的一切大聖大賢，無論他們有沒有公開宣稱自己是「見聞解脫」大成就者，但事實上他們都是「見聞解脫」大成就者。在當代，獲得此「見聞解脫」殊勝成就者不多見了，歷世大寶法王噶瑪巴是罕有的「見聞解脫」大成就者，藏密「大圓滿龍欽心髓」法脈傳承者龍洋嘉措金剛上師，以及近年來越來越被中國讀者所熟知的

印度人克利希那穆提等，這幾位尊者是當世罕見的見聞即解脫大成就者。遺憾的是，當世很可能是證悟「見聞解脫」成就最少的時代，就我所知，目前僅中國的西藏和印度少有的幾位大瑜伽修行士和密宗金剛上師獲證此「見聞解脫」之大成就。

　　蔣佩佩：非常感恩先生的精闢開示，讓我們這些末學每次都有如醍醐灌頂的法喜充盈身心。在聆聽先生的上述開示過程中，心中始終有一個強烈的感受，即在這個信仰失墜、文明不昌、邪說橫行、眾生迷茫的時代裡，能得遇先生您，有您這樣的大成就者教導我們修行和進學，不僅是我們幾個末學的無上福報，更是這個時代所有眾生的無上福報！深深感恩先生！

　　潘麟先生：我也感恩，感恩我們的國家和民族，感恩我們的古聖先賢的教導，感恩我們的諸位恩師們。當然，也感恩你們所有人，正是你們的存在，更加圓滿地成就著我利生的功德和傳承文明的事業。故我時刻以最虔誠和最開放的心靈，將我的全部功德和所有證悟，將我的全部愛心和所有能量，皆以最徹底的方式回向給你們，回向給所有人。

家門沒上鎖

作　　　　者／潘麟
出 版 統 籌／秦鼎文流實業有限公司
美 術 編 輯／孤獨船長工作室
責 任 編 輯／許典春
企畫選書人／賈俊國

總　編　輯／賈俊國
副 總 編 輯／蘇士尹
編　　　輯／高懿萩
行 銷 企 畫／張莉榮・廖可筠・蕭羽猜

發　行　人／何飛鵬
法 律 顧 問／元禾法律事務所王子文律師
出　　　　版／布克文化出版事業部
　　　　　　　臺北市中山區民生東路二段 141 號 8 樓
　　　　　　　電話：(02)2500-7008 傳真：(02)2502-7676
　　　　　　　Email：sbooker.service@cite.com.tw
發　　　　行／英屬蓋曼群島商家庭傳媒股份有限公司城邦分公司
　　　　　　　臺北市中山區民生東路二段 141 號 2 樓
　　　　　　　書虫客服服務專線：(02)2500-7718；2500-7719
　　　　　　　24 小時傳真專線：(02)2500-1990；2500-1991
　　　　　　　劃撥帳號：19863813；戶名：書虫股份有限公司
　　　　　　　讀者服務信箱：service@readingclub.com.tw
香港發行所／城邦（香港）出版集團有限公司
　　　　　　　香港灣仔駱克道 193 號東超商業中心 1 樓
　　　　　　　電話：+852-2508-6231 傳真：+852-2578-9337
　　　　　　　Email：hkcite@biznetvigator.com
馬新發行所／城邦（馬新）出版集團 Cité(M) Sdn. Bhd.
　　　　　　　41, Jalan Radin Anum, Bandar Baru Sri Petaling,
　　　　　　　57000 Kuala Lumpur, Malaysia
　　　　　　　電話：+603-9057-8822 傳真：+603-9057-6622
　　　　　　　Email：cite@cite.com.my
印　　　　刷／卡樂彩色製版印刷有限公司
初　　　　版／2019 年 11 月
售　　　　價／360 元
I S B N／978-986-5405-11-3

城邦讀書花園　布克文化
www.cite.com.tw　www.sbooker.com.tw